アタッチメントに
基づく評価と支援

北川 恵・工藤晋平 編著

誠信書房

はじめに

　欧米ではアタッチメント研究を臨床実践に応用する取り組みが進んでおり，日本でも，親子に関わる臨床実践現場などからアタッチメント理論への関心が高まっている。数井みゆき編著『アタッチメントの実践と応用』（誠信書房，2012年刊）では，そうした関心に応える文献として，アタッチメント理論の概説ならびに，日本におけるアタッチメントの視点を踏まえた実践の紹介がなされた。医療・福祉・教育・司法といった現場にアタッチメント理論が有益な視点となりうることが示された。本書はそれに続く役割を，特に「アセスメント（評価）」に重点を置いて果たそうとするものであり，臨床実践家である編著者（北川・工藤）が企画したものである。

　筆者（北川）が臨床実践の訓練を受け始めた1990年代には，臨床現場でアタッチメントという言葉を耳にすることはほとんどなかった。筆者は，「人格発達に及ぼす家族との関係性」という研究上の関心からアタッチメント理論に出会い，国内外の文献から知識を取り入れてきた。1999年に米国で成人アタッチメント面接の研修を受けた際，これまで文献から学んできた知識がまるで伝言ゲームのような限られた情報からの理解であったことに衝撃を受け，背景も含めた理解の深まりを実感した。この学びは臨床実践にも役立っていることも感じていたが，当時はそうした感覚を分かち合える仲間もほとんどいなかった。その後，欧米では研究と臨床の橋渡しの機運が高まり，筆者も発達早期の子どもと養育者の関係性支援への関心が高まった頃に，the Circle of Security プログラムと出会った。2007年から開発者による訓練を受けて学び，実践し，その後は，the Circle of Security Parenting プログラムの日本語版を作成して，日本での研修を実現してきた。その頃には，子どもに関わる日本の多くの現場でアタッチメント理論への関心が高まっていた。

　実践現場の先生からは，「アタッチメントは，子どもに関わるすべての大

人に知っておいてほしい視点だ」という感想も聞かれる。筆者もそうであってほしいと願う。アタッチメントは誰にとっても身近で切実な欲求なので，泣いている赤ちゃんを見たら誰でも気がかりになるだろうし，困っている人を見たら手を差し伸べたいと思うだろう。ところが，否定的な感情を強く向けられたり，手を差し伸べても手応えが得られなかったりすると，支援者の不安も活性化される。アタッチメントを学ぶことで，支援者にとっては，自然な感覚で行っている実践の意義を再認識したり，迷ったり揺れたりしながらも改めて本質的な支援を見出したりすることに役立つのだろう。

　しかしながら，理論と実践の橋渡しは簡単ではない。臨床家の研修としては，研究知見に基づく理論学習と，事例検討やスーパービジョンを通した体験的な学びを重ねることが不可欠である。そのための，良質なテキストが必要である。特に，アタッチメントの実証研究では，信頼性と妥当性のある関係性の評価方法（アセスメント法，測定法）が開発されている。それらを研究目的で正確に実施するためには，一定の訓練が必要である。特に，主観的になりやすい観察法や面接法においては，判断の信頼性を高めることが必須であり，研究ツールとして用いるためには信頼性テストへの合格が要件となる。日本からも，研究者は，研修を受けて正確な評価法を学ぶことが推奨される。実際に，そうした研修に参加する日本人研究者が増加しているとのことである。日本での適切な適用について，原理原則の正しい理解に基づいた検討がなされたうえで，今後日本でも世界標準のアタッチメント測定方法を用いた研究が展開することが期待される。一方，欧米で開催される研究用測定法の研修には，臨床家が臨床的評価のスキルアップのために参加していることもある。ところが，日本の臨床実践家にとっては海外での研修は敷居が高く，概要に触れる機会さえ限られているだろう。そこで，実証研究で標準化されてきたアタッチメントの測定法（関係性の評価方法）を紹介し，それを臨床実践の場での関係性の評価と支援にどう活かせるかという趣旨の文献が役立つと考え，本書を企画した。

　本書の構成は次のとおりである。第Ⅰ部は理論編として，アタッチメントの本質とその重要性，臨床とのつながりについて読者の理解を高めることを

目的とした。正確かつわかりやすく整理された概論（第1章）から始まり，各発達段階での実証研究に携わる研究者が乳幼児期（第2章），児童期から青年期（第3章）のアタッチメントの研究知見について概観した。第Ⅱ部はアセスメントに焦点を当てた。アタッチメント研究で最も標準的に使われている，観察法（ストレンジ・シチュエーション法，アタッチメントQソート法；第4章），面接法（成人アタッチメント面接；第5章），質問紙法（第6章）を中心として，それぞれに，欧米での訓練を受けたり，日本語版を作成したりした日本の研究者が，その概要を紹介し，臨床への示唆について述べた。第Ⅲ部では，親子関係支援（第7章），社会的養護における関係支援（第8章），自閉症をもつ子どもと親の関係支援（第9章），司法における介入（第10章），依存やDVへの介入（第11章）といった実践場面での，アタッチメントの視点を活用した評価と支援について紹介した。研究で行うような厳密な測定法をそのまま実践していなくても，アタッチメントの視点を理解していることで，対象者の関係性についての理解がどのように進むか，それにより，支援にどんな工夫が可能になるか，といったことも言及されている。なお，より実践的な内容はコラムとして読みやすい分量で掲載した。

　本書の執筆を進めるにあたり，「良質なテキスト」という本書の目的を果たすために，本書の構成と対応するようなアタッチメント・セミナーを2016年度に開催し，そこでの質疑応答も踏まえて原稿を推敲することで理論と実践のつながりを目指した。アタッチメント・セミナーは，日本の研究者や臨床実践家にアタッチメントを体系的に学ぶ機会を実現したいという，もう一人の編著者である工藤晋平先生の熱い思いで企画されたものである。工藤先生とは，2015年から本書とセミナーの企画を共に検討してきた。心強く刺激的な対話相手と共に取り組めたことに感謝している。また，数井みゆき先生は，筆者と工藤先生が本書の構想を実現できるよう，誠信書房の中澤美穂氏に紹介くださり，編集プロセスを見守ってくださった。これまでもずっとそうであったが，今回も貴重な機会を与えていただいたことに感謝している。執筆いただいた先生方には，アタッチメント・セミナーと並行しての執筆作業にご協力いただいた。限られた時間で，編著者からのリクエストにも対応

いただき，それぞれの先生が蓄積してきた仕事を読者と分かち合うような原稿を著していただいたことに感謝している。

　最後に，構想段階から関心を示してくださり，未熟な編著者を支えながら編集の労を執り，出版の機会を与えてくださった誠信書房の中澤美穂氏に，心から御礼を申し上げたい。

2017年10月

編著者　北川　恵

目　　次

I

理論編

第1章

生涯にわたるアタッチメント

● 遠藤利彦 ●

1. はじめに

　John Bowlby の臨床実践的な関心のなかから興り，Mary Ainsworth によって実証心理学的な方向づけを得たアタッチメント理論は，現在，人の生涯発達を統合的にとらえるグランド・セオリーの一つとして，じつに多方向的に発展してきている。Bowlby（1988）は自身の考えを，人の揺りかごから墓場までのパーソナリティ発達を理解するための統合的な理論的枠組みであると言明していた。Bowlby の初期の仕事が「母性的養育の剥奪」（maternal deprivation）という概念の提示から始まったこともあり，アタッチメント理論は当初，もっぱら幼少期の子どもとその養育者，ことに母親との関係性を問題にする理論という受け取られ方もしたわけであるが，彼の最も中核的な関心は，生涯を通して人が誰か特定の他者に身体的あるいは情緒的にくっつく（attach），あるいはくっつけるということの発達的・適応的な意味と，また，その安心してくっつけるという関係性を喪失したときの人の心身全般にわたる脆弱性とに注がれていたといえるのである。

　現在，アタッチメント研究は，乳児期から老年期までの全発達期にわたって分厚く展開されるに至っている。また，数としてはさして多くはないが，欧米圏を中心とした長期縦断研究は，乳児期から成人期に至るまで個人のアタッチメントの特質がいかに連続あるいは変化するのか，また幼少期の被養育経験が個人のその後の社会人格的発達や適応性をいかに左右するのかにつ

いて，数々の重要な知見をもたらしてきており，それらは，単にアタッチメントという領域を超えて，いわゆる生涯発達心理学に対しても大きな貢献をなしているといいうるのである。

　本章が企図するところは，アタッチメントとはそもそも何であったかを再確認したうえで，アタッチメント理論の基本的枠組みを概括することである。そのうえで，アタッチメントが人の生涯にわたる心理社会的な適応やwell-being の維持に対して，どのような機序をもって，いかに枢要な役割を果たしうるかについて，考究することにしたい。

2. アタッチメントとは何か

　生物は生き残り繁殖するために，種々の危機に対して警戒する構えを，不安や恐れの情動というかたちで進化させたといわれている。ヒトもその例外ではなく，恐れや不安に対する意識・無意識における対処が，個々人のパーソナリティやアイデンティティにおいて中核的な意味を有している。ただし，ヒトは誕生時から，すでにこうした情動の制御を自ら行いうる主体ではない。子どもは本源的に，養育者をはじめとする他者によって手厚く保護され，その情動状態を巧みに調整・制御されなくてはならない存在として在る。そして，そうされることによって，徐々に自律的に，それに自ら対処しうるようになるのである。

　Bowlby（1969）が提唱したアタッチメント概念は，しばしば二者間，特に親子の間の「情緒的絆」を意味するものと考えられがちであるが，じつのところ，その原義は文字通り，生物個体が他の個体にくっつこうとすることにほかならない。彼は，個体がある危機的状況に接し，あるいはまた，そうした危機を予知し，不安や恐れの情動が強く喚起されたときに，特定の他個体にしっかりとくっつく，あるいはくっついてもらうことを通して主観的な安全の感覚を回復・維持しようとする心理行動的な傾向を，アタッチメントと呼んだのである。すなわち，それは「一者の情動の崩れを二者の関係性によって調整する仕組み」（Schore, 2001）ともいいうるものなのである。

　ヒトの子どもも，こうした仕組みによってもたらされる安全の感覚に支えられて，外界への探索や学習を安定して行い，また相対的に円滑な対人関係を構築することが可能になるのだと考えられる。すなわち，子どもにとって主要なアタッチメント対象は，危機が生じた際に逃げ込み保護を求める「安全な避難所」（safe haven）であると同時に，ひとたびその情動状態が落ち着きを取り戻した際には，今度は，そこを拠点に外の世界へと積極的に出ていくための「安心の基地」（secure base）として機能することになる（Bowlby, 1988）。こうした機能を神経生理学的に見れば，それは，さまざまな危機やストレッサーとの遭遇によって生じた身体の緊急反応，あるいは一時的に崩れた神経生理学的ホメオスタシスを再び定常的状態に引き戻し，身体の健全なる機能性を保障しうるものともいえるだろう（Goldberg, 2000）。そして，このようなアタッチメントの心理社会的および神経生理学的な働きの積み重ねによって，私たちは，生涯発達過程全般にわたって自らの心身両面における適応性を高く具現し，また維持することができるようになるのである。

3. アタッチメントがもたらす発達的帰結

　安定したアタッチメントが人間の発達にいかなる意味で枢要な働きをなすかについては，大きく以下の四つの視座から考えることができる。

1）基本的信頼感の形成

　一つ目は，アタッチメントが自他に対する基本的な信頼感に通じるということである。極度の恐れや不安の状態にあるときに，無条件的に，かつ一貫して，養育者などの特定の誰かから確実に守ってもらうという経験の蓄積を通して，子どもはそうしてくれる他者およびそうしてもらえる自分自身に対して，高度な信頼の感覚を獲得することが可能になるのである。子どもはアタッチメントを通して，自分あるいは他者はどのような存在であるか，もう少し具体的にいえば，他者は近くにいて自分のことを受け入れ守ってくれる存在なのか，ひるがえって，自分は困ったときに求めれば助けてもらえる存

在なのか，愛してもらえる存在なのかといったことに関する主観的確信，すなわち「内的作業モデル」(Internal Working Model)（Bowlby, 1973）あるいは「愛の理論」(Theory of Love)（Gopnik, 2009）なるものを形成するに至るのである。アタッチメント理論に従えば，子どもは，これを一種の人間関係のテンプレートとしてさまざまな他者との関わりに適用し，結果的に多くの場合，その主要な特定他者との間で経験した関係と類似した性質の対人関係を持つに至るのだという。

　このことは，幼少期に安定したアタッチメントを経験しえた個人ほど，危急時に多様な他者に対して素直に危険シグナルを発し，現実に他者から助力を得られる確率が高いことを意味している（Music, 2011）。それに対して，虐待などの不適切な養育にさらされ，かなり恒常的にアタッチメント欲求を満たしてもらえない状況下で育った子どもは，この点においてかなり深刻な脆弱性を抱え込んでしまっているといえるのかもしれない。被虐待児のなかには，他者が示すさまざまな表情のなかでも（悲しみや苦痛には鈍感である一方で）怒りの表情だけには敏感であったり，また特定の表情が浮かんでいない真顔を悪意ある怒りの表情と誤って知覚してしまったりする子どもが，相対的に多いということが実証的に示されている（たとえば Pollak & Tolley-Schell, 2003）。これが示唆するところは，たとえ，自身に対して温かいケアを施してくれるような他者が眼前にいたとしても，被虐待児は，多分にその他者から歪んだかたちで自身に対する無関心や悪意を読み取ってしまいがちであるということである（遠藤, 2016）。現に，被虐待児における日常の対人トラブルは極めて多いわけであり，このことは見方を変えれば，危急時におけるヘルプ・リソースとしての他者を，彼らが身の周りから不当にも排除してしまう可能性が高いことを含意している。

2）自律性の促進

　二つ目は，一つ目の自他信頼と密接に関係していることであるが，アタッチメントが自律性（autonomy）の発達に深く関与するということである（Goldberg, 2000）。アタッチメントは元来くっつくという意味だが，その意味

からすると，アタッチメントは依存性と近しい概念のように思われるかもしれない。しかし，アタッチメントは依存性ではなく，むしろ自律性を育むものであると考えられている。上でもふれたようにアタッチメントのその時々の至近的な機能は，心理社会的にいえば，「安全な避難所」たる養育者との近接を図るなかで，危機によって生じたネガティヴな情動状態を低減させ，自らが安全であるという主観的意識を個体にもたらすことである。しかし，そうした経験の蓄積は子どものなかに，何かあったらあそこに行けば絶対に保護してもらえる，慰撫してもらえるはずという高度な見通しをもたらすことになる。そして，子どもは，そうした確かな見通しに支えられて，危急時以外は，不安から解放されていられるようになるぶん，それこそ確実に保護し慰撫してくれる他者を「安心の基地」として，そこから外界に積極的に出て，自律的に探索活動を起こすことが可能になるのである（Bowlby, 1988）。すなわち，それは子どもに，いわゆる「一人でいられる能力」（capacity to be alone）（Winnicott, 1958）をもたらすことになるのだといえる。

　加えていえば，その「一人でいられる能力」は，自分の持っている力に対する根源的な自信，換言すれば自己効力感の形成を自ずと伴っているともいいうる。ネガティヴな情動の制御は，出生直後からすでに，常時，ただ子どもが受け身的に大人からしてもらえるという性質のものではない。じつのところ，恐れや不安などの状態にあるときに子どもはその低減に向けた動機づけを有し，自ら能動的に外界に対して，泣きなどのシグナルを発信しながら何とか他者との近接関係を具現しようとする。そして，その結果として他者から現に助力を引き出し，負の情動状態から抜け出ることがかなったという成功体験の積み重ねは，子どもに，自分には他者を動かすだけの，世界を好転させるだけの力があるという確かな自信を与える。逆に，アタッチメントが不安定でシグナルが頻繁に無視される，何も助力を引き出せないという経験の反復は，時に子どものなかに根深い無力感を形成させてしまうことになるのだと考えられる（Music, 2011）。

3）メンタライゼーションおよび共感性の醸成

　三つ目は，アタッチメントがメンタライゼーション（心の理解能力）や共感性の発達に寄与するということである。近年，とみに注目されるようになってきていることに，子どもが恐れや不安などの情動をもって近接してきたときに，養育者はその崩れた情動をただ制御し立て直すだけではなく，多くの場合，自分自身が「社会的な鏡」となり，子どもの心的状態を調律し映し出す役割を果たしているということがある（Fonagy, 2001; Fonagy et al., 2003）。たとえば，子どもが痛みを抱え大泣きしている状況で，そこで対面している養育者はしばしば，瞬時，無意識裡に痛みの表情を浮かべてしまっていることがある。つまり，養育者は子どもの情動が崩れたときに，それを制御するだけではなく，一瞬先立ってその情動の崩れに同調し，つい同じような顔の表情や声の調子になるなかで，それを子どもに対して映し出してあげているのである。たとえば，何かにつまずいて転び泣いている子どもの表情が目の前の大人の顔に再現され，それに子どもが目を向けるとすれば，子どもはその大人の顔を一種の「鏡」として，自分のそのときの表情と自分のなかで起こっている痛みの感覚を，そこに見ることになるのである。

　さらにそこには，養育者による，子どもの心身状態に合致したラベリングが伴うことが多い。身体が何かいつもと異なる状態にあることと，自身で「今日はたまらなく身体がだるい」「気分が落ち込んで調子が出ない」などと意識のうえで気がつくこととは，基本的に別次元であると考えられる。かつて Bion（1963）は，前者を β 要素，後者を α 要素とし，子どもに潜在する β 要素を α 要素へと変換せしめるための，養育者等によるそのラベリングなどの働きかけが持つ作用を α 機能と呼び，その過程において，子どもの内的状態の理解が促されることを仮定していた。そして，現にこれを裏づけるように，幼少期に子どもがその主たる養育者との間で，内的な心身状態にからむ発話をいかに多く経験しうるかということと，いわゆる「心の理論」や自他の心的状態の理解の発達には，かなり明瞭な正の関連性があることが明らかになってきているのである（Symons, 2004）。ちなみに，最近，共感性や自他

の心的理解の脳内基盤として多大な関心が払われている，いわゆるミラー
ニューロンの発達に，上述した養育者による子どもの情動の調律・映し出し
が深く関与している可能性を仮定する向きもあるようである（Iacoboni，
2008）。

　これら一連のことは，安定したアタッチメント関係のなかで，子どもがメ
タライゼーションや共感性の基盤を，自身のなかに構築しうることを意味し
ている。逆に，虐待やネグレクトが生じる歪曲したアタッチメント関係にお
いては，概して，メンタライゼーションや共感性の発達が阻害されやすいこ
とを含意しているともいえる。現に被虐待児は，自身に降りかかった悲惨な
事象経験の意味や自らのなかで生じているはずの内的状態を理解し，言語化
すること，また他者の心的状態を的確に読み取ることが，相対的に不得手で
あると実証的に示されているようである（Howe, 2005; Music, 2011）。

4）脳および身体発達への影響

　なお，上述したことは基本的に心理的側面の発達に関わるものであるが，
近年，アタッチメントが脳や身体の発達にもかなり大きな影響力を有してい
ることが，明らかにされつつあるようである。たとえば，摂食，睡眠，繁
殖，概日リズム，免疫など，人の基本的な諸活動に深く関与する脳内の
HPA（視床下部-下垂体-副腎皮質）軸や，SAM（視床下部-交感神経-副腎
髄質）軸の発達に，幼少期のアタッチメントの安定性が深く関係している可
能性が指摘され，実証的検討が進んでいる（たとえば Gunnar, 2005; McCrory et
al., 2010）。現に，極端に不安定なアタッチメントとの関連が強く想定される
被虐待児では，こうした脳内基盤に深刻な発達不全を抱え込むことが多く，
ひいてはそれがその子ども固有の脆弱性の素地となって，さまざまな身体健
康上および心理行動上の問題を，生涯発達過程全般にわたって，際立って生
じやすくさせるのだという。

　最近はさらに，アタッチメントと身体面での健康な発達との関連性に対し
て直接的に焦点化した縦断研究の結果も報告されるに至っており，ある研究
（Puig et al., 2013）によれば，乳幼児期（12・18カ月）に養育者との間でアタッ

チメントが不安定だった個人は，安定していた個人に比して，32歳時の段階で約4倍多く，種々の身体症状を訴えたのだという。

4. アタッチメントの個人差とそれを分けるもの

　なかば当然のことではあるが，関係というものは2人の人間がいて，はじめて成り立つものである。このことは，たとえすべての個人が潜在的に他の対象との近接関係を確立・維持したいと欲していても，相手側の関わりいかんで，それが容易に満たされない場合があるということを意味する。大人であればそうした場合，その対象との関係をあきらめて別の対象を探し，新たな関係を作ることもできよう。しかし乳幼児は，養育者を自分の力で選び変えることができない。そのため彼らは，どのような養育者であれ，その対象との間で最低限，安心の感覚が維持できるよう，その養育者の関わりの質に応じて自分の近接の仕方を調整する必要に迫られ，そこにアタッチメントの個人差が生じてくることになる。

1）Ainsworthによる3類型

　Ainsworthら（1978）によれば，アタッチメントの個人差は，特に養育者との分離および再会の場面に集約して現れるという。彼女は，統制された条件下で生後12～18カ月の子どもにこうした分離と再会を経験させ，その反応を見る体系的な実験手法，すなわちストレンジ・シチュエーション法を開発し，子どものアタッチメントの特質が，回避型（Avoidant：A型），安定型（Secure：B型），アンビヴァレント型（Ambivalent：C型）の，三つのいずれかに振り分けられることを明らかにしている。A型は，養育者との分離に際しさほど混乱を示さず，常時，相対的に養育者との間に距離を置きがちな子どもである。B型は，分離時に混乱を示すが養育者との再会に際しては容易に静穏化し，ポジティヴな情動をもって養育者を迎え入れることができる子どもである。C型は，分離に際し激しく苦痛を示し，なおかつ再会以後もそのネガティヴな情動状態を長く引きずり，時に養育者に強い怒りや抵抗の

構えを見せるような子どもである。

　Ainsworth によれば，回避型の子どもの養育者は，相対的に子どもに対して拒絶的に振る舞うことが多いという。子どもの視点からすると，いくらアタッチメントのシグナルを送っても，それを適切に受け止めてもらえることが少ない。それどころか，アタッチメントのシグナルを表出したり近接を求めていったりすればするほど，養育者が離れていく傾向があるため，逆説的ではあるが，子どもはあえてアタッチメント行動を最小限に抑え込むことによって（つまり回避型の行動をとることで），養育者との距離をある一定範囲内にとどめておこうとするのだと解釈できる。

　一方，アンビヴァレント型の子どもの養育者は，子どもに対して一貫しない接し方をしがちであるという。子どもの側からすれば，いつどのようなかたちでアタッチメント欲求を受け入れてもらえるか予測がつきにくく，結果的に子どもは養育者の所在やその動きにいつも過剰なまでに用心深くなる。そして，子どもはできる限り，自分のほうから最大限にアタッチメント・シグナルを送出し続けることで，養育者の関心を自らに引きつけておこうとするようになるらしい。このタイプの子どもが，分離に際し激しく苦痛を表出し，かつ再会場面で養育者に怒りをもって接するのは，またいついなくなるかもわからない養育者に安心しきれず，怒りの抗議を示すことで，自分が一人置いていかれることを未然に防ごうとする行動と解しうる。

　それに対して，安定型の子どもの養育者は，相対的に子どもの潜在的な欲求やシグナルに対して感受性や応答性が高く，しかもそれが一貫しており予測しやすいのだという。子どもの側からすれば，こうした養育者の働きかけには強い信頼感を寄せることができるということになろう。すなわち，自分が困惑していると養育者は必ず側に来て自分を助けてくれるという見通しや確信を有し，どうすれば養育者が自分の求めに応じてくれるかを明確に理解しているぶん，子どものアタッチメント行動は全般的に安定し，たとえ一時的に分離があっても再会時には容易に立ち直り，安堵感に浸ることができるのだろう。

2）無秩序・無方向型アタッチメント

　なお，近年，こうした3タイプに収まらない，第4のアタッチメント・タイプの存在が注目を集めている。MainとSolomon（1990）によれば，安定型はもちろん，回避型は養育者に対するアタッチメント・シグナルを一貫して抑え込もうとする点で，またアンビヴァレント型はアタッチメント・シグナルを最大限に表出しアタッチメント対象を常時自分のもとに置いておこうとする点で，いずれも整合的かつ組織化された（organized）アタッチメントであると考えることができる。しかし，こうした行動の一貫性を著しく欠いた子どもも一定割合，存在するのだという。より具体的には，顔をそむけた状態で親に近づこうとしたり，再会の際に親を迎えるためにしがみついたかと思うとすぐに床に倒れ込んだり，親の存在そのものに対して突然すくみ固まってしまったりするといった不可解な行動，換言するならば，近接と回避の間のどっちつかずの状態にあり続ける子どもがいるというのである。

　こうした子どもは，個々の行動が全体的に秩序立っていない（disorganized），あるいは何をしようとするのかその行動の方向性が定まっていない（disoriented）という意味で，無秩序・無方向型（Disorganized/Disoriented：D型）と呼ばれている。これまでのところ，近親者の死など，心的外傷から充分に抜けきっていない養育者や，抑うつ傾向の高い養育者の子どもに，また日頃から虐待されているような子どもに極めて多く見られるという指摘がなされており，現在，臨床的な視点からも多大な関心が寄せられている（Lyons-Ruth & Jacobvitz, 2016）。

3）アタッチメントの個人差形成における環境的要因の優位性

　なお，アタッチメントの個人差の規定因として，生得的個性としての気質や遺伝的要因の関与を考える向きもあるが，近年の行動遺伝学的研究は，少なくとも乳幼児期のアタッチメントの個人差に関しては，遺伝的要因よりも環境的要因の影響力が相対的に強いことを明らかにしているようである（Bokhorst et al., 2003）。Bowlby（1973）は，精神的な健康や病理は，遺伝子を

介してよりも家族のマイクロカルチャーを通して伝達されると仮定していたが，アタッチメントの質そのものに関して，まさにこうした仮定の妥当性がある程度，確かめられたといえるのかもしれない。無論，気質や遺伝的要因の関与がまったく否定されるわけではなく，そのうちのあるものは，アタッチメントの差異を直接的に分けるように作用するというよりも，むしろ被養育環境からの影響を相対的に受けにくくさせたり，あるいは正負両方向きに受けやすくさせたりするといったかたちで，間接的にアタッチメントに作用するところがあるらしい（Belsky & Pluess, 2009 ; 遠藤，2016参照）。

5. 生涯発達的視座から見るアタッチメント ——各発達期における研究の動向

　ここまでの記述は，主に乳幼児期のアタッチメントの特質に関わるものであったが，生涯発達的視座から見たときに近年特に目をひくのは，これまで相対的に実証研究の空白期としてあった児童期に関して，徐々にではあるが興味深い知見が着実に蓄積されつつあることと，青年期および成人期前期において多様なテーマのアタッチメント研究が，急速に増大してきているということだろう。

1）児童期におけるアタッチメント

　児童期のアタッチメントに関していえば，Bowlby（1969）は，アタッチメントが3歳以降にいわゆる目標修正的なパートナーシップの段階（養育者などが置かれた状況やその心的状態を理解し，それを考慮に入れたうえで，自らの行動のアタッチメント行動に関わる目標や計画を柔軟に調整できるようになる）へと，徐々に発達的移行を始めることを仮定していたわけであるが，元来，論者によっては，それが本格化するのは養育者への生活上の依存性が大幅に減じ，自己意識・自己理解を含めた認知能力が飛躍的に増す児童期になるのではないかと考える向きもあった。また，Ainsworth（1990）も，児童期における子どものアタッチメント上の目標が，養育者への近接性その

ものの実現から，養育者の情緒的な利用可能性の覚知へと大きく変じること
を想定していたようである。

　実証的に見ると，（仲間や友人などとの親密な対人関係が大きく拡張し，
また状況に応じて異なる対象を「安心の基地」として受け入れることができ
るようになるものの）児童期における主要なアタッチメント対象は，依然と
して養育者のままであることが圧倒的に多く，その養育者の情緒的な利用可
能性の知覚に関しては児童期全体にわたって大差なく，基本的にそれは高く
維持される傾向があるようである。ただし，標準的な発達的変化としては，
特に児童期後期から青年期前期にかけて，養育者に対して徐々に回避的な態
度をとる傾向が強まり，少なくとも行動上の依存性は影を潜め，心理行動的
独立性が高まりを見せることになるらしい（Ammaniti et al., 2005）。

　また，児童期におけるアタッチメントの個人差が，乳幼児期と同様に養育
者の敏感性や応答性，あるいは養育者自身のアタッチメント表象の質などと
関連するのみならず，養育者のオープンで円滑なコミュニケーションおよび
子どもの活動に関する高い関心や知識など，より具体的な養育行動の諸側面
とも関係するというような知見も得られているようである。さらに，児童期
の子どものアタッチメントの質と，各種社会情緒的コンピテンス，学校適応
や問題行動，対人的情報処理，自己概念，認知発達などとの関連性を問う研
究もとみに増えつつあり，児童期に固有のアタッチメントの性質や機能につ
いても，徐々に解明が進んできているようである（Kerns & Brumariu, 2016）。

2）青年期・成人期におけるアタッチメント

　青年期および成人期前期に関していえば，いまだ，ストレンジ・シチュ
エーション法や成人アタッチメント面接などによる伝統的なタイポロジーと
の理論的連関をいぶかる向きも根強くあるが，質問紙による自己報告型測定
法が開発されたことの意義は甚大であり，以後，じつに多様なテーマが追究
されるに至っている（Simpson & Rholes, 2015参照）。また，必ずしも発達的関心
からというのではないが，主に青年期や成人期の調査協力者を中心に，ア
タッチメントの対人的情報処理に関わる実験的アプローチが飛躍的に進展し

てきているということも注目に値しよう。Bowlby（1973）はアタッチメント理論の基礎に，その当時，勃興しつつあった認知科学の知見を取り入れたということでも革新的であったわけであるが，とりわけ内的作業モデルという概念は，現今のアタッチメント研究においても最も枢要な役割を担わされているものの一つといえる。しかし，Bowlby 自身も含め従来の研究は，内的作業モデルに個人差が生じ，それが個人特有の対人的情報処理を生み出すことを仮定はしたものの，その処理過程の実態にまで詳細に踏み込むことをしてこなかった。内的作業モデルはもっぱら，そうした対人的情報処理バイアスなどを説明するための理論枠としてのみあり，それ自体の構造や機能などが実証的解明の対象となることはあまりなかったのである。

　その意味で，アタッチメント・タイプごとに，他者の表情や言行の知覚・認知，あるいは脅威事態の解釈やそれに対する心理的構え，さらにはそれらを通じた情動制御全般やコーピングなどの特徴を精細に明らかにしようとする流れは，Bowlby の考えおよび内的作業モデルという概念が，単に古いワイン（すなわち，精神分析における「内的対象」）を新しいボトルに注ぎ換えただけのものではないことを，強く再認識させてくれるものといえる。たとえば，全般的に，行動的な回避が認知・生理上の非活性化に，また行動的なアンビヴァレンスが認知・生理上の過活性化に結びついているというような知見は，Bowlby の元々の理論的仮定からしても首肯でき，これからの展開にさらなる期待が高まるところである（Mikulincer & Shaver, 2016参照）。

3）中高年期におけるアタッチメント

　中高年期については，それこそ Bowlby（1980）が，端からアタッチメントとともに重要な他者を喪失することの心理的影響について深く考究を行っていたということもあり，たとえば死別そのもの，あるいはそれにも関係した対人的ネットワークの縮小や社会的サポートのあり方と心身の健康や適応性などとの関連性を探るなかで，比較的早くからアタッチメント理論の適用がなされてきたのだといえる（たとえば Kahn & Antonucci, 1980）。しかしながら，中高年期におけるアタッチメント関係の実際や，それが及ぼす種々の影響な

どに，深くかつ詳細に踏み込むような実証研究は今に至っても極めて少ない
ことが指摘されており，その拡充が大きな課題とされている。

　もっとも，アタッチメントの個人差とその年齢的な差異・変化を扱った横
断的および縦断的な研究は，少しずつではあるが蓄積されてきており，それ
によれば，少なくとも欧米圏においては概ね加齢とともに徐々に拒絶・回避
型の比率が高まっていくという傾向があるらしく，これが，親密な他者との
死別などに接する機会が多くなるなかで社会的接触や活動から徐々に撤退し
ていこうとする，ある種普遍的な高齢者の心性を反映した結果なのか，それ
とも時代背景を異にするコーホート効果が複雑にからんだ結果なのかなどに
ついて，いくつか興味深い議論がなされているようである（Magai, 2008）。

6. アタッチメントの時間的連続性と世代間伝達

1）アタッチメントの時間的連続性

　Bowlby（1988）は，発達早期におけるアタッチメント経験の性質が，内的
作業モデルとして個人に取り込まれ，それがその個人特有の対人関係のテン
プレートとなることで，個人の現実の対人関係や社会的行動およびパーソナ
リティに，時間的連続性が生じることを仮定していた。現在，欧米圏を中心
に，短期・長期にわたるさまざまな縦断研究のプロジェクトが進行してきて
おり，それらは，幼少期のアタッチメントがその後の発達全般に及ぼす影
響，およびアタッチメントそれ自体の連続性とその機序について，じつに数
多くの興味深い知見を提示するに至っている。それらは概して，乳幼児期の
アタッチメント上の個人差が，その後，生涯にわたって種々の社会情緒的行
動の質やパーソナリティ特性，そしてアタッチメントの質そのものを，ある
程度予測するという結果を得ているようである（Goldberg, 2000）。

　たとえば，20年以上にわたる長期縦断研究のいくつかは，乳幼児期のア
タッチメント分類と成人アタッチメント面接（George et al., 1996）などによる
成人期のそれとが，有意に理論的に想定されるとおりの合致を示すことを明
らかにしている。ちなみに成人アタッチメント面接とは，成人に自らの過去

の親子関係の特質を問う面接であるが，何を話したかよりもいかに話したかを重視し，その分析を通して記憶のなかにある養育者像への表象的な近接のあり方を，4タイプに分類するものである（乳幼児期の回避型に相当するアタッチメント軽視型，安定型に相当する安定自律型，アンビヴァレント型に相当するとらわれ型，無秩序型に相当する未解決型）（Hesse, 2008）。もっとも，その一致率は高い場合でも3分の2程度であり，少なくとも3人に1人は，成人になるまでに何らかのかたちでアタッチメントのタイプを変質させうることを物語っている（たとえば Waters et al., 2000）。あるメタ分析の結果（Fraley, 2002）によれば，乳児期のアタッチメントと16～21歳におけるそれとの重みづけ相関は0.3程度であり，統計的に有意な連続性が認められるとはいっても，それはかなり緩やかなものといえるかもしれない。

2）時間的連続性のメカニズム

　じつのところ，現今の研究者の多くはこうした知見を受けて，いわゆる幼児決定論的な見方をほぼ捨てているといっても過言ではなく，乳幼児期のアタッチメントは，その後の成育過程において個人がさらされることになる養育の質や，貧困や親の教育歴なども含めた家族の生態学的条件とからみ合うなかで，個人の発達の道筋や適応性に複雑に影響を及ぼすという見解を採るに至っている。別の言い方をすれば，比較的多くのケースで幼少期のアタッチメントの質がその後もそのまま保たれるのは，個人がそう大きくは変化しない家族環境のなかで育ち，また同じ養育者のもとで相対的に等質の養育を受け続けるからである，といいうるということである（Thompson, 2016）。逆にいえば，たとえ不遇な養育環境に起因して幼少期のアタッチメントが不安定であったとしても，その後の条件次第で，それが多少とも変じうることは充分に想定されるわけであり，現に，幼少期から成人期にかけてアタッチメントが不安定型から安定型へと変化したいわゆる獲得安定型の存在を明らかにし，その変化に現今の安定した異性等との関係性（特定パートナーとの恋愛関係や結婚生活の質など）が関与した可能性を認めているような研究もある（たとえば Roisman et al., 2002）。

　ただし，ここで確認しておくべきことは，私たちの発達が，シンプルな上書き型の IC レコーダーのように過去の記録をことごとく抹消し，その時々の環境に応じていくらでも書き換え可能であるということでは必ずしもないということである。たとえば，子どもの年齢が増していくにつれて，徐々に養育の質が悪化していくという状況にさらされた場合に，その負の影響は，明らかに幼少期のアタッチメントが不安定であったケースでより深刻であり，安定したアタッチメントを有していた子どもは，そうした事態に対して相対的にレジリエントであることが知られている（たとえば Thompson, 2016）。

　また，臨床群および被虐待等の不遇な環境条件のなかで人生を出発させ，たとえば先に見た無秩序・無方向型のアタッチメントの特徴を有していた個人などに限定していえば，現に，その後の人生においても不安定なアタッチメントが持続しやすく，心理社会的適応に困難を抱えることが多いということが知られており（たとえば Solomon & George, 1999, 2011），その意味からすれば，幼少期に（自他に対する強度の不信感をベースとする）歪曲した内的作業モデルを内在化してしまうことの負の影響力は，相当に大きいものと考えてしかるべきなのだろう。

3）アタッチメントの世代間伝達

　ところで，アタッチメントの生涯発達との関連において注目すべきものに，アタッチメントの世代間伝達の問題がある。Bowlby（1969/1982, 1988）は，被養育経験をもとに作り上げた内的作業モデルが，個人が親になった際に自分の子どもとの関係にも適用され，現実の養育実践や敏感性を方向づけることを通して，子どものなかに親と同様のアタッチメントの基盤を準備させることになると仮定していた。じつのところ現今のアタッチメント研究は，Bowlby（1973）が仮定していた意味での世代間伝達，すなわち幼少期にどのようなアタッチメントの質を有していた個人が，その後，自らが親になったときに，その子どもとの間にどのような関係性を築きうるのかということを，いまだ充分には検証するに至っていない。

　しかし，養育者の現在におけるアタッチメントあるいは内的作業モデルの

質が，その子どもの行動上のアタッチメントの質といかに関連するのかという意味での世代間伝達に関しては，すでに日本での研究も含め多数行われており，現にそれらの間には，理論的に想定されるとおりの連関が有意に認められることが確かめられている。van IJzendoorn（1995）によるメタ分析研究では，安定／不安定 2 分類で74%，ABC の 3 分類で70%，ABCD の 4 分類比較でも63%の一致が確認されている。また，こうした研究のなかには，祖母−母親−子どもという 3 世代におけるアタッチメント分類の一致を問うているものもあり， 3 分類で約 2 / 3 の一致が認められたことが報告されている（Benoit & Parker, 1994）。

　なお，世代間伝達に関する知見は日本人サンプルにおいても得られており，それは子どもに関して，ストレンジ・シチュエーション法ではなく，アタッチメント Q セットによって一次元性のアタッチメント安定性得点を算出したものであるが，成人アタッチメント面接における安定自律型の親の子どもが，他のタイプの親の子ども，とりわけ未解決型の親の子どもよりも，はるかに安定性得点の値が高くなることを明らかにしている（数井ら，2000）。また，Behrens ら（2007）も札幌を舞台にした研究において，ストレンジ・シチュエーション法そのものではないが，それに類する方法で 6 歳児のアタッチメント分類を試み，それと養育者の成人アタッチメント面接によるアタッチメント分類に有意な連関が認められたことを報告している。

　このように親自身のアタッチメントの影響下で，相対的に同様のアタッチメントの特質が子どもに伝達されやすいことが明らかにされているわけであるが，それはどのようなメカニズムを介して生じるのだろうか。確かにBowlby が想定したとおり，親のアタッチメントの質はある程度，親の子どもの心身の状態およびシグナルに対する敏感性（sensitivity）の高低に影響することを通じて，子どものアタッチメントの質に作用するということが現に確かめられているようである（Pederson et al., 1998）。もっとも，そうした影響経路は，親子間のアタッチメントに認められる連関のごく一部を説明するものでしかないらしい。したがって，そこには当然のことながら別種の影響プロセスの介在も想定されるわけであり，現在，親と子のアタッチメント

との間を結ぶ媒介的要因がはたして何なのか，養育者の心理行動特性，社会文脈的要因，遺伝的機序といったさまざまな観点から検討が行われているようである（遠藤，2010）。

　ちなみに，思春期・青年期に至った子どもの成人アタッチメント面接によるアタッチメント分類と，その母親のやはり同じ方法による分類との一致度を問題にした世代間伝達研究も，すでに行われている。そのうちの一つの研究（Allen et al., 2003）によれば，思春期・青年期の子どもとその親のアタッチメントの質の合致度は（一次元性の安定性得点に換算したうえでの相関が）0.2程度と低い値にとどまるらしく，そこからは，子どもの年齢の上昇に伴い，養育者以外の仲間や親密な異性等からの影響が徐々に強まることがうかがえよう（Allen, 2008）。

7. アタッチメント理論の臨床回帰

　ここまでは，アタッチメント理論の大枠とそれに従った実証研究の展開を概括してきたが，Bowlby にとってのアタッチメント理論は，元来，人の生涯発達の過程と機序とを説明するだけではなく，時にそこに生じる不適応や病理を理解し，それに基づいて有効な臨床的介入を行うための，いわばプラクシスの理論でもあった。もっとも，精神分析的な臨床実践から，Bowlbyの考えが長く異端の扱いを受け続けたということもあり（Fonagy, 2001），また Ainsworth ら（1978）によってストレンジ・シチュエーション法が開発されて以降，アタッチメント研究が相対的に低リスクの健常サンプルで数多くの成果を挙げたということもあって，一頃，その臨床的志向性は大幅に影を潜めることになったといっても過言ではなかろう。

　しかし，近年，その状況は一変しつつある。さまざまな高リスク・サンプルでのデータ収集が進み，被虐待児をはじめ，劣悪な環境下で成育した子どもの特異なアタッチメントに関する知見が着実に蓄積されるとともに，また，そうした対象に対する，特にアタッチメントに焦点化した種々の実践的介入が多く試みられるようになってきており，エビデンス・ベースの臨床理

論としてのアタッチメント理論に，再び光が当てられてきているのである（Fonagy, 2001）。

　もっとも，これまでの内容にも深く関わることだが，幼少期におけるアタッチメントの不安定さや歪曲を，直線的な因果論でその後の不適応行動や精神病理などに結びつけて見る考え方は，極めて短絡的なものといわざるを得ない。幼少期のアタッチメントは，不適応や精神病理の発生において，あくまでも潜在的に多くある危険因子や保護因子，あるいは触媒の一つにすぎないのだということを確認しておくべきであろう。

　しかし，無論，これが意味するところは，アタッチメントのみが各種発達病理を引き起こすという見方の否定ではあっても，それに対してさして注視する必要性がないということではさらさらない。それどころか，アタッチメントは，子ども自身や子どもを取り巻く家族や人間関係に，すでに他の危険因子が少なからず潜んでいるような文脈においては，より大きな影響力を有するという認識が，近年ますます一般的になってきているようである（たとえば Greenberg, 1999）。元来，アタッチメントが，ネガティヴ情動を制御するところにおいてこそ，その本質的な役割を果たすことからすればなかば当然なのではあるが，さまざまな危険因子に起因して子どもが頻繁に恐れや不安などの情動を経験し表出する状況下で，もしアタッチメントが充分に機能しなければ，それによって引き起こされる発達上のダメージはかなり甚大なものになりうるのである。

　Deklyen と Greenberg（2008）によれば，幼少期におけるアタッチメント上の問題は，①（それに関わる生理学的機序の発達不全も含めた）情動制御プロセスへのネガティヴな影響や，②（たとえば執拗な泣きや不従順といった）特異な行動パターンの形成を介して，また③（内的作業モデルの組織化にからんで）社会的認知や対人的情報処理に歪んだバイアスをもたらすことを通して，さらには④（結果的に自ら社会化の機会を遠ざけてしまうことになるような）他者との社会的関わりへの動機づけの低下を招来することによって，後のさまざまな不適応事態につながる可能性が想定されるのだという。

　こうしたことからも，個人の行動や心的状態のあり方を正当に理解し，そ

こに有効な介入を行うためには，このアタッチメントという要因への刮目^{かつもく}が
必須不可欠であるといってよいのだろう。

┃**8.** アタッチメント障害とそれが予示するもの

1）アタッチメント障害

　アタッチメント理論の臨床的応用が徐々に拡がりつつあるなか，特に研究
と実践が進んでいるのは，劣悪な環境下で成育する子どものアタッチメント
の特異性に関してである。すでに，虐待などの不適切な養育下で無秩序・無
方向型アタッチメントが生じやすいということに言及したが，これとは別の
流れで，子どものアタッチメント上の臨床的問題を理解しようという枠組み
がある。いわゆる「アタッチメント障害」である。このアタッチメント障害
という見方は，元来，主に特定の養育者が一貫して不在の状況で成育せざる
を得なかった施設児などが多く見せる，対人関係上の特異性を理解しようと
するなかで生まれてきたという経緯があり，研究者によっては，これらの子
どもが見せる行動特徴を，特定の養育者が存在する主に家庭的な状況で発生
するアタッチメント上の問題とは，基本的に異質なものと見なすべきだと主
張する論者もいる（たとえば O'Connor, 2005）。

　アタッチメント障害は DSM-5 によれば，脅威事態に置かれ，潜在・顕在
に恐れや不安が喚起されていても自ら大人に対して慰撫を求めたり，大人か
らの慰撫行為に応じようしたりすることが際立って少なく，アタッチメント
行動が不自然に抑制されている「反応性アタッチメント障害」（RAD：Re-
active Attachment Disorder），そして，何らかの欲求充足を求めて無差別的
に誰彼かまわず近接するが，欲求充足後の対象からの分離には一切の躊躇が
認められないなどの様態を主特徴とする「脱抑制型対人交流障害」（DSED：
Disinhibited Social Engagement Disorder）の，二つのタイプに分けられると
いう。そして，こうした特異な行動特徴の背景には，基本的な情動的欲求を
持続的に無視されるなどの社会的ネグレクト・剥奪，安定したアタッチメン
ト形成をはばむ主要な養育者の頻繁な入れ替わり，子どもの数に対してケア

する大人の数が極端に少ないことなどによる対象選択を阻む異常な環境といった，極めて劣悪な成育条件が想定されるらしい。

　最近，ルーマニアの施設児を対象にしたブカレスト早期介入プロジェクト（BEIP）の成果が，一冊の書にまとめられた（Nelson et al., 2014）。それによると，こうした劣悪な環境条件下で人生を出発せざるを得なかった子どもたちの大半が，いずれかのアタッチメント障害の特徴を色濃く呈することを明らかにしている。そして，こうしたアタッチメント障害，ことに DSED は，人生途上でたとえば里親に託されるなどして環境が好転しても，その環境移行がだいたい24カ月を過ぎた場合には，長くその特徴が持続してしまう危険性が高いのだという。

2）アタッチメント障害をめぐる諸議論

　近年，アタッチメント障害とストレンジ・シチュエーション法における無秩序・無方向型（D型）を関連づける研究も進みつつあり，ことに劣悪な施設で成育している子どもにおいては，アタッチメント障害とD型の特徴が併存しやすいことも報告されてきている（Zeanah et al., 2005参照）。これまで，アタッチメント障害といわゆる Ainsworth 型のアタッチメント分類は独立並行的に問題にされ，両者の間にどのような連関があるのかついては充分に明らかになっていなかったところがあるが，子どものアタッチメント上の問題や病理を統合的に理解するという視点からいえば，今後さらに両者の理論的架け橋が推し進められることには，大きな意味があるといえるかもしれない（たとえば Rutter, 2008）。

　ちなみに，Zeanah ら（Zeanah & Smyke, 2008; Zeanah et al., 2005）はアタッチメント障害を，施設などの特殊環境下のみならず，広く特定の養育者が存在する家庭的状況下で発生しうる病理や障害も含め，より包括的に理解および査定しうる独自の分類案を構成している。それは，上述したような抑制や脱抑制といったアタッチメント未成立の次元に加え，粘着性の態度，過剰な応諾，危険・自傷的行動，役割の逆転といった安心の基地行動の歪曲や，一時的なアタッチメント上の混乱などをも視野に入れたものになっているが，数

井ら（2008）はこれに基づき質問紙を作成し，それを 0 〜 5 歳の養護施設児や保育園児を対象に（施設職員や保育士を回答者として）広く実施するなかで，Zeanah らの概念的枠組みがある程度，妥当なものであることを確認するとともに，虐待被疑群と通常群との間にかなり明瞭な差異が認められることを報告している。それと同時に，職員や保育士による評定では，DSED 的な無差別的社交性の度合いとアタッチメントの安定性とが正の相関を有することを見出し，前者の傾向を的確に把握することが相対的に難しく，時にそれが子どものポジティヴな発達傾向と誤認識されかねない危険性をはらんでいることを指摘している。

　Zeanah らの枠組みの評価はいまだ必ずしも定まってはいはないが（Rutter, 2008），広くアタッチメント上の危険な徴候を早くから見出していくためのアセスメント・ツールのニーズは，実践現場を中心に非常に高く，その意味でも，数井らのような試みが継続されていくことには大きな意味があるといえよう。

9. むすびとして

　本章では，アタッチメントが元来どのような概念として提示されたものかを再確認したうえで，その理論の概要を示し，人の一生涯にわたってそれがいかに重要な意味を有するかを俯瞰してきた。さらに，アタッチメントの生涯発達への影響についての科学的検証が進むなか，そのかたわらで，現在アタッチメント理論が，ある意味 Bowlby の当初の目論見どおりに，広く種々の臨床実践に応用されつつあることに言及した。

　もっとも，アタッチメント理論の裾野は近年ますます拡がりつつあり，今回取り上げた生涯発達的視座および発達臨床的視座の他にも，たとえば進化生物学的視座から，生物種としてのヒトにとってのアタッチメントの標準的な適応価を探り，さらに個々人の成育史に応じた適応度（遺伝子の論理から見た生物学的適応性）の維持・向上の一戦略として，アタッチメントの個人的特性をとらえる見方が浸透してきていることなどは，大いに着目に値しよう（Simpson & Belsky, 2016）。

　今後，アタッチメント研究がどのような展開を見せるのか，その行方を占うことは容易ではない。しかしそれは，これから先も長く，人の本性を包括的に理解するための最も有効な理論枠の一つとして，あり続けることだろう。

【文献】

Ainsworth, M. D. S. (1990) Epilogue: Some considerations regarding theory and assessment relevant to attachments beyond infancy. In M. T. Greenberg, D. Cicchetti & E. M. Cummmings (Eds.), *Attachment in the preschool years*. Chicago: University of Chicago Press. pp. 463–488.

Ainsworth, M. D. S., Blehar, M. C., Waters, E., & Wall, S. (1978) *Patterns of attachment: A psychological study of the Strange Situation*. Hillsdale, NJ: Erlbaum.

Allen, J.P. (2008) The attachment system in adolescence. In J. Cassidy & P.R. Shaver (Eds.), *Handbook of attachment: Theory, research, and clinical applications*. 2nd ed. New York: Guilford Press. pp. 419–435.

Allen, J. P., McElhaney, K. B., Land, D. J., Kuperminc, G. P., Moore, C. W., O'Beirne-Kelly, H., & Kilmer, S. L. (2003) A secure base in adolescence: Markers of attachment security in the mother-adolescent relationship. *Child Development*, **74**, 292–307.

Allen, J. P. & Miga, E. M. (2010) Attachment in adolescence: A move to the level of emotion regulation. *Journal of Social and Personal Relationships*, **27**, 181–190.

Ammaniti, M., Speranza, A. M., & Fedele, S. (2005) Attachment in infancy and in eraly and late childhood: A longitudinal study. In K. A. Kerns & R. A. Richardson (Eds.), *Attachment in middle childhood*. New York: Guilford Press. pp.115–136.

Behrens, K. Y., Hesse, E., & Main, M. (2007). Mothers' attachment status as determined by the Adult Attachment Interview predicts their 6-year-olds' reunion responses: A study conducted in Japan. *Developmental Psychology*, **43**, 1553–1567.

Belsky, J. & Pluess. M. (2009) Beyond diathesis stress: Differential susceptibility to environmental influences. *Psychological Bulletin*, **135**, 885–908.

Benoit, D. & Parker, K. C. H. (1994) Stability and transmission of attachment across three generations. *Child Development*, **65**, 1444–1456.

Bion, W. R. (1963) *Elements of psycho-analysis*. London: William Heinemann.

Bokhorst, C. L., Bakermans-Kranenburg, M. J., Fearon, R. M. P., van IJzendoorn, M. H., Fonagy, P., & Schuengel, C. (2003) The importance of shared environment in mother-infant attachment security: A behavioral genetic study. *Child Development*, **74**, 1769–1782.

Bowlby, J. (1969/1982). *Attachment and Loss:vol.1. Attachment*. New York: Basic Books.

Bowlby, J. (1973). *Attachment and Loss:vol.2. Separation*. New York: Basic Books.

Bowlby, J. (1980). *Attachment and Loss:vol.3. Loss*. New York: Basic Books.

Bowlby, J. (1988). *A secure base: Parent-child attachment and healthy human development*.

New York: Basic Books.

Deklyen, M. & Greenberg, M., T.（2008）. Attachment and psychopathology in childhood. In J. Cassidy & P. R. Shaver（Eds.）, *Handbook of attachment: Theory, research, and clinical applications*. 2nd ed. New York: Guilford Press. pp.637-665.

遠藤利彦（2010）アタッチメント理論の現在――生涯発達と臨床実践の視座からその行方を占う　教育心理学年報, **49**, 150-161.

遠藤利彦（2016）アタッチメントとレジリエンスのあわい　子どもの虐待とネグレクト, **17**, 329-339.

Fonagy, P.（2001）*Attachment theory and psychoanalysis*. New York: Other Press.（遠藤利彦・北山修監訳〈2008〉愛着理論と精神分析　誠信書房）

Fonagy, P., Gergely, G., Jurist, E. L., & Target, M.（2003）*Affect regulation, mentalization, and the development of the self*. London: Karnac Books.

Fraley, R. C.（2002）Attachment stability from infancy to adulthood: Meta-analysis and dynamic modeling of developmental mechanisms. *Personality and Social Psychology Review*, 6, 123-151.

George, C., Kaplan, N., & Main, M.（1996）*Adult Attachment Interview Protocol*. 3rd ed. Unpublished manuscript, Department of Psychology, University of California, Berkley, CA.

Goldberg, S.（2000）*Attachment and development*. London: Arnold.

Gopnik, A.（2009）. *The philosophical baby*. New York: Farrar, Straus and Giroux.（青木玲訳〈2010〉哲学する赤ちゃん　亜紀書房）

Greenberg, M.（1999）Attachment and psychopathology in childhood. In J. Cassidy & P. R. Shaver（Eds.）, *Handbook of attachment: Theory, research, and clinical applications*. New York: Guilford Press. pp. 469-496.

Gunner, M. R.（2005）Attachment and stress in early development: Does attachment add to the potency of social regulators of infant stress? In C. S. Carter, L. Ahnert, K. E. Grossmann, S. B. Hrdy, M. E. Lamb, S. W. Porges, & N. Sachser（Eds.）, *Attachment and bonding: A new synthesis* London: The MIT Press. pp.245-255.

Hesse, E.（2008）The Adult Attachment Interview: Protocol, method of analysis, and empirical studies. In J. Cassidy & P. R. Shaver（Eds.）, *Handbook of attachment: Theory, research, and clinical applications*. 2nd ed. New York: Guilford Press. pp.552-598.

Howe, D.（2005）*Child abuse and neglect: Attachment, development and intervention*. New York: Palgrave.

Iacoboni, M.（2008）. *Mirroring people: The new science of how we connect with others*. New York: Farra, Straus & Giroux. M. イアコボーニ（著）, 塩原通緒（訳）（2009）. ミラーニューロンの発見. 早川書房.

Kahn, R. L. & Antonucci, T. C.（1980）Convoys over the life course: Attachment, roles, and social support. In P. B. Baltes & O. B. Brim（Eds.）, *Life-span development and behavior. vol. 3*. New York: Academic Press. pp.253-268.

数井みゆき・遠藤利彦・田中亜希子・坂上裕子・菅沼真樹（2000）日本人母子における愛着の世代間伝達　教育心理学研究，**8**，323-332.

数井みゆき・森田展彰・後藤宗理・金丸隆太・遠藤利彦（2008）施設等にいる虐待された乳幼児に対する愛着障害とPTSDの検証とインターベンション　文部科学省科学研究費補助金（基盤B：平成17～19年度）研究報告書

Kerns, K. A. & Brumariu, L. E.（2016）Attachment in middle childhood. In J. Cassidy & P. R. Shaver（Eds.），*Handbook of attachment: Theory, research, and clinical applications*. 3rd ed. New York: Guilford Press. pp.349-365.

Lyons-Ruth, K. & Jocobvitz, D.（2016）Attachment disorganization from infancy to adulthood: Neurobiological correlates, parenting contexts, and pathways to disorders. In J. Cassidy & P. R. Shaver（Eds.），*Handbook of attachment: Theory, research, and clinical applications*. 3rd ed. New York: Guilford Press. pp. 667-695.

Magai, C.（2008）Attachment in middle and later life. In J. Cassidy & P. R. Shaver（Eds.），*Handbook of attachment: Theory, research, and clinical applications*. 2nd ed. New York: Guilford Press. pp. 532-551.

Main, M. & Solomon, J.（1990）Procedures for identifying infants as disorganized /disoriented during the Ainsworth strange situation. In M. T. Greenberg, D. Cicchetti & E. M. Cummmings（Eds.），*Attachment in the preschool years*. Chicago:University of Chicago Press.

McCrory E, De Brito SA, Viding E.（2010）Research review: the neurobiology and genetics of maltreatment and adversity. *Journal of Child Psychology and Psychiatry*, **51**, 1079-1095.

Mikulincer, M. & Shaver, P. R.（2016）*Attachment in adulthood: Structure, dynamics, change*. 2nd ed. New York: Guilford.

Music, G.（2011）*Nurturing natures : Attachment and children's emotional, sociocultural and brain development*. New York: Psychology Press.（鵜飼奈津子監訳〈2016〉子どものこころの発達を支えるもの――アタッチメントと神経科学，そして精神分析の出会うところ　誠信書房）

Nelson, C. A., Fox, N. A., & Zeanah, C. H.（2014）*Romania's abandoned children: Deprivation, brain development, and the struggle for recovery*. New York: Harvard University Press.

O'Connor, T. G.（2005）Attachment disturbances associated with early severe deprivation. In C.S. Carter, L. Ahnert, K.E. Grossmann, S. B. Hrdy, M.E. Lamb, S.W. Porges & N. Sachser（Eds.），*Attachment and bonding: A new synthesis*. London: The MIT Press. pp.258-267.

Pederson, D. R., Gleason, K. E., Moran, G., & Bento, S.（1998）Maternal attachment representations, maternal sensitivity, and the infant-mother attachment relationship. *Developmental Psychology*, **34**, 925-933.

Pollak, S. & Tolley-Schell, S.（2003）Selective attention to facial emotion in physically abused children. *Journal of Abnormal Psychology*, 112, 323-328.

Puig, J., Englund, M. M., Simpson, J.A., & Collins, W.A. (2013) Predicting adult physical illness from infant attachment: A prospective longitudinal study. *Health Psychology*, 39, 409-417.

Roisman, G. I., Padron, E., Sroufe, L. A., & Egeland, B. (2002) Earned-secure attachment status in retrospect and prospect. *Child Development*, 73, 1204-1219.

Rutter, M. (2008) Implications of attachment theory and research for child care policies. In J. Cassidy & P. R. Shaver (Eds.), *Handbook of attachment: Theory, research, and clinical applications*. 2nd ed. New York: Guilford Press. pp.958-974.

Schore, A. N. (2001) Effects of a secure attachment relationship on right brain development, affect regulation, and infant mental health. *Infant Mental Health Journal*, 22, 7-66.

Simpson, J. A. & Belsky, J. (2016) Attachment theory within a modern evolutionary framework. In J. Cassidy & P. R. Shaver (Eds.), *Handbook of attachment: Theory, research, and clinical applications*. 3rd ed. New York: Guilford Press. pp. 91-116.

Simpson, J. A. & Rholes, W. S. (2015) *Attachment theory and research: New directions and emerging themes*. New York: Guilford.

Solomon, J. & George, C. (Eds.) (1999) *Attachment disorganization*. New York:Guilford.

Solomon, J. & George, C. (Eds.) (2011) *Disorganized attachment and caregiving*. New York: Guilford Press.

Symons, D. K. (2004) Mental state discourse, theory of mind, and the internalization of self-other understanding. *Developmental Review*, 24, 159-188.

Thompson, R. A. (2016) Early attachment and later development: Reframing the questions. In J. Cassidy & P. R. Shaver (Eds.), *Handbook of attachment: Theory, research, and clinical applications*. 3rd ed. New York: Guilford Press. pp.330-348.

van IJzendoorn, M. H. (1995) Adult attachment representations, parental responsiveness and infant attachment: A meta-analysis on the predictive validity of the Adult Attachment interview. *Psychological Bulletin*, 117, 387-403.

Waters, E., Merrick, S. K., Treboux, D., Crowell, J., & Albersheim, L. (2000) Attachment security in infancy and adulthood: A twenty-year longitudinal study. *Child Development*, 71, 684-689.

Winnicott, D. W. (1958) *Collected papers. Through paediatrics to psycho-analysis*. London: Tavistock Publications; New York: Basic Books.

Zeanah, C. H. & Smyke, A. T. (2008) Attachment disorders in relation to deprivation. In M. Rutter, D. Bishop, D. Pine, S. Scott, J. Stevenson, E. Taylor, et al. (Eds.), *Rutter's child and adolescent psychiatry*. 5th ed. Oxford, UK: Blackwell. pp.906-915.

Zeanah, C. H., Smyke, A. T., Koga, S. F., Carlson, E., & the Bucharest Early Intervention Project Core Group (2005). Attachment in institutionalized and community children in Romania. *Child Development*, 76, 1015-1028.

第2章

乳幼児期のアタッチメント

Part 1　アタッチメント発達の予兆
──妊娠期における親の子ども表象

●本島優子●

1. はじめに

　生後1年目において，子どもは親との相互作用の経験に基づいて徐々にアタッチメントを形成していく。そして，生後1年目の後半には，親に対する明確なアタッチメントが成立する。親子間のアタッチメントは漸次的に形成されていくものであるが，アタッチメント発達の予兆は，親の表象というかたちを通してすでに妊娠期から認められる。

　Stern（1995）によると，親と子どもの関係性は，親の表象，親の行動，子どもの表象，子どもの行動の要素から構成されるという。親と子どもの相互作用行動は，当然，子どもの出生後に観察されるものであるが，親の表象は妊娠期からすでに発達しており（Slade et al., 2009; Stern, 1995），出生前から親の表象を測定することが可能である。親の表象には，子どもや自分自身，配偶者，実父，実母などに関するさまざまな要素が含まれるが（Stern, 1995），特に妊娠期は親となることへの準備を進めていかなければならない時期であり，この時期において親は，子どもとの心理的な密着を感じながらも，自身とは異なる独自の個別の存在として子どもを認識し，意識を形成していくことが課題となる（Ammaniti et al., 2013; Cohen & Slade, 2000）。そこで以下では，親の表象のうち，特に子どもについての表象に焦点を当て，詳しく述べていく。

2. 妊娠期における親の子ども表象の発達

　一般的に，妊娠前期は子どもの存在の現実感が乏しく，子どもについての具体的なイメージは希薄である（Lumley, 1982）。しかし，中期になると，胎動が大きな契機となって子どもについてのイメージが飛躍的に発達し，より豊かで具体的なものとなる（Stern, 1995）。そして後期に入ると，子どもについてのイメージが徐々に収束し，安定してくることから，一人ひとりの表象の個人的特徴がより明瞭となる（Cohen & Slade, 2000）。同時に，子どもを想像する能力にもかなりの個人差が認められるようになる（Slade et al., 2009）。そのため，妊娠期における親の子どもについての表象は，この段階で測定されることが多い。

　以下では，表象を測定するための代表的な面接として，Zeanah と Benoit（1995）によって開発された Working Model of the Child Interview（WMCI）を紹介する。

3. 妊娠期における親の子ども表象の測定 ——WMCI

　WMCI は，子どもや子どもとの関係性についての親の主観的な知覚や経験を問う，約 1 時間程度の半構造化面接である[*1]。通常は出生後に実施するものであるが，妊娠期に実施する際は未来形で質問を行う。質問には，子どもの性格や扱いにくい行動，関係性などについての項目が含まれる。分析は，語りの内容（子どもに関する困難さなど）や，語りの情緒的トーン（喜びや怒り，悲しみなど）に加えて，語りの構造（語りの豊かさや一貫性など）についても評価し，これらの特質を総合的に踏まえて，最終的に三つの

＊1　WMCI を分析するにあたってはコーダーとしての資格が必要であり，WMCI の講習会を受講し，信頼性テストに合格することが求められる。

タイプの表象に分類する。

　一つ目のタイプは「安定型」（Balanced）であり，以下のような特徴が挙げられる。まず，子どもについての描写が豊かで詳細であり，柔軟に整合一貫して語られる。子どもに対する情緒的つながりが強く，子どもを充分に受容している。また，子どもの経験への共感的理解が高く，適切で敏感な養育の特徴が認められる。子どもに関して困難なことがあっても，それに圧倒されることなく，結果として，子どものポジティブな側面のみならず，ネガティブな側面に関しても自由にオープンに語ることができる。

　二つ目は「非関与型」（Disengaged）のタイプであり，子どもへの情緒的関与の欠如や心理的距離の強さによって特徴づけられる。子どもに関する描写は平易で乏しく最小限であり，感情の表出は抑制され，知的に冷ややかに語られる。また，個人としての子どもの存在に鈍感で，共感的理解が乏しく，子どもに対して拒否的で無関心である。

　三つ目は「歪曲型」（Distorted）のタイプあり，子どもへの情緒的関与は強く認められるものの，表象内にある種の歪みや偏りが認められる。たとえば，養育者が他の関心事に心を奪われていたり，子どもに対して混乱，圧倒されていたり，子どもとの関係性において役割逆転が認められたりする。子どもについて多くのことを語るものの，その語りは混乱，矛盾し，まとまりがなく，理解することが困難で，一貫性が低い。感情表出が過剰で，特にネガティブな感情が強く表出される。

　これまでにいくつかの研究で，妊娠期（主に後期）の母親を対象にWMCIが実施され，表象の3タイプの分類率が報告されている。Benoit ら(1997) の研究では，安定型が64%，非関与型が12%，歪曲型が24%，Huth-Bocks ら (2004) の研究では，安定型が52%，非関与型が30%，歪曲型が18%，Dayton ら (2010) の研究では，安定型が52%，非関与型が28%，歪曲型が20%，さらには Vreeswijk ら (2015) の研究では，安定型が61%，非関与型が27%，歪曲型が12%であった。また，少ないながらも，妊娠期における父親を対象とした研究も行われており，父親の場合，安定型が44%，非関与型が49%，歪曲型が 7 %であったことが報告されている（Vreeswijk et al.,

2015)。

　こうした研究知見より，すでに妊娠期から親は子どもについての表象を作り上げていること，そして親の子ども表象の特質には個人差が存在し，安定した表象を形成している親もいれば，不安定なタイプの表象を形成している親もおり，妊娠期の時点でその個人差を把捉することが可能であることがわかる。

4.　妊娠期における親の子ども表象と出産後の親子関係

1）出産前後の子ども表象の変化

　では，こうした妊娠期における親の子どもについての表象は，出産後の親子関係にどのような意味を持つのだろうか。一見すると，妊娠期における親の子どもについての表象は，あくまでも空想上のものであって，出産によって大きく変容しそうに思われるかもしれない。しかしながら，これまでの実証研究の多くは，予想外にもこれとは反対の結論を得ているのである。

　たとえば，妊娠期から出産後にかけて，親の子どもについての表象がどのように連続あるいは変化するかを調べた研究では，妊娠後期と子どもの生後11カ月に実施された WMCI の表象タイプが，全体として80％の母親において合致したことが明らかにされている（Benoit et al., 1997）。また Theran ら（2005）の研究でも，全体として62％の母親で，妊娠後期と生後12カ月の WMCI の表象タイプが一致しており，いずれの研究も，とりわけ安定型の母親で高い連続性を示したことが報告されている。妊娠期から出産後の激変期において，一見すると子どもの誕生は親の表象を新たに作り替える大きなイベントとなるように思われるものの，実際のところ，妊娠期から産後にかけて親の子どもについての表象は連続して維持される傾向にあることがわかる。

2）親子相互作用への影響

　次に，妊娠期における親の子どもについての表象が，出産後の親の養育や相互作用に及ぼす影響について述べる。Dayton ら（2010）は，妊娠期におけ

る母親の子どもについての表象と，生後1年時点での母親の養育行動との関連について検討した結果，妊娠期に非関与型であった母親は子どもに対してより統制的であったこと，また妊娠期に歪曲型であった母親は子どもに対してより敵意的であったこと，一方，妊娠期に安定型であった母親は子どもに対してより肯定的な行動を示したことが認められた。また，Theran ら（2005）は，妊娠期から生後12カ月にかけて，子どもについての表象が変化した母親と変わらず連続していた母親との間で，生後12カ月における母子相互作用の質を比較した結果，妊娠期に不安定型であったにもかかわらず生後で安定型を獲得した母親は，妊娠期から生後にかけて連続して不安定型であった母親よりも，生後12カ月の母子相互作用において敏感性やポジティブ感情がより高く，過度な統制が低かったことが示された。こうしたことより，妊娠期における親の子どもについての表象は，空想上の表象世界を超えて出産後の親の養育行動に影響し，親子の相互作用を方向づける働きをすることが示唆される。

3）子どものアタッチメントへの影響

　産後の親子関係への影響という意味では，さらに興味深いことに，妊娠期における親の子どもについての表象が，後の子どものアタッチメントをも予測することがわかっている。Benoit ら（1997）の研究によると，妊娠後期の母親を対象に WMCI を用いて子どもについての表象を測定し，生後12カ月にストレンジ・シチュエーション法（SSP）を用いて子どものアタッチメントを測定したところ，全体の74％の母親において，妊娠期の母親の子ども表象と生後12カ月の子どものアタッチメントとの間に，理論的に想定されるとおりのタイプの一致が認められたという（「安定型」〈WMCI〉－「安定型」〈SSP〉，「非関与型」〈WMCI〉－「回避型」〈SSP〉，「歪曲型」〈WMCI〉－「アンビバレント型」〈SSP〉）。同様に，Huth-Bocks ら（2004）の研究でも，全体の60％の母親で，妊娠期における母親の子ども表象のタイプと生後12カ月における子どものアタッチメントのタイプが一致していた。なお，Benoit ら（1997）と Huth-Bocks ら（2004）のいずれの研究も，とりわけ安定型の母

親において高い一致が見られ，妊娠期に子どもについての表象が安定型であった母親の子どもは，生後12カ月において安定型のアタッチメントを示す傾向が高かった。また，日本においても，妊娠期に安定型であった母親の子どもは，非関与型や歪曲型であった母親の子どもよりも，アタッチメント Q ソート法で測定されたアタッチメント安定性が，より高かったことが報告されている（本島，2012）。これらの結果より，妊娠期における親の子どもについての表象は出生後の子どものアタッチメントの発達にも影響を及ぼすことがうかがえる。

5. まとめ

　以上より，妊娠期における親の子どもについての表象は，出産後も連続して維持される傾向にあること，また出産後の親子の相互作用の質に影響すること，さらには子どものアタッチメント発達にも影響を及ぼすことがわかり，妊娠期を超えて出産後の親子関係を方向づける働きをすることが示唆される。それゆえ，妊娠期において親の表象を評価することは，将来の親子の関係性の予測因を最早期に評価する手法として有用であるといえる（Vreeswijk et al., 2015）。そうした意味では，妊娠期は予防的介入に最も適した時期といえるだろう。

　なお，妊娠期における親の子どもについての表象は，出産後も連続して維持される傾向にあることを述べたが，一方で，出産前後にわたって子どもについての表象が変化するケースも一定の割合で存在することにも留意されたい。たとえば，Vreeswijk ら（2015）の研究では，妊娠期に子どもについての表象が不安定型（非関与型もしくは歪曲型）であったが，出産後に安定型へと変化した母親が21％いた。また，Theran ら（2005）の研究でも，全体の19％の母親において，妊娠期から出産後にかけて不安定型から安定型への変化が認められた。さらには，そうした母親の特徴として，妊娠期にうつ症状が少なかったこと，シングルマザーの割合が低かったこと，生後12カ月においても同じパートナーとの関係が持続していたこと，比較的高収入であった

ことが報告されている（Theran et al., 2005）。

　このことから，妊娠期における母親の子どもについての表象は，出産後も連続して保持される傾向にあるものの，それは決して不変的なものではなく，母親を取り巻く状況や環境，種々の要因によって変わりうる可塑性を持ったものであることが示唆される。ここに，妊娠期の親を対象とした早期段階からの介入を行うことの意義があると思われる。特に，不安定型の子ども表象は，安定型の子ども表象と比べてより変化しやすい（Theran et al., 2005）という特質を踏まえるならば，適切な支援は親の不安定な表象を変えうる一つの大きな契機となるだろう。

　親子の関係性の発達はすでに妊娠期から始まっていることを理解し，健全なアタッチメントを育むための，より早期段階からの臨床的支援の確立と充実が求められる。

【文献】

Ammaniti, M., Tambelli, R., & Odorisio, F. (2013) Exploring maternal representations during pregnancy in normal and at-risk samples: The use of the Interview of Maternal Representations during pregnancy. *Infant Mental Health Journal*, **34**, 1-10.

Benoit, D., Parker, K. C. H., & Zeanah, C. H. (1997) Mothers' representations of their infants assessed prenatally: Stability and association with infants' attachment classifications. *Journal of Child Psychology & Psychiatry*, **38**, 307-313.

Cohen, L. J. & Slade, A. (2000) The psychology and psychopathology of pregnancy. In C.H. Zeanah (Ed.), *Handbook of infant mental health*. 2nd ed. New York, London: Guilford Press.

Dayton, C. J., Levendosky, A. A., Davidson, W. S., & Bogat, A. A. (2010) The child as held in the mind of the mother: The influence of prenatal maternal representations on parenting behaviors. *Infant Mental Health Journal*, **31**, 220-241.

Huth-Bocks, A. C., Levendosky, A. A., Bogat, G. A., & von Eye, A. (2004) The impact of maternal characteristics and contextual variables on infant-mother attachment. *Child Development*, **75**, 480-496.

Lumley, J. M. (1982) Attitudes to the fetus among primigravidae. *Australian Pediatric Journal*, **18**, 106-109.

本島優子（2012）アタッチメント発達の予兆──妊娠期における母親の子ども表象に着目して　ベビーサイエンス，**11**，16-24.

Slade, A., Cohen, L. J., Sadler, L. S., & Miller, M. (2009) The psychology and psychopathology of pregnancy: Reorganization and transformation. In C.H. Zeanah (Ed.), *Hand-

book of infant mental health. 3rd ed. New York, London: Guilford Press.

Stern, D. N.（1995）. *The motherhood constellation: A unified view of parent-infant psychotherapy*. New York: Basic books.

Theran, S. A., Levendosky, A. A., Bogat, A., & Huth-Bocks, A. C.（2005）Stability and change in mothers' internal representations of their infants over time. *Attachment & Human Development*, **7**, 253-268.

Vreeswijk, C. M. J. M., Rijk, C. H. A. M., Maas, A. J. B. M., & Van Bakel, H. J. A.（2015）Fathers' and mothers' representations of the infant: Associations with prenatal risk factors. *Infant Mental Health Journal*, **36**, 599-612.

Zeanah, C. H. & Benoit, D.（1995）. Clinical applications of a parent perception interview in infant mental health. *Infant Psychiatry*, **4**, 539-554.

Zeanah, C. H., Benoit, D., Barton, M. L., & Hirshberg, L.（1996）Working Model of the Child Interview coding manual. Unpublished Manual.

Part 2　乳幼児期のアタッチメントとその後の心理社会的発達

● 篠原郁子 ●

1. はじめに

　人は，養育者をはじめとする周囲の支えを得ながら心身を成長させ，徐々に親子関係以外の多様な人，出来事との出会いがある広い世界へと歩みを進めていく。子どもが自律的に社会と関わりながら，自己実現をかなえ，適応的で幸福な人生を送ることは，子の養育や教育にあたる多くの大人が願うところであろう。では，人生の早期に安定したアタッチメントを持つことは，その子どもが「良い人生」を歩む切符となりうるのだろうか。

　養育者とのアタッチメントは，ストレス状況というその時々の子どもの心身の安全にとって無論，重要であるが，一定の質あるいはタイプのアタッチメントを養育者との間に保持していることが，親子関係以外の場，文脈における子どもの振る舞いや発達，他の人間関係の様相に関係するのかを問う研究が，多く行われてきた。本章ではこうした実証研究を概観し，人生早期の養育者とのアタッチメントが，親子関係を超えて，その子どもの幅広い，また長期的な発達に持つ意味を考えることとしたい。

　なお，本章では，基本的に非臨床群を対象とし，主に（研究が多く蓄積されているという意味で）母親とのアタッチメントを検討した研究を紹介する。アタッチメントの特徴として，組織化の有無（無秩序・無方向性〈D型〉とそれ以外の型）を重視する指摘もあるが，アタッチメントと子どもの発達についての関連を問う研究では，安定型とそれ以外の型，および，安定性の高低について分析したものが多いことから，本章でも安定したアタッチメントを持つことと子どもの多様な発達との関係に着目して，研究知見を紹介する。

2. 乳幼児期のアタッチメントと認知的能力の発達

　良い人生を示す指標は数あるが，社会経済的指標として収入や雇用状態，高等教育への進学などについて考えた際，それらを予測する人的資本として，学力やIQ（知能指数）といった認知的能力が挙げられる。アタッチメントが安定している子どもは，探索活動をより活発に行うと考えられること，また，その子どもの養育者は環境や事物についてたくさんの情報を与え，子どもの学びを助ける姿勢を持つ可能性から，子どもの認知的能力の発達が促進されやすいのではないかという議論がある（Kerns, 2008; Moss et al., 2005）。実際に，乳児期の親子間のアタッチメントと子どものIQ，学業達成等の関係を調べようとする研究も複数行われているので，以下に紹介する。

　IQについてはやや古いものになるが，van IJzendoornら（1995）のメタ分析が参考になろう。メタ分析とは，同じテーマ（ここでは，乳児期のアタッチメントとIQの関係を調べること）について実施された研究を複数集め，それらのデータに基づいてより包括的な分析を行うものである。1〜2歳時に測定されたアタッチメントと，IQの関連を扱った12の研究に基づくメタ分析の結果は，両者の関連が極めて弱いことを示すものであった。

　IQや学業に注目した研究は近年も続けて実施されているが，特に最近は，大きな標本集団を長期間にわたって追跡することで，より信頼性のある知見を得ようとする長期縦断研究が複数実施されている。ここでは，全米で1,000を超える家族を子どもの誕生時から追跡した研究（NICHD/ SECC: the National Institute of Child Health and Human Development/ Study of Early Child Care）を紹介しよう。

　Westら（2013）の研究では，15カ月時（SSP），24カ月時（AQS），36カ月時（プレスクール版SSP[*2]）に母子アタッチメントが測定され，小学3年

[*2]　乳児期に用いられるSSPを，より年長の子どもにも使用できるように応用した，観察に基づく測定法。

生，4 年生時に子どもの学業成績と IQ が測定された。分析の結果，24 カ月時と 36 カ月時に安定したアタッチメントを持つ子どもが，その後，優れた IQ と学業成績を示すことが認められた。なお，15 カ月時のアタッチメントとは関連が認められなかった。West らはアタッチメントが直接に IQ や学業成績を説明するのではなく，いくつかの媒介変数を通して影響を及ぼしている可能性を検討している。そして実際に，安定したアタッチメントを持つ子どもの母親は，子どもに対して教える場面での教示行動の質が高いこと，母親が子どもの学業や学校に通うことに奨励的姿勢を持っていること，学校での子ども自身の仲間関係の良好さ，子ども自身の学校環境への協調性，子どもの自己制御能力の高さ，といった複数の変数が，アタッチメントと認知発達の関連の一部を媒介していることを見出している。

　さらに，36 カ月時のアタッチメント不安定型についての分析からは，アンビヴァレント型（C 型）と無秩序・無方向性（D 型）の子どもの IQ と学業成績が低いことが示された。ただし，C 型と学業成績，D 型と学業成績ならびに IQ の関連については，先に挙げたような媒介変数による影響を含めた分析を行うと，アタッチメントタイプ自体による直接的影響は認められなくなると報告されている。これらの不安定型の子どもたちの認知発達には，アタッチメント自体よりも，養育者の子どもに対する援助的関わり方や学業に対する支援，子ども自身の学校での協調性，といった変数が影響していることが示唆されている。また，同じ縦断研究のデータに基づく他の研究では，15 カ月時と 36 カ月時に測定された安定したアタッチメントが，直接ではなく，子どもの自己制御能力の発達を通して，5 年生時の学校適応を予測することが認められている（Drake et al., 2014）。

　アタッチメントと認知的発達の関係については，近年の研究に目を向けても，安定したアタッチメントを持つ子どもは IQ や学力が優れているという関連を支持する結果と，そうした関係は認められないという結果が混在している。議論は今も継続しているが，アタッチメントによる認知的発達への影響が支持されている場合でも，直接的というよりは養育環境や養育者の特徴，ないし，子どもの他の側面の発達（学校での対人関係や自己制御の発

達）が媒介しているという指摘には，注目しておく必要があるだろう。そこで次に，子どもが示す対人関係といった他の側面の発達と，アタッチメントの関連について研究動向を見ていこう。

3. 乳幼児期のアタッチメントと社会情緒的発達

　社会情緒的発達には，自己の感覚や自分に対する意識，他者に対する理解や意識，そして，自分と他者の関係についての理解や，関係を築き維持することなどが含まれる。近年，「良い人生」は IQ や学力といった認知的能力の高さだけではなく，社会情緒的な発達によっても予測されることが，基礎研究のみならず教育の分野においても注目されている（OECD, 2015）。では，こうした社会情緒的側面の発達に，乳児期のアタッチメントは関連するのだろうか。

　アタッチメントについて，発達早期では，子どもは養育者との身体的，物理的な接触や近接を通して不安の調整がなされるという情緒的な経験を重ねていくが，そうしたやりとりのなかで徐々に，養育者と自分の関係についての信念や予測といった内的作業モデルを抱くようになると考えられている。このモデルには，養育者がどのように行動するか，養育者は自分に対してどのように反応するか，そして，養育者から自分はどのように扱われるか，といった相手と自分に関する予測や期待，信念が含まれている。こうした自分と相手の関係についての内的作業モデルが，養育者とのみならず，それ以外のさまざまな対人関係場面での思考や感情，注意や記憶，振る舞いにも反映されるのではないかと論じられてきた（Bowlby, 1969/1982, 1973; Main et al., 1985）。

　こうした可能性を検証した研究からは，乳幼児期にアタッチメントが安定している（タイプとしての安定型，あるいは，特性としての安定性の高さの両方を含む）子どもは，友だち関係に関してもさまざまな良好さを示すことが報告されている。たとえば，24カ月時や36カ月時にアタッチメント安定型であった子どもは人間関係に関連した孤独感が低く，54カ月時点では，友だ

ちの行動の予測や社会的な問題解決能力に優れている（Raikes & Thompson, 2008）。さらに，安定したアタッチメントを持つ子どもは，社会的不安が低く，仲間からの人気が高く，幼稚園において怒りや攻撃的な行動を示すことが少ないことが報告されている（Verschueren & Marcoen, 1999; Bohlin et al., 2000; DeMulder et al., 2000）。そして，幼稚園の先生から評価された友だち関係に見られる社会性が高いだけでなく，肯定的自己感や，子ども自身の報告による自己効力感等が良好であるという知見もある（DeMulder et al., 2000）。

　次に，他者との関係構築に関わるより基礎的な社会情緒的発達として，自他の感情に関わる能力との関係を見てみよう。多くの研究は，母子間の安定したアタッチメントを持つ子どもが，他者の感情を理解したり，推測したりすることに優れていることを示唆する結果を得ている。幼児向けの感情理解課題は，プレゼントをもらうとか，大事なおもちゃが壊れるといったエピソードを子どもに示した後に登場人物の感情について質問するものが多く，文脈や状況に関する情報を手がかりにして，登場人物がどのような気持ちになるのかを理解できるか，想像できるかを調べるものとなっている。アタッチメントの測定ならびに感情理解課題を同時に行った研究では，3歳半時（Greig & Howe, 2001）や5歳時（Ontai & Thompson, 2002）において，アタッチメントの安定と優れた感情理解の成績が関連することを示している。

　アタッチメントに関わる内的作業モデルが，自己や対人関係に関わる記憶や情報処理にも影響することを先述したが，Belskyら（1996）は，感情の記憶に着目した研究を行っている。1歳時にアタッチメントを測定し，その後，3歳時点で子どもたちに，お人形が肯定的感情と否定的感情を経験する短いお話（プレゼントをもらったり，ジュースをこぼしてしまったりするお話）を聞かせて，そのお話をどれくらいよく記憶しているかを問う実験が行われた。その結果，安定型であった子どもは肯定的な感情を伴うお話をよく記憶し，不安定型であった子どもは否定的な感情のお話をよく覚えていた。不安定型の子どもは安定型の子どもよりも，日常生活のなかで不安などの否定的感情に向き合うことが相対的に多く，そうした経験から否定的感情により敏感なのではないかと考えられている。こうした実験の結果から，たとえ

同じ出来事を見聞きしたとしてもアタッチメントタイプの違いによって，子どもがその出来事をどのように経験しているかに，大きな差がある可能性が論じられている。

　さらに，Denham ら（2002）は，3 歳時のアタッチメントの不安定性が感情理解の成績の低さに関連していることに加えて，子ども自身が怒りを表出する際のコントロール能力の低さとも関係することを見出している。他者の感情だけではなく，自己の感情に関する能力の発達とアタッチメントの関連を指摘している点が注目される。

　他者理解に関わる能力として「心の理論」にも触れておく。人はその人自身が持つ信念や欲求，願望，意図などの心的状態に基づいて行動する，ということが理解できていると，心の理論を獲得していると見なされる。幼児期に関する極めて多くの研究から，一般的には概ね 4 歳頃に心の理論が獲得されると考えられている（Wellman et al., 2001）。そして，アタッチメントが安定している子どものほうが，心の理論の獲得に優れていることが複数報告されてきた。幼児期に測定された安定さ（安定型あるいは安定性の高さ）が，同時期に認められる心の理論課題の成績の高さと相関を見せるという結果や（Fonagy et al., 1997; Symons & Clark, 2000），乳児期に測定された安定さが，後の心の理論獲得を予測するという結果もある（Meins et al., 1998）。一方で，アタッチメントと心の理論の獲得には関連が認められないとする研究知見も寄せられている（Ontai & Thompson, 2008; Greig & Howe, 2001）。なお，関連を認めていない研究では，アタッチメントの安定さ自体ではなく，アタッチメントの安定と関連がある養育者の行動特徴として感情や意図に関する会話の多さなどが，子どもの心の理論の獲得に促進的効果を持つ可能性を示している（Ontai & Thompson, 2008）。

　ここまで，アタッチメントと感情理解能力，アタッチメントと仲間関係の良好さというように，個々の変数との個別の関係を検討した研究を紹介した。ただし近年，親子のアタッチメントに加えて，子ども自身のさまざまな発達や養育環境，家庭外の学校などの環境をも含めた多くの事柄を測定対象とした，大規模かつ包括的な研究プロジェクトの研究成果が多く示されてお

り，それらの研究ではより複雑な分析が実施されている。たとえば，先に紹介した NICHD による長期縦断研究の分析から，McElwain ら（2008）は，36カ月時にプレスクール版 SSP で測定された母子間の安定したアタッチメントは，54カ月時の母子間における情緒的やりとりの質の高さや，子どもの言語能力，さらに小学校 1 年生時に測定された他者の行為に対する敵意の帰属のしやすさや，友だちへの社会的行動の産出といった変数を媒介して，3 年生時に母親と学校の教師が報告した子どもの友だち関係の良好さを予測するといった複雑なプロセスを示している。

　媒介変数を組み込んだ分析結果が徐々に集まってきており，今後，親子間のアタッチメントによる子どもの社会情緒的発達への直接の影響の有無のみならず，影響プロセスの詳細が明らかになることが期待されている。

4. むすび

　以上，本章では，乳幼児期のアタッチメントと子どもの多様な発達の関連についての研究知見を概観した。まとめると，安定したアタッチメントが認知的発達との間に持つ直接的関連や影響は相対的に弱く，研究の結果が一貫してはいない状況であるが，社会情緒的発達，特に，仲間関係の良好さや感情面に関する理解や記憶などとの間には，一定の肯定的な関連や影響があると考えることができるだろう。人生早期に親子間で築かれるアタッチメントの質が，親子関係以外の場や文脈で見られる子どもの発達に関係し，さらに長期的な影響も確認されているという知見を踏まえると，やはり，発達早期に安定したアタッチメントを形成することの意味は，相応に大きいものだと考えられる。

　なお，ここまで「アタッチメントが安定している子ども」といった表現を用いてきたが，アタッチメントの質やタイプはどこに帰属するものかという点について確認しておきたい。アタッチメントとは，子どもと「誰か」の間に形成される関係についての概念である。したがって，安定しているとか，回避型といった表現をされているものは，子どもと誰かの間に築かれた「関

係の質」「関係の特徴」であり，その子ども個人の特徴ではないことを正しく理解しておくことが肝要であろう。

　本章では，冒頭に述べたように，母子間のアタッチメントを測定した研究知見について論述したが，母子間以外のアタッチメントについての研究も実施されている。そして，子どもが母親に対して築くアタッチメントの質と，父親に対するもの，あるいは保育者や幼稚園の先生といった対象に対してのものは，それぞれ独立していることが示唆されている（Howes, 1999; Goossens & van IJzendoorn, 1990）。さらに，母親とのアタッチメントと父親とのアタッチメントがそれぞれ，一部異なるかたちで子どもの社会情緒的側面の発達と関連していることも報告されている（Verschueren & Marcoen, 1999）。子どもは，母親とそれ以外の他者との間に，異なる性質のアタッチメントを築く可能性があり，仮に母親との間のアタッチメントが安定したものでなくとも，その子どもが誰とも安定した関係を持ちえない個人であること意味するのではないことに留意したい。本章では充分に扱えなかったが，たとえば，親以外の保育者や幼稚園の先生とのアタッチメントが子どもの発達と関連することも見出されている（Howes et al., 1994）。乳幼児期は養育の面で親子関係が中心となる時期ではあるが，親以外との他者との間に安定したアタッチメントを形成できることが，子どもの発達に持つ肯定的意味は大きいと考えられるだろう。

　また，本章で紹介した実証研究は，臨床的実践や個別ケースではなく，一定の人数からなる集団を標本とした基礎研究であった。特に，定量的研究においては，安定性やタイプの測定結果が変数として扱われ，親子間のやりとりや関係の内容などは記述されないといった性質から，日々，心理臨床の実践の場に身を置かれている読者には，いくらか具体性に欠けるものとなったかもしれない。しかしながら，発達早期に養育者との間に安定したアタッチメントを形成することが，その子どもの多様な発達や社会的生活にいくらかの肯定的影響を持つことを認める基礎研究が重ねられているということ，また，乳幼児期に養育者との間に安定したアタッチメントを形成すること，および，その形成を支え促す取り組みの重要性が，知見という証左を伴って唱

えられているという点について，本章が理解の一助になれば幸いである。

【文献】

Belsky, J., Spritz, B., & Crnic, K. (1996) Infant attachment security and affective-cognitive information processing at age 3. *Psychological Science*, **7** (2), 111-114.

Bohlin, G., Hagekull, B., & Rydell, A. M. (2000) Attachment and social functioning: A longitudinal study from infancy to middle childhood. *Social Development*, **9**, 24-39.

Bowlby, J. (1969/1982) *Attachment. Attachment and loss. vol.1*. New York: Basic Books.

Bowlby, J. (1973) *Separation. Attachment and loss. vol.2*. New York: Basic Books.

DeMulder, E. K., Denham, S., Schmidt, M., & Mitchell, J. (2000) Q-sort assessment of attachment security during the preschool years: Links from home to school. *Developmental Psychology*, **36** (2), 274.

Denham, S. A., Blair, K., Schmidt, M., & DeMulder, E. (2002) Compromised emotional competence: Seeds of violence sown early? *American Journal of Orthopsychiatry*, **72** (1), 70.

Drake, K., Belsky, J., & Fearon, R. (2014) From early attachment to engagement with learning in school: The role of self-regulation and persistence. *Developmental Psychology*, **50** (5), 1350-1361.

Fonagy, P., Redfern, S., & Charman, A. (1997) The relationship between belief-desire reasoning and positive measure of attachment security (SAT). *British Journal of Developmental Psychology*, **15**, 51-61.

Goossens, F. A. & van IJzendoorn, M. H. (1990) Quality of infants' attachments to professional caregivers: Relation to infant-parent attachment and day-care characteristics. *Child Development*, **61** (3), 832-837.

Greig, A. & Howe, D. (2001) Social understanding, attachment security of preschool children and maternal mental health. *British Journal of Developmental Psychology*, **19** (3), 381-393.

Howes, C. (1999) Attachment relationships in the context of multiple caregivers. In J. Cassidy & P. Shaver (Eds.), *Handbook of attachment*. New York: Guilford Press. pp. 671-687.

Howes, C., Hamilton, C. E., & Matheson, C. C. (1994) Children's Relationships with Peers: Differential associations with aspects of the teacher-child relationship. *Child Development*, **65** (1), 253-263.

Kerns, K. A. (2008) Attachment in middle childhood. In J. Cassidy & P. R. Shaver (Eds.), *Handbook of attachment: Theory, research and clinical applications*. New York: Guilford Press. pp. 366-382.

Main, M., Kaplan, N., & Cassidy, J. (1985) Security in infancy, childhood, and adulthood: A move to the level of representation. Growing points of attachment theory and research. In I. Bretherton & E. Waters (Eds.), *Monographs of the Society for Research in Child Development*, **50**, 66-104.

McElwain, N. L., Booth-LaForce, C., Lansford, J. E., Wu, X., & Justin Dyer, W. (2008) A process model of attachment-friend linkages: Hostile attribution biases, language ability, and mother-child affective mutuality as intervening mechanisms. *Child Development*, **79** (6), 1891-1906.

Meins, E., Fernyhough, C., Russell, J., & Clark-Carter, D. (1998) Security of attachment as a predictor of symbolic and mentalising abilities: A longitudinal study. *Social Development*, **7**, 1-24.

Monti, J. D., Pomerantz, E. M., & Roisman, G. I. (2014). Can parents' involvement in children's education offset the effects of early insensitivity on academic functioning? *Journal of Educational Psychology*, **106** (3), 859-869.

Moss, E., St-Laurent, D., Dubois-Comtois, K., & Cyr, C. (2005) Quality of attachment at school age: Relations between child attachment behavior, psychosocial functioning, and school performance. In K. A. Kerns & R. A. Richardson (Eds.), *Attachment in middle childhood*. New York: Guilford Press. pp. 189-211.

OECD (2015) Skills for social progress: The power of social and emotional skills.

Ontai, L. L. & Thompson, R. A. (2002) Patterns of attachment and maternal discourse effects on children's emotion understanding from 3 to 5 years of age. *Social Development*, **11** (4), 433-450.

Ontai, L. L. & Thompson, R. A. (2008) Attachment, parent-child discourse and theory-of-mind development. *Social Development*, **17**, 47-60.

Raikes, H. A. & Thompson, R. A. (2008) Attachment security and parenting quality predict children's problem-solving, attributions, and loneliness with peers. *Attachment & Human Development*, **10** (3), 319-344.

Symons, D. & Clark, S. E. (2000) A longitudinal study of mother-child relationships and theory of mind in the preschool period. *Social Development*, **9**, 3-23.

van IJzendoorn, M. H., Dijkstra, J., & Bus, A. G. (1995) Attachment, intelligence, and language: A meta-analysis. *Social Development*, **4** (2), 115-128.

Verschueren, K. & Marcoen, A. (1999) Representation of self and socioemotional competence in kindergartners: Differential and combined effects of attachment to mother and to father. *Child Development*, **70**, 183-201.

Wellman, H. M., Cross, D., & Watson, J. (2001) Meta-analysis of theory-of-mind development: The truth about false belief. *Child Development*, **72**, 655-684.

West, K. K., Mathews, B. L., & Kerns, K. A. (2013) Mother-child attachment and cognitive performance in middle childhood: An examination of mediating mechanisms. *Early Childhood Research Quarterly*, **28** (2), 259-270.

第3章

児童期から成人期のアタッチメント

● 中尾達馬 ●

　本章では，児童期から成人期のアタッチメントの発達について，「関係特異的なアタッチメントから一般表象への移行」「重要な他者の拡大」「乳幼児期からの連続性と変化」といった点から概観していく。

1. 児童期から成人期のアタッチメントの発達

1）児童期のアタッチメント

　乳幼児期と青年期の間にある児童期には，これら二つの発達段階にはない特徴がある。具体的には，児童は乳幼児に比べて，①社会的世界が広がり，②社会的認知を含んだ認知発達をし（メタ認知，多重な感情の理解など），③第二次性徴の開始に伴う身体的変化を経験する一方で，④意思決定においては青年ほどの自立性・独立性を与えられていない（Kerns & Brumariu, 2016）。

　こうした児童期におけるアタッチメントには，三つの特徴がある（Kerns & Brumariu, 2016）。すなわち，①乳幼児期から児童期にかけて，アタッチメント行動システム（詳細は脚注＊2参照）の設定目標は，アタッチメント対象への物理的近接性（proximity）から利用可能性（availability）へと変化する。②児童期の主たるアタッチメント対象は，あくまで両親である。きょうだい，祖父母，教師などは，主たるアタッチメント対象ではなく二次的アタッチメント対象であり，ピア関係（同輩関係〈友人関係，恋人関係〉）が，真の意味でアタッチメント関係となるのは，児童期ではなく青年期であ

る。③安心の基地における協同調整（coregulation）の色合いが増し，アタッチメント関係がスーパーヴァイザリー・パートナーシップ（supervisory partnership）となる。たとえるなら，スポーツ（野球，バレーボールなど）における監督と選手の関係のように，親は一定の権限を持ち，指示や限度設定を行うが，青年期における自立・独立に向けて子どもの果たす役割や責任は，徐々に増加していく。たとえば，親が安心の基地として機能するためには，「子どもがどこで何をしているのか」を親が把握する必要がある。乳幼児期においては，親が全面的にその把握に努めていたが，児童期になると子どもが親にそれを告げるという形態へと変化する。また，子どもが抱えている問題を親子で一緒に解決する際には，親は子どもが自分一人の力で解決できるような援助を行う。

２）青年期のアタッチメント

　「疾風怒濤」「心理的離乳」「アイデンティティ」という言葉に代表されるように，青年期は心身の発達が加速し，自我や性の目覚めによって自己の内面への関心が増し，親から心理的に自立・独立しようとする時期である。青年期は子どもから大人への移行期であるが，この時期におけるアタッチメントの特徴は，以下の三点に集約できる（Allen & Tan, 2016）。

A. 一般表象の形成

　一つ目の特徴は，一般表象の形成に関するものである。具体的には，乳幼児期においては，個々の関係性の質に応じた行動パターンというかたちで組織化されていたアタッチメントが，認知発達を経て，青年期には「アタッチメントに関する心的状態」（state of mind with respect to attachment）（Main et al., 1985），あるいは，アタッチメント関係全般に対する一般表象となる。実際には，アタッチメントの一般表象自体は，児童期の 8 ～11歳頃に芽生え始めるが（Kerns & Brumariu, 2016），ピアジェのいう形式的操作が可能となる青年期には，論理的・抽象的推論能力，自他の認知的分化能力，メタ認知能力などの高まりによって，①複数のアタッチメント経験についてより統合的

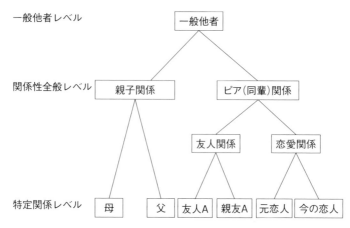

一般他者レベル

関係性全般レベル

特定関係レベル

（一般他者）
（親子関係）（ピア(同輩)関係）
（友人関係）（恋愛関係）
（母）（父）（友人A）（親友A）（元恋人）（今の恋人）

図3-1　アタッチメント表象の階層的組織化モデル
(Collins & Read, 1994; Crowell et al., 2016)

で，より一般的なスタンスを構成し（Main et al., 1985），②すでに形成している「アタッチメントに関する心的状態」を再構築することが可能となる。

　図3-1に，アタッチメント研究者が好む，「アタッチメント表象の階層的組織化モデル」を示した。アタッチメント研究者の多くは，主たる養育者との相互作用の質に応じて中核的なアタッチメント表象ができ，今度は，この表象を他の人間関係へと当てはめていくことで，アタッチメント表象が徐々に階層的に組織化されていくと考えている。実際，このモデルは，その存在が確認的因子分析によって実証されており（Overall et al., 2003），①一般他者レベルが特定関係レベルに影響を与えるというトップダウン効果に比べて，ボトムアップ効果のほうが影響力は大きいこと（Klohnen et al., 2005），②一般他者レベルにおけるアタッチメントは全般的な精神的健康に影響を与え，特定関係レベルにおけるアタッチメントは，それに対応する関係性の質に影響を与えること（Klohnen et al., 2005）などが実証されている。

　しかし親子関係は，本来，子どもの持つ社会的ネットワークの一部にしかすぎない。そのため，社会的ネットワーク理論（ルイス・高橋, 2007）のように，異なる人間（母親，父親，保育者，祖父母，仲間など）が，異なる社会

的欲求や機能（保護，世話，養護，遊び，学習，親和など）を満たすと考え，社会的ネットワーク全体を考慮するならば，アタッチメントの一般表象は，階層的組織化ではなく，統合的組織化（複数の他者との関係の質が加算・統合されるかたちで子どもの発達が進む）や，独立並行的組織化（複数の他者との関係のそれぞれから個別の発達的要素を子どもが獲得する）というかたちで獲得されるという可能性も残されている（遠藤，2016）。現段階では，どのモデルがアタッチメントにおける一般表象の組織化過程や内実を最も適切にとらえているのかは不明であるが，少なくとも三つのモデルのいずれかを用いれば，それらを説明可能であると考えられる。

B. 親子関係における変化

　二つ目は，親子のアタッチメント関係における変化に関するものである。具体的には，青年期における親子のアタッチメント関係では，親からの自立・独立が設定目標となり，その結果，アタッチメントと探索との間に新たなバランスが見出されるようになる。その際には，青年の行動をコントロールするのは本人なのか親なのかという点で争いが生じやすく，それゆえに，「協同調整」というよりは，物事を一つひとつ話し合いで決めていくという「交渉」という形態へと，親子のやりとりが変化する（Allen & Tan, 2016）。

C. ピア関係における変化

　三つ目は，ピア関係に関するものである。具体的には，ピア関係が徐々にアタッチメントの機能を有することで，アタッチメント・ヒエラルキー（attachment hierarchies：親やピアといった対象が，アタッチメント行動を向ける対象として好まれるかどうかの序列）に変化が生じる。

　もともと Ainsworth（1989）は，加齢に伴うアタッチメント・ヒエラルキーの変化について，「親はアタッチメント・ヒエラルキーにおいて，常にメンバーの一員であることに間違いない。しかし，その重要性は，いつかは配偶者に次いで二番目になる」と想定していた。そこで Hazan ら（Hazan & Zeifman, 1994; Zeifman & Hazan, 2016）は，アタッチメント行動を向ける対象が

親からピアへと移行するタイミングとプロセスについて，検討を行った。

　Hazan らは，「アタッチメントのきずな」(attachment bonds) は，アタッチメント対象が，Bowlby (1969/1982) や Ainsworth ら (1978) が想定した以下の四つの機能すべてを有することであると考えた。すなわち，近接性希求 (proximity seeking：一緒に時間を過ごしたい人)，安全な避難所 (safe haven：落ち込んだとき，頼りにする人)，分離苦悩 (separation distress：離ればなれになったときに，いないことが最も悲しい人)，安心の基地 (secure base：いつもあてにしている人) である。

　表 3-1 に，加齢に伴った親からピアへの四つの機能の移行プロセスを示した。Hazan たちが 6～17 歳を対象に実施した WHOTO (フー・トゥー) 面接を用いた調査によれば，①近接性希求の対象としては，どの年齢においてもピアが親に比べて選択されており，②安全な避難所の対象は，8～14 歳にかけて，親からピアへと大きく変化していた。そして，③ピア関係が分離苦悩や安心の基地をも伴った「完熟したアタッチメント」(full-blown attachment：すなわち，真の意味でのアタッチメント) となるのは，15～17 歳であることが示唆された。

　さらに，Hazan らは，18～82 歳を対象に，年齢ではなく恋愛関係の段階

表 3-1　アタッチメントの移行プロセス

発達段階	アタッチメント行動の相手	
	親	ピア
乳児期： ～2 歳	近接性希求，安全な避難所，分離苦悩，安心の基地	
幼児期～児童期前期： 3～7 歳	安全な避難所，分離苦悩，安心の基地	近接性希求
児童期後期～青年期前期： 8～14 歳	分離苦悩，安心の基地	近接性希求，安全な避難所
青年期後期～成人期： 15 歳～		近接性希求，安全な避難所，分離苦悩，安心の基地

(Hazan & Shaver, 1994; Zeifman & Hazan, 2000 をもとに著者作成)

（恋愛関係にない，2 年未満の恋愛関係，2 年以上の恋愛関係，の 3 段階）
と，先の四つの機能との関連性について検討を行った。その結果，①近接性
希求と安全な避難所については，恋愛関係の段階にかかわらず，ピアが親に
比べて選択されており（無論，交際期間が長いほど，友人ではなく恋人を挙
げる割合が高くなる），②恋愛関係が分離苦悩や安心の基地を伴った「完熟
したアタッチメント」になるのは，交際期間が少なくとも 2 年は必要である
こと[*1]が示唆された。これらの結果を踏まえて，Hazan ら（Hazan & Zeifman,
1994; Zeifman & Hazan, 2000）は，恋愛関係が進展するにつれて，①近接性希
求，②安全な避難所，③分離苦悩，④安心の基地の順で，これらの機能が累
積的に付加されて「完熟したアタッチメント」になるというプロセス・モデ
ルを提案した（表 3 - 2 ）。

表 3 - 2 　アタッチメント形成プロセスのモデル

		ボウルビィ (Bowlby, 1969/1982)	エインズワースら (Ainsworth et al., 1978)	ザイフマンら (Zeifman & Hazan, 2000)
アタッチメントを形成している段階	第1段階	人物の識別を伴わない定位と発信	アタッチメント形成の前段階	近接性希求
	第2段階	一人または数人の特定対象に対する定位と発信	アタッチメントを形成している段階	近接性希求，安全な避難所
アタッチメント関係である	第3段階	発信や移動による特定対象への近接性維持	アタッチメントが明らかに形成された段階	近接性希求，安全な避難所，分離苦悩
	第4段階	目標修正的協調関係	目標修正的協調関係	近接性希求，安全な避難所，分離苦悩，安心の基地

（Zeifman & Hazan, 2000をもとに著者作成）

[*1]　このことは，他の研究でも確認されている。Fraley と Davis（1997）によれば，完
熟したアタッチメントの対象となるまでに，恋人は平均23.2カ月（約 2 年），同性の
親友は平均65.5カ月（約5.5年）の月日を要する。

　Rosenthal と Kobak（2010）は WHOTO 面接を概念的に整理・洗練し，「ア
タッチメントのきずな」（最も親しい人，2 週間以上離ればなれになった場
合にいないことが最も悲しい人，交通事故に遭い病院に担ぎ込まれた際に最
初に連絡を取りたい人），「サポート・シーキング」（いろんなことがうまく
いかない日，授業でプレゼンテーションをしなければならないなど，日常の
文脈における慰めやサポート），「親和／提携関係」（Affiliation：楽しい時間
を一緒に過ごしたい人，あなたを楽しませてくれる人など，楽しい社会的接
触）を測定できる，「重要人物面接」（IPI：Important People Interview）を
開発した。そして，アタッチメント・ヒエラルキーにおける親，友人，恋人
の序列は，青年が直面しているストレッサーの種類によって変動すること
（緊急でない場合には，青年は，親に比べてピアからのサポートを好む。し
かし，交通事故に遭う，2 週間海外に行くという危険や分離苦悩を誘発する
緊急時には，圧倒的に親がヒエラルキーのトップになる），アタッチメン
ト・ヒエラルキーと適応との関連性について，友人が階層性の上位に位置
し，かつ父親が下位に位置されるあるいは名前が登場しないことは，外在化
問題・内在化問題の増加と結びつくことなどを見出した。

3）成人期のアタッチメント

　アタッチメント行動が向けられる対象は，乳幼児や児童は主に親であった
が，青年や成人になると，最終的にはペア・ボンドの相手（pair-bond part-
ner），すなわち配偶者となる。ペア・ボンドとは，動物における一雌一雄の
結びつき，つがい関係を意味し，成人期ではアタッチメント行動を向ける相
手が，性的パートナーとケアすべき相手を兼ねる。そのため，「行動システ
ム*2」という視点で考えると，ペア・ボンドの相手である配偶者との関係に
おけるアタッチメント形成プロセスの第一段階（表3-2）においては，成
人は，アタッチメント行動システムだけではなく，性的行動システムやケ
ア・ギビング行動システムが活性化された結果，近接性希求を行うと想定さ
れている。さらに述べると，同性ではなく異性に対して魅力を感じるという
こと自体は，行動システムという点では，性的行動システムが活性化された

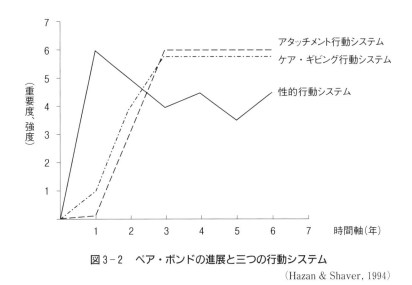

図 3-2　ペア・ボンドの進展と三つの行動システム

(Hazan & Shaver, 1994)

結果である（図 3-2）。そして，「アタッチメントを形成している段階」を経て，約 2 年間をかけて「完熟したアタッチメント」になる。

4）補足──二つの成人アタッチメント研究の流れ

　成人アタッチメント研究には，二つの大きな研究の流れがある（表

＊2　われわれは，ツバメの巣作り，鷹の狩りなどを，鳥の本能的行動だと考えがちである。しかし，ボウルビイ（Bowlby, 1969/1982）は，動物が本能に基づき行うと考えられる行動を，制御理論の「システム」という考え方からとらえ直した。端的にいえば，ボウルビイは，本能の仕組みを，制御理論の考え方を援用して説明しようとしたのである。

　『広辞苑（第 6 版）』（新村，2008）によれば，システムとは「複数の要素が有機的に関係しあい，全体としてまとまった機能を発揮している要素の集合体。組織。系統。仕組み」を意味する。そのため，行動システムには，行動だけでなく，認知，態度，情動などの要素がすべて含まれる（第 6 章の図 6-1 参照）。なお，ヒトが持つ行動システムとしては，①アタッチメント，②探索−遊び，③親和／提携（affiliation），④恐れ−心配，⑤ケア・ギビング，⑥摂食，⑦再生産あるいは性的行動システム，の計七つが想定されている（Colin, 1996）。

表3-3　成人アタッチメント研究の二つの流れ

	正統的アタッチメント研究	社会人格系の成人アタッチメント研究
学派	発達心理学，臨床心理学	パーソナリティ心理学，社会心理学
対象	家族関係（たて，非選択的な関係性）	親密な他者との関係（よこ，選択的な関係性）
測定方法	成人アタッチメント面接(AAI)	自己報告式質問紙

（Simpson & Rholes, 1998; 遠藤，2008をもとに著者作成）

3-3）。これらは同じく，Bowlby のアタッチメント理論や Ainsworth らのストレンジ・シチュエーション法（SSP）に基づき展開され，他の心理学的変数との関連性において同じような予測を立て，同じような結果になる場合も多い（たとえば，親のアタッチメントの安定性は，子どもへのケア・ギビングに影響を与える）。しかし，成人アタッチメント面接（AAI）と自己報告式尺度で測定される成人アタッチメントとの間には，ほとんど関連性がない。以前はこのことについて，どちらの測定方法がより適切なのかという議論が行われていたが，現在では，それぞれの測度がアタッチメント表象の異なる側面を適切にとらえていると見なすことができる証左が充分に蓄積されたため，相互に関連する必要性はないと考えられている（Crowell et al., 2016）。

2. 乳幼児期からの連続性と変化

　アタッチメントの生涯にわたる連続性・変化は，1～1歳半の間に SSP を実施し，20歳前後に AAI を実施するという，長期縦断研究によって検討された。その結果，安定型−不安定型という2分類における生後約20年間の連続性（対応性）は，3段階（高・中・低）でいえば，いくつかの小規模サンプル研究では「中」（moderate）であった（たとえば，$\kappa = .44$[*3]〈Waters et al., 2000〉）。さらに，このことは，さまざまな期間（半年～29年）におけるアタッチメントの連続性を扱った研究に対するメタ分析（$N = 21,072$〈Pinquart et al., 2013〉）でも確認されたが（$r = .39$[*4]），じつは期間が15年以上に

なると，有意な関連性は認められなかった。さらに，NICHD SECCYD の大規模コホート（$N = 857$）では，その連続性は「低」（modest）となった（$rs = .10 \sim .15$〈Groh et al., 2014〉）。したがって，アタッチメントには生涯にわたる連続性があるということは確かだが，その程度が「中」なのか「低」なのかについては，今後もさらなる検討が必要である[*5]。

　アタッチメントの生涯にわたる連続性の先には，世代間伝達の問題がある。過去30年間に行われたアタッチメントの世代間伝達の研究（$N = 4,819$）に対するメタ分析の結果，世代間伝達の程度は，安定型−不安定型の2分類では $r = .31$，無秩序型かどうかでは $r = .21$ であった（Verhage et al., 2015）。したがって，アタッチメントの安定性においては「中」，無秩序型アタッチメントにおいては「低」の世代間伝達があった。しかし，世代間伝達の主たる媒介要因として想定されている養育者の敏感性（sensitivity）については，養育者のアタッチメント表象と子どものアタッチメントとの結びつきにおける分散の約25％を説明できていたが，依然として伝達ギャップ（transmission gap）（van IJzendoorn, 1995）として説明できない分散が約75％残っていた（評定者間信頼性や再検査信頼性という点で測定誤差の影響を排除したとしても，約43％は説明できない）。この伝達ギャップは，van IJzendoorn（1995）が20年前に実施したメタ分析の結果に比べると狭まっているといえるが，いまだに橋渡しができているとはいえず，家族を取り巻く状況といった遠因も含めて，さらなる検討が必要である（Verhage et al., 2015）。

[*3]　κ 係数（カッパ係数）の目安は，以下のとおりである（Landis & Koch, 1977）。$.00 \sim .20$ が「わずかに」，$.21 \sim .40$ が「やや」，$.41 \sim .60$ が「中程度に」，$.61 \sim .80$ が「かなり」，$.81 \sim 1.00$ が「ほとんど」一致している。

[*4]　効果量 r の目安は，$.20$ で「小さい」，$.30$ で「中程度」，$.50$ で「大きい」である（Cohen, 1992）。

[*5]　Groh ら（2014）では，サンプルに占めるとらわれ型と未解決型の割合がそれぞれ 3 ％と低く（通常は，どちらのタイプも約11％），AAI の21％が電話で実施されていた（AAI の開発者はこの方法を推奨していない）。そのため，Groh ら（2014）の結果は，サンプルの偏りの影響を排除して，再検討が必要なのかもしれない（Hesse, 2016）。

3. 児童期における連続性と変化

　児童期（7～12歳）については，アタッチメントの連続性および変化が1カ月～3年という期間で検討された。そこでは，たしかに大部分の研究で有意な関連性が認められたものの，その程度には大きなバラツキがあった（Kerns & Brumariu, 2016）。たとえば，児童・青年版 AAI を用いた Ammaniti ら（2000）では，10歳時と14歳時を比較したところ，安定型−不安定型の2分類では74％（$\kappa = .48$）が一致していた。しかし，SS（security scale）という質問紙で測定されるアタッチメントの安定性については，2～3年における時間的安定性は $rs = .28$～.37であった（Kerns & Seibert, in press）。

　さらに，乳幼児期におけるアタッチメントの行動的測度から児童期における表象的測度を予測した研究では，必ずしも有意な関連性は得られなかった。たとえば，Ammaniti ら（2005）では，安定型−不安定型の2分類において，12カ月時点での SSP による分類と11歳時点における児童・青年版 AAI による分類との間では，61.9％（$\kappa = .26$, n.s.）の対応性しか得られなかった（もっとも，安定型では77.8％，不安定型では50％と，安定型における対応性のほうが高くなる）。このように，児童期においてアタッチメントの時間的安定性に大きなバラツキがあるということは，もしかすると，多くの子どもたちが8～10歳の間に，親子関係におけるアタッチメントを再体制化している可能性を示唆しているのかもしれない（Kerns & Brumariu, 2016）。

4. 青年期における連続性と変化

　青年期におけるアタッチメントの連続性は，比較的時間的に安定していた（Allen et al., 2004）。たとえば，16歳時点と18歳時点で，アタッチメントの安定性（AAI Q ソートにおける安定性得点）については，平均値における変化はほとんどなく，相関係数という点では，$r = .61$であった（Allen et al., 2004）。

　ただし，個人における連続性ではなく，ある年齢集団におけるアタッチメント分類の割合という点では，青年期は成人期と比較すると，AAI におけるアタッチメント軽視型の割合が高くなっていた（成人期では約23%，青年期は約35%〈Bakermans-Kranenburg & van IJzendoorn, 2009〉）。この結果については，青年期は成人期に比べてアタッチメントが不安定になりがちである，あるいは，青年期に親から自立・独立するためには親を回避・軽視することが重要である，という誤解を受けるかもしれない。

　しかし，①青年は成人に比べると，アタッチメントの安定性にとって重要な脱理想化（deidealization：過去のアタッチメント経験を正負両側面からとらえること）に費やせた時間が単純に短く（Bakermans-Kranenburg & van IJzendoorn, 2009），②安定型の青年の一部は，主要なアタッチメント対象が親からピアへと移行する際に，自立・独立を重視するあまりに，幼少期に親へ頼った経験から意識的・無意識的に注意をそらしてしまう可能性がある（Allen & Tan, 2016）。つまり，青年期という子どもから大人への移行期においては，良い意味で青年は自立・独立に奮闘しているため，本質的にはアタッチメント軽視型ではないが（おそらく安定型であるが），結果的にアタッチメント軽視型に分類される語りをする青年がいる，と解釈されている。

5. 成人期における連続性と変化

　成人期における AAI によるアタッチメント分類の時間的安定性（連続性）は，多くの研究によって，2 週間〜13年の期間で検討されたが，基本的に，78〜90%という高い時間的安定性を有しており，概して，安定型−不安定型の 2 分類のほうが未解決型かどうかに比べて時間的に安定していた（Crowell et al., 2016）。

　たとえば，結婚の 3 カ月前と，結婚の約 1 年半後におけるアタッチメントの連続性を検討した，ある正統的アタッチメント研究（Crowell et al., 2002）では，約21カ月における時間的安定性は，3 分類78%（$\kappa = .62$），2 分類85%（$\kappa = .73$）で，未解決型かどうかでは81%（$\kappa = .41$）であった。さらに，

安定型の96%，アタッチメント軽視型の79%，とらわれ型の27%，未解決型の46%が，結婚前後で同じ分類となった。Crowell ら（2002）では，結婚を機に不安定型から安定型へ変化した人は実家から離れて暮らしており，結婚前に，配偶者との関係性におけるアタッチメントの要素を首尾一貫して語ることができ，そしてポジティブな感情（幸せ，親密性，情熱など）をより経験していた（Crowell et al., 2002）。したがって，現在の夫婦関係が，幼少期の親子関係へのスタンス（アタッチメントに関する心的状態）に対して影響を及ぼす可能性が示唆された。

　成人においては，結婚だけでなく出産も，アタッチメントの変化に寄与する可能性が指摘されている。たとえば，第一子が生まれる予定の夫婦に対して，生まれる 6 週間前と生まれてから 6 カ月後に調査を行った，ある社会人格系の成人アタッチメント研究（Simpson et al., 2003）では，①概して女性は，子どもの誕生後にアタッチメントが安定しており，②子どもの誕生以前に夫からあまりサポートをしてもらえず，怒りを向けられたと感じている妻は，子どもの誕生後によりアタッチメント不安が高くなり，③アタッチメント回避が高い夫を持ち，あまり夫に対してサポートを求めなかった妻は，子どもの誕生後にアタッチメント回避が高くなっていた。さらに，④妻に対してよりサポートができたと感じている夫ほど，子どもの誕生後はアタッチメント回避が弱まっていた。

　ちなみに，自己報告式成人アタッチメント尺度についても，基本的に，相関係数という点では，その時間的安定性は高い（たとえば，3 週間におけるECR-R の時間的安定性は $r = .90$〈Sibley et al., 2005〉）。また，加齢に伴った尺度得点の「平均値の推移」については，①アタッチメント不安は，18〜39歳は40〜70歳に比べて高いこと，②アタッチメント回避は18〜29歳は低く，30〜49歳でいったん高くなり，50〜70歳でまた低くなることが示された。加えて，③特に顕著なのは，より若い世代とより老年の世代ではあるものの，基本的にはどの年齢においても配偶者や恋人というパートナーがいる人はそうでない成人に比べて，アタッチメント不安・アタッチメント回避の両方が低いことが示された（Chopik et al., 2013）。

6. おわりに

　児童期以降のアタッチメントの発達を考える際には，Allen と Tan（2016）の「植物のたとえ」が，その道筋を理解する助けとなる。つまり，児童期以降のアタッチメント行動システムを「木」として考えた場合に，この木は，乳幼児期のアタッチメントを「根」として持っている。無論，児童期以降もそれらの根は木の健康を支えているが，木自体は，非常に複雑かつ多面的に枝分かれをしながら成長していく。その際には，過去および現在の養育者とのアタッチメント関係（根と木の幹）だけでなく，同性の友人や恋人と新しいアタッチメント関係が始まり（枝），アタッチメントに関連した情報処理パターンによって「木の形」が決定する。さらに，木の特徴は，ケア・ギビングという「花」，そして「種」を経て次世代へと伝わっていくことになるだろう。

【文献】

Allen, J. P., McElhaney, K. B., Kuperminc, G. P., & Jodl, K. M.（2004）Stability and change in attachment security across adolescence. *Child Development*, **75**, 1792-1805.

Allen, J. P. & Tan, J. S.（2016）The multiple facets of attachment in adolescence. In J. Cassidy & P. R. Shaver（Eds.）, *Hanbook of attachment: Theory, research, and clinical applications*. 3rd ed. New York: Guilford Press. pp. 399-415.

Ainsworth, M. D. S.（1989）Attachments beyond infancy. *American Psychologist*, **44**, 709-716.

Ainsworth, M. D. S., Blehar, M. C., Waters, E., & Wall, S.（1978）*Patterns of attachment: A psychological study of the strange situation*. Hillsdale, NJ: Erlbaum.

Ammaniti, M., Speranza, A. M., & Fedele, S.（2005）Attachment in infancy and in early and late childhood. In K. A. Kerns & R. A. Richardson（Eds.）, *Attachment in middle childhood*. New York: Guilford. pp. 15-136.

Ammaniti, M., van IJzendoorn, M. H., Speranza, A. M., & Tambelli, R.（2000）Internal working models of attachment during late childhood and early adolescence: An exploration of stability and change. *Attachment and Human Development*, **2**, 328-346.

Bakermans-Kranenburg, M. J. & van IJzendoorn, M. H.（2009）The first 10,000 adult attachment interviews: Distributions of adult attachment representations in clinical and non-clinical groups. *Attachment and Human Development*, **11**, 223-263.

Bowlby, J. (1969/1982) *Attachment and loss. vol. 1. Attachment*. New York: Basic Books.

Chopik, W. J., Edelstein, R. S., & Fraley, R. C. (2013) From the cradle to the grave: Age differences in attachment from early adulthood to old age. *Journal of Personality*, **81**, 171–183.

Cohen, J. (1992). A power primer. *Psychological Bulletin*, **112**, 155–159.

Colin, V. L. (1996) *Human attachment*. Philadelphia: Temple University Press.

Collins, N. L. & Read, S. J. (1994) Cognitive representations of attachment: The structure and function of working models. In K. Bartholomew & D. Parlman (Eds.), *Advance in personal relationship*, *5. Attachment process in adulthood*. London: Jessica Kingsley. pp. 53–90.

Crowell, J. A., Fraley, R. C., & Roisman, G. I. (2016) Measurement of individual differences in adult attachment. In J. Cassidy & P. R. Shaver (Eds.), *Hanbook of attachment: Theory, research, and clinical applications*. 3rd ed. New York: Guilford Press. pp. 598–635.

Crowell, J. A., Treboux, D., & Waters, E. (2002) Stability of attachment representations: The transition to marriage. *Developmental Psychology*, **38**, 467–479.

遠藤利彦 (2008) 監訳者のまえがき　W. S. ロールズ・J. A. シンプソン編／遠藤利彦・谷口弘一・金政祐司・串崎真志監訳　成人のアタッチメント——理論・研究・臨床　北大路書房　pp. i-vii.

遠藤利彦 (2016) 子どもの社会性発達と子育て・保育の役割　秋田喜代美監修／山邉昭則・多賀厳太郎編　あらゆる学問は保育につながる——発達保育実践政策学の挑戦　東京大学出版会　pp. 225-250.

Fraley, R. C. & Davis, K. E. (1997) Attachment formation and transfer in young adult's close friendships and romantic relationships. *Personal Relationships*, **4**, 131–144.

Groh, A. M., Roisman, G. I., Booth-LaForce, C., Fraley, R. C., Owen, M. T., Cox. M. J., et al. (2014) Stability of attachment security from infancy to late adolescence. In C. Booth-LaForce & G. I. Roisman (Eds.), The Adult Attachment Interview: Psychometrics, stability and change from infancy, and developmental origins. *Monographs of the Society for Research in Child Development*, **79**, 51–66.

Hazan, C. & Shaver, P.R. (1994) Attachment as an organizational framework for research on close relationships. *Psychological Inquiry*, **5**, 1–22.

Hazan, C. & Zeifman, D. (1994) Sex and the psychological tether. In K. Barthoromew & D. Perlman (Eds.), *Advance in personal relationship 5. Attachment process in adulthood*. London: Jessica Kingsley. pp. 151–178.

Hesse, E. (2016) The Adult Attachment Interview: Protocol, method of analysis, and selected empirical studies: 1985-2015. In J. Cassidy & P. R. Shaver (Eds.), *Hanbook of attachment: Theory, research, and clinical applications*. 3rd ed. New York: Guilford Press. pp. 553–597.

Kerns, K. A. & Brumariu L. E. (2016) Attachment in middle childhood. In J. Cassidy & P.R. Shaver (Eds.), *Handbook of attachment: Theory, research, and clinical applications*.

3rd ed. New York: Guilford Press. pp.349-365.

Kerns, K. A. & Seibert, A. C. (in press) Finding your way through the thicket: Promising approaches to assessing attachment in middle childhood. In E. Waters, B. Vaughn & H. Waters, (Eds.), *Measuring attachment*. New York: Guilford Press.

Klohnen, E. C., Weller, J. A., Luo, S., & Choe, M. (2005) Organization and predictive power of general and relationship-specific attachment models: One for all, and all for one? *Personality and Social Psychology Bulletin*, 31, 1665-1682.

Landis, J. R. & Koch, G. G. (1977) The measurement of observer agreement for categorical data. *Biometrics*, 33, 159-174.

ルイス, M・高橋惠子編 (2007) 愛着からソーシャル・ネットワークへ――発達心理学の新展開　新曜社

Main, M., Kaplan, N., & Cassidy, J. (1985) Security in infancy, childhood, and adulthood: A move to the level of representation. In I. Bretherton & E. Waters (Eds.), Growing points in attachment theory and research. *Monographs of the Society for Research in Child Development*, 50, 66-104.

Overall, N. C., Fletcher, G. J. O., & Friesen, M. D. (2003) Mapping the intimate relationship mind: Comparisons between three models of attachment representations. *Personality and Social Psychology Bulletin*, 29, 1479-1493.

Pinquart, M., Feußner, C., & Ahnert, L. (2013) Meta-analytic evidence for stability in attachments from infancy to early adulthood. *Attachment and Human Development*, 15, 189-218.

Rosenthal, N. L. & Kobak, R. (2010) Assessing adolescents' attachment hierarchies: Differences across developmental periods and associations with individual adaptation. *Journal of Research on Adolescence*, 20, 678-706.

新村出編 (2008) 広辞苑［第六版］　岩波書店

Sibley, C. G., Fisher, R., & Liu, J. H. (2005) Reliability and validity of the Revised Experiences in Close Relationships (ECR-R) self-report measure of adult romantic attachment. *Personality and Social Psychology Bulletin*, 31, 1524-1536.

Simpson, J. A. & Rholes, W. S. (1998) Attachment in adults. In J. A. Simpson & W. S. Rholes (Eds.), *Attachment theory and close relationships*. New York: Guilford Press. pp. 3-21.

Simpson, J. A., Rholes, W. S., Campbell, L., & Wilson, C. L. (2003) Chages in attachment orientations across the transition to parenthood. *Journal of Experimental Social Psychology*, 39, 317-331.

van IJzendoorn, M. H. (1995) Adult attachment representations, parental responsiveness and infant attachment: A meta-analysis on the predictive validity of the Adult Attachment Interview. *Psychological Bulletin*, 117, 387-403.

Verhage, M. L., Schuengel, C., Madigan, S., Fearson, R. M. P., Oosterman, M., Cassibba, R., et al. (2015) Narrowing the transmission gap: A synthesis of three decades of research on intergenerational transmission of attachment. *Psychological Bulletin*, **142**, 337–366.

Waters, E., Merrick, S., Treboux, D., Crowell, J., & Albersheim, L. (2000) Attachment security in infancy and early adulthood: A twenty-year longitudinal study. *Child Development*, **71**, 684–689.

Zeifman, D. & Hazan, C. (2000) A process model of adult attachment formation. In W. Ickes & S. Duck (Eds.), *The social psychology of personal relationships*. England: John Wiley & Sons. pp.37–54.

Zeifman, D. M. & Hazan, C. (2016) Pair bonds as attachments: Mounting evidence in support Bowlby's Hypothesis. In J. Cassidy & P. R. Shaver (Eds.), *Hanbook of attachment: Theory, research, and clinical applications*. 3rd ed. New York: Guilford Press. pp. 416–434.

コラム 1

児童期以降の臨床的問題とアタッチメント

◆ 工藤晋平 ◆

　子どもが示す情緒的，対人的不適応は，研究上しばしば「行動問題」（behavior problems）（Achenbach, 2009）として取り上げられている。これは，攻撃性，非行行動などの子どもから外に向けて表現される外在化問題，不安・抑うつ，対人的引きこもり，身体的訴えなどの子どものなかに向けて表現される内在化問題に大きく分けられ，それ以外にも社会性，思考，注意などの問題を含んでいる。

　日常生活ではなじみのない言葉かもしれないが，しばしば耳にする「問題行動」が，周囲にとって問題である行動を指しがちであるのに対し，「行動問題」はむしろ，子どもにとって問題が生じていることの行動上の現れを意味しているように感じられる。いずれにしても，これを査定するための質問紙が作成されており，最新の英語版との違いはあるものの，子どもの行動チェックリスト（Child Behavior Check List）を代表とする質問紙（井潤ら，2001；中田ら，1999）が日本語でも入手可能である。

　行動問題は乳児期から見られるものではあるのだが，幼いうちはその状態像に変動が大きく，おおよそ4，5歳頃になるまでは，ある子どもが行動問題を持っているといってよいかどうかの判断は難しいようである（Gardner & Shaw, 2008）。この5歳という時期はまた，乳児期に無秩序・無方向型と呼ばれていた一定の防衛的方略をとることのできなかったアタッチメントパターンが，統制型という，子どものほうから養育者の行動を統制するアタッチメントパターンへと変化する時期でもある。

　そのことを考えると，小学校入学前後の時期というのは，子どもが能動的にある一定の行動パターンを身につけ始める時期であるといえるのかもしれない。このことは，前就学期の子どもの状態には可塑性が非常に高いこと，したがって早期の介入が効果を持ちやすいこと，逆に児童期に入った子どもたちは，それまでの養育環境への適応として特定の行動パターンが定着しやすく，したがって介入の効果が現れるまでに時間がかかることを意味するだろう。

　介入について考えるうえで，行動問題がひとつの不適応のかたちであるという

ことは，子どもの行動問題に介入するには，子どもの暮らす環境との相互作用を視野に入れなければならないということを示唆している。特に外在化問題は，上述した意味で「問題行動」と見なされやすいために，大人はそうした問題をやめさせることを目指しがちであるけれども，これが不適応の結果なのであるとすれば，子どもと環境との相互作用がどのように調和的であるか，とりわけ養育者との関係がどうなるか，ということが重要であるに違いない。

　アセスメントの話をすれば，臨床家は，子どもと養育者との関係性，およびそのなかで行動問題が持つ意味をこそ，見立てる必要があるのだろう。その具体的なところは第Ⅲ部で示されるとして，ここでは理論編の一部として，子どもが示す行動問題とアタッチメントの質との関連に，もう少し焦点を当ててみたい。

　行動問題とアタッチメントの質に一定の関連があることは，アタッチメント研究の非常に早い段階から指摘されてきたことであった。たとえば，（測定項目は異なるものの）Sroufe らによるミネソタ長期研究では，乳児期に回避型であった子どもは学童期および青年期に入ってから攻撃的であると評価されやすく，他方，アンビヴァレント型であった子どもは不安が高いと評価されやすかったという。前者は仲間関係で危害を加える側になりやすく，後者は危害を加えられる側になりやすいなど，乳児期のアタッチメントの質は，学童期以降の子どもの対人的，情緒的，行動的問題を予測するといわれてきた（Sroufe et al., 2010）。学童期の不適応には，より早期のアタッチメントの問題が関わっているのである。

　しかしながら，最近になってこの知見は，いくらか修正を余儀なくされている。というのは，研究が蓄積されていくと，内在化問題については乳児期のアタッチメントの質との関連が認められないか，あっても小さく（Groh et al., 2012），その予測的関連が確かであるとは言い難いことがわかってきたためである。他方で，乳児期ではなく同じ時期のアタッチメントの質との関連ということになると，これは認められるようである（DeKlyen & Greenberg, 2016）。ということは，学童期の不適応の問題について，今のところ，アタッチメントの観点からは次のようなことがいえそうである。

　学童期以降の外在化問題は，乳児期からの適応の結果として進展し，定着した状態である一方，内在化問題に関しては，その時期のアタッチメントの質が関連したそのときの状態である，ということである。もしもそうだとすれば，内在化問題については，その時々の主要な養育者（あるいはその代理となる人物）とのアタッチメント関係が安心感のある相互作用となることで，比較的短時間で改善

するか，もしくはある程度の軽減が認められるかもしれない。他方，外在化問題は今の関係性だけではなく，より早期においてどのような関係性であったのかを検討する必要があるのだろう。

　いずれにしても，行動問題にアタッチメントの質が関連しているということは，私たち臨床家は，表面に現れた行動の改善だけではなく，その背後に潜むより本質的な問題としての養育者との関係性に，目を向けることを求められている。行動問題とは，子どもの生活が安心感に欠けたものとなっているということのシグナルであり，子どもが心的苦痛を抱え続けていることを訴えているものでもある。そのシグナルに気づき，訴えが意味するものを理解し，必要な手立てを講じる私たちの敏感性（sensitivity）が必要なゆえんである。アセスメントとは，その重要な一歩なのである。

【文献】

Achenbach, T. M.（2009）*The Achenbach System of Empirically Based Assessemnt （ASEBA）: Development, findings, theory, and applications*. Burlington: University of Vermont Research Center for Children, Youth, & Families.

DeKlyen, M. & Greenberg, M. T.（2016）Attachment and psychopathology in childhood. In J. Cassidy, & P. R. Shaver（Eds.）, *Handbook of attachment: Theory, research, and clinical applications*. 3rd ed. New York: Guilford Press. pp. 639–666.

Gardner , F. & Shaw, D.（2008）Behavioral problems of infancy and preschool children （0–5）. In M. Rutter, D. Bishop, D. Pine, S. Scott, J. Stevenson, E. Taylor & A. Thapar（Eds.）, *Rutter's child and adolescent psychiatry*. 5th ed. Massachusetts: Blackwell Publishing. pp.882–893.

Groh, A. M., Roisman, G. I., van IJzendoorn, M. H., Bakermans-Kranenburg, M. J., & Fearon, R. P.（2012）The significance of insecure and disorganized attachment for children's internalizing symptoms: A meta-analytic study. *Child Development*, **83**, 591–610.

井潤知美・上林靖子・中田洋二郎・北道子・藤井浩子・倉本英彦・根岸敬矩・手塚光喜・岡田愛香・名取宏美（2001）Child Behavior Checklist/ 4 –18日本語版の開発　小児の精神と神経，**41**，243–252.

中田洋二郎・上林靖子・福井知美・藤井浩子・北道子・岡田愛香・森岡由起子（1999）幼児の行動チェックリスト（CBCL/ 2 –3）の標準化の試み　小児の精神と神経，**39**，317–322.

Sroufe, L. A., Coffino, B., & Carlson, E. A.（2010）Conceptualizing the role of early Experience: Lessons from the Minnesota Longitudinal Study. *Developmental Review*, **30**（1），36–51.

II

アタッチメントの
アセスメント

第4章

観察法

Part 1　ストレンジ・シチュエーション法

●梅村比丘●

　アタッチメント理論では，乳児がネガティブな感情を表している場面で，養育者へ近づいたり，抱きついたりするなどの養育者と関わるための行動を，「アタッチメント行動」と定義している。ストレンジ・シチュエーション法（Strange Situation Procedure: SSP）は，乳児が母親に向けるアタッチメント行動を観察し，乳児が母親との関わりのなかでネガティブな感情を沈静し，安心して外界へ探索しているかという，「アタッチメント安定性」を評価するための方法である。現在標準的に使われている SSP は，Ainsworth が中心となって確立し，1978年に出版された *Patterns of Attachment: A Psychological Study of the Strange Situation* にその詳細が記載されている。研究に取り入れようとしている研究者へは，SSP について詳しい知識を得るため，この原書を読むことを是非お勧めしたい。現場の実践者へは，本章を通して SSP 場面での乳児の行動と，Ainsworth によるその行動の解釈に対する理解を高め，実際の臨床場面において乳児の行動を解釈する際に役立ててほしい。

　本章では，原書に書かれた重要な点を抜粋しながら，SSP のできた背景，観察場面の構成，SSP を実施する際の注意点，評価法の概要，SSP の妥当性，評価資格を得るための訓練課程，日本の乳児の SSP における特徴の順に紹介していきたい。

1. SSPのできた背景

　Mary Ainsworth は，1940年にトロント大学で心理学の博士課程を修了し，夫の学業の都合などでイギリスに渡った。その後，1950年に Bowlby の所属するロンドンのクリニックの研究ユニットで，彼の研究員として働いた。それが彼女と Bowlby との出会いである（詳細は Bretherton, 1992参照）。Bowlby は，親子の関わりを理解するために自然界での動物の行動を観察し，その種族の進化や生存の理由を理解する比較行動学（ethology）の重要性を主張していた。しかし，当時，彼の所属していた精神分析学会では，比較行動学やその方法である自然場面での観察（naturalistic observation）を重要だと考えていなかった。Ainsworth にとって，このような Bowlby の主張にふれたことは，後の彼女の研究や研究法に大きな影響を与えることになった。

　その後 Ainsworth は，再び夫の仕事の都合によりイギリスを去り，アフリカのウガンダに移転した。そこで彼女は，欧米文化圏外であるウガンダの親子の関わりを観察した。アタッチメント理論における比較行動学の重要性を理解していた Ainsworth は，ふだんのウガンダでの親子の関わりを自然場面で観察した。ウガンダの乳児は，母親との毎日の短い分離にネガティブな感情を見せたり，見知らぬ人と会うときに恐怖感を示したりした。また，ネガティブな感情を表している場面で，母親へ近づこうとしたり，抱きついたりするなどのアタッチメント行動が観察された。

　ウガンダでの研究の後，Ainsworth はアメリカのバルティモアに渡り，アメリカでも似たような自然場面での観察研究を行った。しかし，彼女はここで文化的な違いに気づいた。ウガンダの乳児に比べ，アメリカのほぼすべての乳児はあまりネガティブな情動を表さず，母親から離れ，慣れ親しんだ家庭での環境を探索していて，あまりアタッチメント行動を見せなかった。この違いに疑問を持った Ainsworth は，「もし［乳児を不安にさせる］強い刺激を与えたら，アメリカの乳児もウガンダの乳児が見せたような行動をする

のではないか」（Ainsworth et al., 1978, preface viii）と考え，SSP を考案した。この文脈から，Ainsworth はもともとは比較行動学的な方法による家庭での自然観察を行いたかったものの，それでは乳児はなかなかネガティブな感情を見せず，アタッチメント行動が喚起される状況の観察が難しいため，強い刺激を与える場面を人工的に作り出そうとしたことがわかる。

2. 観察場面の構成

　SSP は，標準化された手続きを，実験室などの小さな室内で実施する方法（Standardized laboratory procedure）である。具体的には，不安などのネガティブな情動を高めるために，あえて家庭ではなく乳児の知らない場所（実験室など）で行われ，八つの場面で構成されている（表4－1）。まず，案内人が母親と乳児を知らない部屋に案内する（場面1）。そこで，乳児と母親はしばらくおもちゃで遊ぶなどしながら待機する（場面2）。しばらくして，見知らぬ女性が入室する（場面3）。その後，母親が部屋を退出し，見知らぬ女性と乳児だけが部屋に残る（場面4）。そして，母親が再入室し親子で関わる（場面5）。その後，見知らぬ女性が退出した後，二度目の母親の退出があり，しばらく乳児が一人になる（場面6）。そして，まず見知らぬ女性が入室し（場面7），次に母親が入室し再び親子で関わる（場面8）。
　これらの場面構成も，意図的に乳児のネガティブな情動状態を作り，母親

表4－1　ストレンジ・シチュエーション法の手順

場面	実験室にいる人	時間
1	母親，乳児，案内人	30秒
2	母親，乳児	3分
3	見知らぬ女性，母親，乳児	3分
4	見知らぬ女性，乳児	3分，または短縮
5	母親，乳児	3分
6	乳児	3分，または短縮
7	見知らぬ女性，乳児	3分，または短縮
8	母親，乳児	3分

へ近づこうとしたり，抱きついたりするなどのアタッチメント行動を活性化することを目的としている。特に，乳児が母親と分離する二度の場面（場面4と場面6）は，乳児のネガティブな情動を高める可能性が最も高く，その後の母親との再会場面（場面5と場面8）で，乳児の母親とのアタッチメント行動が顕著に観察できるため，特に重要な場面と位置づけられている。

3. SSPを実施する際の注意点

　SSPを実施する際の注意点は複数あるため，研究に取り入れようとしている研究者は，過去にSSPを実施したことがある研究者よりアドバイスを得ることを勧める。本章では，筆者の経験から特に重要だと思われる2点にふれておきたい。

　まず，分離場面は通常3分間としてあるが，乳児のネガティブな情動のレベルにより短縮することができる。Ainsworthは中程度のストレスを加えることを目的としていて，泣きわめくような過度に高いストレスを与えるのは適切ではないとしている。短縮の判断はSSPを行う実施者に任されているため，注意が必要である。特に，欧米の研究者から，日本で行われた過去のSSP研究（Takahashi, 1986）の分離場面が長すぎて，乳児のストレスが高くなりすぎているのではないか，と批判されたという歴史がある（Sroufe, 1985; Ujiie, 1986）。そのため，日本でSSPを行う際には，SSPの標準性が問われないようにするためにも，親子の分離の時間を長く取りすぎて強いストレスにならないように注意する必要がある。

　二つ目の注意点は，再会場面で乳児のアタッチメント行動を観察できるようにすることである。そのために，入室時，母親は乳児にすぐに働きかけず，ドアを開けたところでしばらく立ち止まり，乳児の様子を見てから部屋の中に入るよう教示することが必要である。再会場面で母親がすぐに乳児のところへ行って抱きかかえてしまうと，評価の際に重要な情報である，ハイハイや歩くなどの乳児が母親に近づこうとする行動の観察ができなくなってしまう。

　Ainsworth の SSP は，18カ月児に実施した先行研究もあるが，12〜15カ月児を対象に標準化されたものである。Ainsworth の SSP 以外にも，1980〜90年代にかけて，アタッチメント研究で有名なアメリカの学者である Jude Cassidy と Robert Marvin らが主要メンバーとなり，乳児期以降の子どもに対応した評価法を確立した（Cassidy et al., 1992）。対象となる年齢が就学前の 5 歳児までということになっているため，プレスクール版 SSP と呼ばれることがあり，本章でも乳児版とプレスクール版を区別することにする。プレスクール版の場面構成は乳児版と同じであるが，見知らぬ女性との場面を設けない構成のものもある。

　本章は Ainsworth の乳児版 SSP について説明しているため，実践に応用する方は，本章に記載されている SSP の行動例は乳児のものだということを忘れないでいただきたい。特に，年長の子どもを対象としている実践者は，この章の細かい行動例ではなく，年齢を通して普遍的であるアタッチメントの原則をとらえていただきたい。乳児期以降の子どもの多くは分離に対する不安が低くなり，乳児版 SSP の設定ではストレスを感じにくくなる。また，乳児は，母親と関わる際のアタッチメント行動や，おもちゃで遊ぶなどの探索行動がシンプルである。しかし，子どもは成長するにつれて行動が複雑になるため，乳児版とプレスクール版とでは，一概に同じ評価基準が適応できるわけではない。

4. 評価法の概要

　SSP の最大の有用性は，乳児の母親に対するアタッチメント行動の個人差を評価できる点である。アタッチメント分類は，当初，Ainsworth により考案された「安定型」（Secure: B 型）と「不安定型」（Insecure）の 2 分類，もしくは，不安定型をさらに「回避型」（Avoidant: A 型）と「アンビヴァレント型」（Ambivalent: C 型）の二つに分けた，計 3 分類からできていた。後に，Mary Main ら（Main & Solomon, 1990）によって提案された「無秩序・無方向型」（Disorganized/disoriented : D 型）を含む 4 分類のかたち

ができ上がり，先行研究ではこの4分類法が最も一般的に使用されている。実践に応用しようと考えている方は特に，この「4．評価法の概要」と「5．SSP の妥当性」「7．日本の乳児の SSP における特徴」を通して，乳児の具体的行動と，その原則について理解を深めていただきたい。

1）安定型と不安定型

　安定型と不安定型の違いを一言で表すと，乳児が母親をうまく安心の基地として使うかどうかという点に集約される。安定型アタッチメントを形成した乳児は，不安な場面で母親に近づいたり，身体的に接触するなどのアタッチメント行動を示し，不安感を沈静する。たとえば，乳児はふだん，家庭などで見知らぬ人に会ったり，暗闇，空腹，病気などの場面で母親にアタッチメント行動を示し，不安を訴える。その後，不安がなくなると母親から離れ，おもちゃで遊ぶなど，周りの環境を探索する。この一連の行動をアタッチメント研究では，「安心の基地行動」（secure base behavior）と呼ぶ（安心の基地行動についての考え方は，第7章の図7-1の「安心感の輪」を参照すると理解しやすい）。一方で，不安定型アタッチメントを形成した乳児は，不安な場面でうまく母親に関わって不安を沈静化できない，もしくは，うまく母親から離れて周りの環境を探索することができない（あるいはその両方の）ことから，母親をうまく安心の基地として利用できていないと見なされている。

　これらの行動は，SSP の場面においても観察される。前述したように，SSP では見知らぬ場所や女性に出会うなど，不安を高める場面が設定されている。母親との分離は乳児のストレスを特に高めるため，その直後の母親との再会場面で乳児がどのように母親と関わるか，そして，その後乳児がどのように探索に移行するかが，アタッチメント安定性を評価するうえで一番重要な情報とされている。母親との再会場面での乳児の主な行動の特徴は，表4-2に詳しく記載した。

　表4-2には，SSP の下位分類についても簡単な説明を記載している。下位分類は先行研究が乏しく，一般的にその重要性は低い。しかし，SSP を

表4-2　ストレンジ・シチュエーション法における安定型・不安定型評価の概要

2分類	3分類	特徴	下位分類	特徴
安定型 (Secure)	安定型 (Secure: B型)	・母親へ積極的に接近し接触するか，距離を保ちながら関わる。 ・接触した場合，それを維持しようと試み，母親が降ろそうとすることを拒む。 ・ちらっと見るだけでなく，笑顔，泣く，近づくなどの行動を伴い，母親との再会に対応する。 ・見知らぬ女性と関わろうするかしないかにかかわらず，明確に，見知らぬ女性より母親と関わろうとすることが見てとれる。 ・母親との分離の際，ネガティブな情動を表すということは関係ない。しかし，もしネガティブな情動を表している場合，それは一人になったからではなく，母親がいないことに関連しているということがわかる。	B1	ぐずりや泣きなどのネガティブな情動をほとんど見せないが，距離を保ちながら，親と積極的な関わりを示す。
			B2	ネガティブな情動をあまり見せないが，母親へ近接・接触する。
			B3	積極的に近接・接触し，ネガティブな感情を沈静化した後，探索行動に移行している。
			B4	ネガティブな感情が高く，強い近接・接触行動を見せる。B3よりも探索しない。
不安定型 (Insecure)	回避型 (Avoidant: A型)	・母親との近接・関わりにおいて明確な回避を示す。無視する，ちらっと見るだけであるか，目線をはずしたり，身体を背けたり，離れたりする。 ・母親に近接・関わり・接触を求めることがまったく，もしくはほとんどない。 ・母親に抱かれた場合，しっかり抱きつこうとしない，もしくは離れることを嫌がったりしない。 ・見知らぬ女性を，母親と同じように扱う。 ・ネガティブな情動を表さないか，表したとしても，それは母親と離れたからではなく，一人になったからという印象を与える。ほとんどの場合，見知らぬ女性がいる場合，ネガティブな情動を表さないが，一人になったときに表す。	A1	再会時，無視するなどして母親を避ける。無視しない場合でも，ちらっと見る程度。
			A2	再会時，母親へ近接するが，途中で母親から離れる，もしくは通り過ぎるなどの回避的な行動を示す。

| アンビヴァレント型 (Ambivalent: C型) | ・抱き上げるとのけぞり，下ろすことを求めるような，母親と接触したり，関わることに抵抗する。
・同時に，母親と近接・接触し維持することを強く（もしくはわりと強く）求める。それゆえ，母親に対して，アンビヴァレント（両面的・相反的）であるという印象を与える。
・他の乳児と比べ，より怒りを表すか，不活発な状態になる。 | C1 | 抱き上げるとのけぞり，下ろせというように，母親との接触に抵抗する。母親をたたくなどの怒りを表す。 |
| | | C2 | SSPの全場面を通して，探索行動が極端に消極的。母親との関わりも受動的。 |

(Waters, 2002a より抜粋)

注：Waters（2002a）より，筆者が特に重要だと考えた情報を抜粋し日本語訳した。この表より深い理解が必要な読者は，原文を読むことをお勧めする。

よく理解するため，そして成人アタッチメント面接（Adult Attachment Interview）などでもSSPに類似した下位分類が存在するため，本章では下位分類についても少しふれておきたい。

2）回避型とアンビヴァレント型

　ABCの3分類のなかで，回避型（A型）とアンビヴァレント型（C型）にはそれぞれ二つの下位分類があり（回避型にはA1とA2，アンビヴァレント型にはC1とC2），安定型（B型）には四つの下位分類（B1，B2，B3，B4）が存在する。具体的には母親との再会場面で，A1の特徴は，まったく母親に接近せず，母親を無視するような状態であるという点である。A2の特徴は，近接するが途中で母親から離れる，もしくは通り過ぎるなどの依然として回避的であるが，何らかの母親への接近を示す点である。C1の特徴は，ネガティブな情動を表しているにもかかわらず，母親が抱きかかえようとすると，のけぞったり，たたいたりと，母親との身体的接触に抵抗（resistant）することである。C型をアンビヴァレント（ambivalent：両面）型と呼ぶのは，この行動からきている（C型を「resistant型」と呼ぶ人もいる）。C2の特徴は，SSP全体を通して母親に対して受動的（passive）

であり，特に母親との再会時に積極的に関わろうとせず，アタッチメント行動が示されない。C2に分類される乳児は探索行動においても消極的であり，母親から離れようとしない。

　最後に，安定型の下位分類は，いくつかの特徴によって異なっている。まず，B1やB2の乳児はネガティブな情動をほとんど見せないが，B3はわりと強く，B4の乳児はとても強く表す。次に，母親との近接と身体的接触の維持については，B1の乳児は距離を保ちながら母親と関わるため，近接と身体的接触の維持はほぼない。B2の乳児は母親への近接と身体的接触の維持を少し見せるが，その程度は弱い。B3の乳児は，B2の乳児よりも程度が強くなり，B4の乳児が一番強い。逆に，不安が沈静した後の母親からの探索行動は，B1が一番強く，B2，B3，B4の順番になっている。このような差異があってもB型と分類されるのは，前述したように，乳児が母親をうまく安心の基地として使っている点である。

3）無秩序・無方向型

　次に，無秩序・無方向型（D型）の評価についてだが，Mainらは，Ainsworthの3分類で評価できない，もしくは評価が難しいとされた乳児の共通したパターンを分析し，その特徴として2点挙げている。一つは，「乳児のSSPにおける行動の意図を説明することができない」（Main & Solomon, 1990, p.150）。もう一つは，「乳児が母親を怖がっている，または母親へアプローチすることが抑制されているため，外界へ注意を逸らしていると想定する場合のみ，行動の意図を理解することが可能である」（Main & Solomon, 1990, p.150）という点である。MainとSolomon（1990）の文献には，典型的なD型の行動が，特徴別に七つのカテゴリーに分けられている（表4-3参照）。

　本書ではすべてを詳しく紹介することはできないが，カテゴリーごとに具体的な行動例が詳しく記載されている。たとえば，カテゴリーⅠの「矛盾した行動が同時に起こるパターン」の具体例では，「乳児は親との分離時に，ドアの前で泣きながら親を呼ぶ。しかし，親との再会直後，強い回避行動を示しながら親に背を向け，急いで離れようとする」「二度の母親との分離

表 4 - 3　　乳児の無秩序・無方向型特徴的行動の一覧

I	矛盾した行動が同時に起こるパターン
II	矛盾した行動が連続して起こるパターン
III	方向のない，間違った方向の，未完全な，中断された動きや表現
IV	常同行動，非対称の動き，タイミングを誤った動き，特異な姿勢
V	硬直，静止，ゆっくりとした動きや表現
VI	親に対する不安を示す直接的な指標
VII	無秩序・無方向を示す直接的な指標

（Main & Solomon, 1990 より抜粋）

時，乳児は落ち着いていてネガティブな感情を示さないが，再会してすぐに強いネガティブな感情，または怒りを表す行動（もしくはその両方）を示しながら，親との関わりに過度に集中する」（Main & Solomon, 1990, p.136）などがある。ほかにも，カテゴリーVIの「親に対する不安を示す直接的な指標」の具体例として，「親との再会直後，おびえながら突然後ずさりする，おびえながら手を左右に投げ出したり顔や口の前に持ってくる，もしくは頭を引っ込めたり肩を丸めながらドアや親のところから走り去るなどの反応をする」（p.139）などである。

4）各型のコーディング

　SSP の評価者は，A 型，B 型，C 型の 3 分類のコーディングと，D 型か D 型でないかのコーディングを別々に行う。より厳密には，評価者は四つの独立した 7 段階（1 〜 7 点）のスケール（近接性，接触維持性，抵抗性，回避性）を，二度の母親との再会場面で評価する（スケールの詳細は，Ainsworth et al., 1978参照）。これらの指標を参考に 3 分類のコーディングを行うが，スケールの数値はあくまで参考のみで，必ずしも常に分類結果と一致しなければならないわけではない。

　次に，D 型のコーディングについてだが，9 段階（1 〜 9 点）の無秩序・無方向スケールを用いる。評価者は，D 型の指標に当てはまる行動を見つけ

るたびに 9 段階の評価を行った後，最終的に全場面を通して子どもが示した
D 型の特徴について，包括的な 9 段階評価を行う。D 型の行動が母親とのア
タッチメントと明確に関連しているのがわかる場合，たとえば母親がいない
ときに比べ，母親がいる場面で顕著に D 型の行動が見られる場合，点数が
高くなる。また，乳児が母親を最も必要としている再会場面での行動におい
て，D 型の特徴を見せる場合も点数が高い。最終的な 9 段階評価で，乳児が
6 点以上なら D 型と分類され，4 点以下なら D 型ではないと分類される。
5 点の乳児の場合は，他の評価者の助言を得るなどして，再検討される。

5）評価の注意点

　評価の注意点として，D 型と判断された乳児の場合でも，ABC 型の 3 分
類の評価も行われる。その理由のひとつは，D 型の行動は SSP 全体を通し
てではなく一部分に現れるが，ABC 型の行動は組織化されたアタッチメン
トの方略として主に母親との再会場面，もしくは SSP 全体を通して明らか
になるためである。このために評価者は，「この乳児は SSP 中，ある部分で
は D 型の行動を時々示したが，母親との再会時では積極的に母親と関わり
探索行動へと移行していたので，主に B 型（もしくは，再会時の行動によっ
ては A 型や C 型）の行動を示していた」というような評価ができる。この
ような場合，分類結果は，D/B（もしくは再会時の行動によっては D/A や
D/C）と記載される。

5. SSP の妥当性

　Ainsworth は SSP の妥当性を検証するために，彼女の本のなかで，SSP
中の乳児の行動と，主に二つの因子との関連性を立証している。一つは乳児
の家庭での行動であり，もう一つは母親の養育における特徴である。

1）SSP の ABC 分類と乳児の家庭での行動

　Ainsworth は，「SSP の場面は，多くの乳児が一般に日常生活で出くわす

シチュエーションに近づけるためにデザインされた」(Ainsworth et al., 1978, preface viii) と述べている。さらに「私たちは……標準化された実験室調査 ［著者注：つまり SSP］のなかで表れたアタッチメントの特徴と，家庭で観察されたアタッチメントの特徴を比較した結果を伝えるために，この本を書いた」(preface vii) と述べている。自然観察の方法を重要と考えていた Ainsworth は，ふだんの家庭での行動を常に中心に考えていたことがうかがえる。

　Ainsworth ら (1978) が検討した結果，SSP において安定型と分類された乳児は，家庭での観察の間あまり泣かず，分離にネガティブな感情をあまり表さず，再会時に喜びなどのポジティブな感情を表した。しばしば母親との接触を能動的に行い，接触中やその終わりにはポジティブな感情を表した。また，母親の言葉かけによく従い，あまり母親に対して怒らない。一方で，不安定型と分類された乳児はよく泣き，分離にネガティブな感情を表し，母親との接触を嫌がり，怒りを示した。一方で，乳児の家庭での行動は，不安定型とアンビヴァレント型との間での違いは小さかった。

2）SSP の ABC 分類と母親の養育行動

　アタッチメントの方略は，乳児が母親との間で日々繰り返し経験する関わりを通して形成されるものと考えられている。Ainsworth は母親の養育行動，特に乳児が母親に向けた信号やコミュニケーションに母親が敏感に反応しているかという指標である敏感性と，SSP におけるアタッチメント分類とに相関があるという仮説を検証した。彼女の研究結果によれば，母親の個々の特定の行動の回数や時間ではなく，観察全体を通して母親の敏感性を包括的に評価した指標が，SSP における安定型と不安定型の差と鋭く関連していた。Ainsworth はこの結果を踏まえ，母親の養育行動の重要なポイントは，特定の行動の量ではなく，包括的な乳児の状態やニードに敏感に反応できる能力だと強調した。また，Ainsworth は，彼女のサンプルサイズの小ささに言及しながらも，回避型の乳児を持った母親の行動の特徴として，乳児が母親に送った信号を拒否していたという結果が得られたことを重要視し

ている。一方で，アンビヴァレント型の乳児を持った母親の行動の特徴は，サンプルサイズが回避型に比べてさらに少ないこともあり，示唆は得られていない。

　筆者は現場の実践者の方に，家庭での乳児のアタッチメント行動や，母親の養育行動の特徴をとらえる際，個々の行動の回数や時間ではなく，その子どもや養育者の行動を包括的にとらえることをアドバイスしたい。Ｂ型と分類される乳児も，Ａ型の特徴やＣ型の特徴に該当する行動をとることが少なからずある。たとえば，欲しい物がもらえなかった際に強くグズることは，子どもにとって頻繁にあることである。これはＣ型の特徴と類似しているが，この子どもが養育者に対して安心感を抱いていないというわけではない。たった数回の行動により，子どもがふだんどのように養育者を認識し行動しているかということを性急に判断しないほうがよい。長時間観察するなかで，全体的に乳児が母親を頼りにして行動しているのか，それとも母親を無視している傾向が強いのか，母親との関わりがうまくいっておらずグズっていることが多いのかという，包括的な特徴をとらえてもらいたい。

3）SSP の D 分類と母親の養育行動

　無秩序・無方向型（Ｄ型）の分類に関して，親の養育行動との関連性を示した有名な先行研究を，Ｄ型の妥当性研究の一例として紹介したい（詳しくは Lyons-Ruth & Jacobvitz, 2016参照）。先行研究では，母親が乳児を怖がらせる（frightening），または母親自身が怖がる（frightened）行動と，乳児のＤ型行動との関連性が注目されてきた。Main ら（Main & Hesse, 1990）は，母親が何らかのトラウマなどを抱えている場合，突然その記憶がフラッシュバックするなど無意識的に乳児を怖がらせているために，恐怖（fear）を与えていると理論的に説明している。さらに Main は，ふだん安心感を与えるはずの親が恐怖の源になっていることが，乳児を混乱させるのではないかと考えている。また，Lyons-Ruth などは，親が直接的に怖がらせていない場合においても，極端に不適切な行動を乳児に見せる場合，乳児はＤ型の行動を示すようになると考えている。たとえば，乳児がネガティブな感情を示し母親

にその感情の沈静の助けを求めているが，母親は本来パートナーに向けるような慰めなどのアタッチメント欲求の充足を乳児に求め，乳児にキスをしてもらうようにせがむなどしてくる場合がある。Lyons-Ruth は，この母親の行動は著しく不適切なため，乳児は母親との関わり方がわからないまま育ってしまうのではないかと主張している。

　これら D 型分類の形成における説明に呼応して，D 型に分類された乳児の ABC 型下位分類の形成について，有力な説明を紹介したい。D/B 型のアタッチメント形成について，ふだんはいつも敏感に乳児の変化に対応している母親が，（トラウマなどによる）何かの拍子に突然乳児を怖がらせる（もしくは混乱させる）場合，乳児が D/B 型を形成すると考えられている。D/A 型や D/C 型も似たような説明が可能である。しかし一方では，Lyons-Ruth の主張のように，D 型の乳児はネガティブな情動が高まったとき，母親とどのように関わっていいのかわからないまま育ってしまっている，とする研究者もいる。言い換えると，ある特定の方略を組織化できていないのだと考えられている。つまり，母親を安心の基地としてうまく関わる B 型，母親に回避的に関わる A 型，もしくは母親とべったり寄り添い探索に移行しない C 型は，特定の方略を組織化できているのに対して，何の方略も持っていない乳児が D 型の行動を示すのではないかと考えられている。

　以上，SSP における分類は，乳児の家庭での母親との関わり，母親の養育行動，または本章ではふれていないが乳児のその後の発達などとの関連性を検証することにより，その妥当性を立証してきた。これらの研究は Ainsworth 以降数多く行われてきた。特に，英文であるが，オランダの van IJzendoorn らのメタ分析を行った論文が複数出ているので，詳しくはそちらを参照されたい（van IJzendoorn et al., 2004; Wolff & van IJzendoorn, 1997）。

6. 評価資格を得るための訓練課程

　SSP は評価の信頼性を維持するため，2 週間のワークショップを受けた後，信頼性テストに合格した人が研究の際に SSP の評価をすること，また

複数の人が評定することが求められている。ワークショップは毎年夏季にアメリカのミネソタ大学で，著名なアタッチメント研究者である Alan Sroufe と Elizabeth Carlson を講師として行っている。訓練生は，1 週目に A 型，B 型，C 型について，2 週目に D 型について学ぶ。ワークショップ中，訓練生はさまざまな SSP のビデオを観ることにより，どの乳児がどの型に分類されるのか，的確に判断できることを目指す。訓練生はワークショップの終わりに，信頼性テストのために SSP の映像データを渡され，各自で持ち帰って評価し，講師にその評価結果を送る。

　プレスクール版 SSP についても同様で，夏季にワークショップが開かれる。しかし，プレスクール版のワークショップは毎年行われているわけではないようなので，開催については情報を集める必要がある。ちなみに現時点で（2017年 3 月），最後に行われたワークショップは，2015年 6 月 8 日から18日までの期間，カナダのアタッチメント研究者である Ellen Moss を講師として彼女の所属するモントリオールにあるケベック大学で開かれた[*1]。

　筆者は，Ainsworth の乳児版 SSP の有資格者であるが，自身の経験からいくつかアドバイスをしたい。まず，ワークショップでは英語の理解力がかなり大切だが，それ以上にアタッチメント研究の知識が大切であることを感じた。一緒に参加していた英語がネイティブな訓練生でも，乳児の行動一つひとつをどのように解釈するのかということは，アタッチメント理論の概念が理解できていないと正確に読み取れないようであった。次に，1 週目の ABC 型についての講習よりも，2 週目の D 型についての講習のほうが数段に難しい。訓練生にとって，Main の D 型に関する理論的理解の難しさや，D 型の行動と D 型ではない行動を見分ることが難しいのが，その理由だと思われる。筆者が参加したときは，ワークショップの 2 週目から，過去のワークショップに参加したが D 型の評価だけ合格できなかった訓練生が，

＊1　参加費用（2 週間のトレーニング受講料と信頼性テスト受験料）は，現在のところ，Ainsworth の乳児版 SSP が $1,200，プレスクール版 SSP は $2,650となっている（宿泊費等別払い）。

ワークショップ再受講に来ていた。訓練生は数回，信頼性テストを受けられるのだが，不合格が続くとワークショップの再受講を勧められる。

7. 日本の乳児の SSP における特徴

　SSP を用いた世界各国の研究結果から共通していえる通文化的特徴は，安定型が常に一番多いグループであるということである。一般の家庭から募集された調査協力者のサンプルでは，ほぼ確実に過半数（たいてい60%以上）は安定型と分類される。日本でも同様の特徴が確認されている。一方で，家庭で何らかの虐待を経験したり，乳児院などで育てられた特別なサンプルの場合では，不安定型や無秩序・無方向型の割合が高まるということが確認されている。

　次に，不安定型の内訳を見ると，日本のサンプルの特徴として回避型の割合が少なく，アンビヴァレント型の割合が多いという傾向があった（Durrett et al., 1984）。この傾向は，韓国（Jin et al., 2012）やインドネシア（Zevalkink et al., 1999）などの，他のアジアの国々でも確認されている。対照的に，欧米の国々では回避型が多く，アンビヴァレント型が少ない傾向がある。この文化差の理由を明らかにすることが，今後の SSP 研究の課題の一つといえよう。理由の一つの可能性として，文化による母親の養育行動の特徴の違いが考えられる。日本や他のアジア圏の母親は，乳児のシグナルに対し拒否的な反応をする養育行動をとることが少ないため，乳児が回避的なアタッチメントを形成することが少ないのではないか，そのかわり，乳児がアンビヴァレント型のアタッチメントを形成する何らかの養育行動をとるのではないか，という仮説が立てられる。

　もう一つの可能性として古くから指摘されてきたのが，文化間における乳児の家庭での環境の違いである。欧米の乳児に比べ日本の乳児はふだん，家庭において母親と分離する機会が少ないため，SSP で母親から分離されるという場面で日本の乳児が体験するストレスのかかり具合が，欧米の乳児と比べ，より高くなってしまっているのではないかということが指摘されてき

た。また，筆者は，日本の子どもの SSP の行動を多数観察した経験から，分離の場面だけでなく，見知らぬ女性が関わるときに，母親の陰に隠れたり突然泣きわめいたりするなど，高いストレスがかかっている様子を示した子どもが多くいたことにも注目した。日本の子どもは，これらの要因から高いストレスがかかっているため，必然的にネガティブな感情を表すことが少ない回避型が減り，ネガティブな感情を伴うことが多いアンビヴァレント型が増えることになるのではないかという仮説である。

　ここで思い出してもらいたいのが，冒頭で述べた Ainsworth の SSP 開発の理由である。ウガンダの乳児は，家庭で母親との短い分離や見知らぬ人に対する恐怖などネガティブな情動を表し，それに連動して起こる乳児の母親に対するアタッチメント行動を観察することができた。しかし，アメリカの家庭での観察では，母親との短い分離や見知らぬ人に会うことに慣れてしまっているためか，乳児が家庭での観察場面でネガティブな感情を見せることが非常に少なかったため，乳児のアタッチメント行動を観察することが難しく，人工的にネガティブな感情を高めるために SSP を行ったとしている。Ainsworth（1977）は，ふだん家庭で母親との短い分離や見知らぬ人と接することに慣れていないウガンダの乳児が SSP を体験した場合，欧米で観察されてきた乳児以上のストレスがかかる可能性を示唆している。同じことを，日本の乳児においても十分に考慮してみる必要がある。Ainsworth 同様，SSP 研究で有名な Waters（2002b）は，欧米と異なる文化圏で行われる SSP における乳児のアタッチメント行動と，彼らの家庭でのアタッチメント行動とを比較検討する必要があると指摘している。筆者にとってもこの Waters の指摘は，今後日本で SSP を研究に取り入れようと考えている研究者に，最も伝えたいメッセージである。

8. おわりに

　以上，本章では乳児のアタッチメントを評価するための方法として，Ainsworth によって開発された SSP について詳しく説明してきた。多くの

研究者が，SSP をアタッチメント研究における最も重要なアセスメントツールの一つだと位置づけている。その根拠として，SSP はアタッチメント・アセスメントのなかで最も古い歴史を持っており，後に開発されたアタッチメントのインタビュー調査や質問紙調査のもととなってきたことが挙げられる。本書の読者も SSP の理解を通して，アタッチメント理論や，他のアセスメントの理解を深めることに役立ててほしい。

【文献】

Ainsworth, M. D. S.（1977）Infant development and mother-infant interaction among Uganda and American families. In P. H. Leidermann, S. R. Tulkin & A. Rosenfeld（Eds.）, *Culture and infancy: Variations in the human experience*. New York: Academic Press. pp. 119-148.

Ainsworth, M. D. S., Blehar, M. C., Waters, E., & Wall, S.（1978）*Patterns of attachment: A psychological study of the strange situation*. Hillsdale: Erlbaum.

Bretherton, I.（1992）The origins of attachment theory: John Bowlby and Mary Ainsworth. *Developmental Psychology*, **28**, 759-775.

Cassidy, J., Marvin, R. S., & the MacArthur Working Group on Attachment（1992）Attachment organization in preschool children: Procedures and coding manual. Unpublished coding manual. Pennsylvania State University.

Durrett, M. E., Otaki, M., & Richards, P.（1984）Attachment and the mother's perception of support from the father. *International Journal of Behavioral Development*, **7**, 167-176.

Jin, M. K., Jacobvitz, D., Hazen, N., & Jung, S. H.（2012）Maternal sensitivity and infant attachment security in Korea: Cross-cultural validation of the Strange Situation. *Attachment & Human Development*, **14**, 33-44.

Lyons-Ruth, K. & Jacobvitz, D.（2016）Attachment disorganization: Genetic factors, parenting contexts, and developmental transformation from infancy to adulthood. In J. Cassidy & P. R. Shaver（Eds.）, *Handbook of attachment: Theory, research, and clinical applications*. 2nd ed. New York: Guilford Press. pp. 667-695.

Main, M. & Hesse, E.（1990）Parents' unresolved traumatic experiences are related to infant disorganized attachment status: Is frightened and/or frightening parental behavior the linking mechanism? In M. T. Greenberg, D. Cicchetti & E. M. Cummings（Eds.）, *Attachment in the preschool years: Theory, research and intervention*. Chicago: University of Chicago Press. pp. 161-182.

Main, M. & Solomon, J.（1990）Procedures for identifying infants as disorganized/disoriented during the Ainswroth strange situation. In M. T. Greenberg, D. Cichetti & M. Cummings（Eds）, *Attachment in the preschool years: Theory, research, and intervention*. Chicago: University of Chicago Press. pp. 121-160.

Sroufe, L. A.（1985）Attachment classification from the perspective of infant-caregiver relationships and infant temperament. *Child Development*, **1**, 1-14.

Takahashi, K.（1986）Examining the strange situation procedure with Japanese mothers and 12-month-old infants. *Developmental Psychology*, **22**, 265-270.

Ujiie, T.（1986）Is the Strange Situation too strange for Japanese infants? *Research and Clinical Center for Child Development: Annual Report*, **8**, 23-29. Published by Faculty of Education: Hokkaido University, Retrieved（April, 2016）.（http://eprints.lib.hokudai. ac.jp/dspace/handle/2115/25223）

van IJzendoorn, M. H., Vereijken, C. M., Bakermans-Kranenburg, M. J., & Riksen-Walraven, J. M.（2004）Assessing attachment security with the attachment Q sort: Meta analytic evidence for the validity of the observer AQS. *Child development*, **75**, 1188-1213.

Waters, E.（2002a）Comments on Strange Situation Classification. Retrieved on（April, 2016）,（http://www.johnbowlby.com）

Waters, E.（2002b）Note on secure base behavior at home and the Strange Situation. Retrieved on（April, 2016）,（http://www.johnbowlby.com）

Wolff, M. S. & van IJzendoorn, M. H.（1997）Sensitivity and attachment: A meta analysis on parental antecedents of infant attachment. *Child Development*, **68**, 571-591.

Zevalkink, J., Riksen-Walraven, J. M. A., & van Lieshout, C. F. M.（1999）. Attachment in the Indonesian caregiving context. *Social Development*, **8**, 21-40.

Part 2　アタッチメント Q ソート法

● 数井みゆき ●

　Part 1 での説明にあるように，ストレンジ・シチュエーション法（SSP）
は，養育者との短時間の分離を経験することで不安感が高まり，乳児のア
タッチメントシステムが活性化され，そのことでどのように養育者に対して
行動するのかに焦点を当てた測定法である。子どもの行動をもとに，アタッ
チメントはカテゴリカルに分類される。それとは異なる観点から，アタッチ
メント Q ソート法（the Attachment Q-set : AQS）は作成されている（Wa-
ters, 1987）。基本的に 1 〜 5 歳を対象として，家庭や保育所などのふだんの
生活を送る場所で，子どもが対象の養育者を安心の基地として，どのように
振る舞うのかを観察する。つまり，観察中，不安が偶然多少高まることはあ
るかもしれないが（たとえば，養育者が 2 階で洗濯物を干すために 1 階の部
屋から動く），実験的に不安を導入することはない。そして，アタッチメン
トは，連続的に −1.0 〜 +1.0 に分布する安定性得点として評価される。
　ここでは主に実施の仕方等を説明していくが，AQS は安定性得点の算出
だけではなく，項目を組み合わせることで，子どもの行動特徴ごとにまとめ
ることもできる。筆者らもそのように使用している（数井ら，2000）。表 4 - 4
には90項目の AQS の各内容を記し，複数のアタッチメントの専門家によ
る，理想的にアタッチメントが安定している子どもを想定した配置の平均点
（基準点）を，右列に載せている。なお，この項目のなかには，アタッチメ
ントに直接関係のない項目も入っている。この AQS を，実際にどのように
使うのかについての手順を説明していく。まずは，AQS の各項目をじっく
りと読んでほしい。

表4-4　AQS の各項目の記述内容とその項目に対しての基準値*²

AQS の項目の内容	安定性得点の基準値
1．親が頼めば，親と物を分け合ったり，物を渡したりする。 　低*³：拒否する。	8.0
2．遊びのあと，親の所に戻ってきたとき，明確な理由もないのにぐずぐず言うことがある。 　低：遊びの最中や遊びのあと，親の所に戻ってきたとき，楽しそうだったり機嫌が良い。	1.8
3．機嫌が悪かったり怪我をしたとき，親以外の大人がなだめても受け入れる。 　低：なだめることができるのは親だけである。	4.8
4．おもちゃやペットを大切にやさしく扱う。	6.2
5．物よりも人に対して興味を示す。 　低：人よりも物に対して興味を示す。	6.3
6．親のそばにいて何か遊びたいものを見つけたとき，ぐずぐず言ったり，親に取らせようとする。 　低：ぐずぐず言ったり，親に取らせようとしたりせず，自分で欲しいものの所へ行く。	2.2
7．いろいろな人に対してすぐに笑ったり，ほほ笑んだりする。 　低：他の人よりも親に対してよく笑ったりほほ笑んだりする。	4.3
8．泣くときは，激しく泣く。 　低：涙を流したり，すすり泣いたりするだけで，激しくは泣かない。または，激しく泣いたとしても長く続かない。	3.3
9．たいてい快活で，よくはしゃいだりする。 　低：たいてい気難しかったり，ふさぎこんでいたり，いらいらしている。	6.5
10．昼寝のときや夜，親が寝かせようとすると，泣いたり嫌がることがしばしばある。 　低：寝床に行くことを嫌がったり泣いたりすることはない。	2.3

＊2　便宜上，親と書いてあるが，対象者ごとに読み替えること（父親，母親，保育者等）。
＊3　「低」とある場合は，その記述にあてはまれば，低い得点に置く。

AQS の項目の内容	安定性得点の基準値
11.　親が求めたり，うながしたりしなくても，親に抱きついたり，体をすり寄せたりする。 　　低：親が先に抱きしめたり求めたりしなければ，あまり親に抱きついたり，すり寄ったりしない。	7.5
12.　初めは恥ずかしがっていたり怖がっていた人や物でも，すぐに慣れる。 　　　もし恥ずかしがったり怖がることがなければ，中央に置く。 　　低：人や物に慣れるのが遅い。	6.0
13.　親が立ち去ることで動揺したとき，親がいなくなったあとでも泣き続けたり，時には怒ったりする。 　　　親が立ち去るときに動揺することがなければ，中央に置く。 　　低：親が立ち去るとすぐに泣きやむ。	2.7
14.　新しく遊ぶものを見つけたとき，親の所に持ってきたり，部屋の向こうから見せたりする。 　　低：その新しいおもちゃで静かに遊んだり，邪魔をされない所に持っていく。	7.8
15.　親が頼めば，初対面の人にでも喜んで話したり，おもちゃを見せたり，出来ることをやってみせたりする。 　　低：親が頼んでも，初対面の人に喜んで関わるようにはならない。	7.7
16.　生き物を型どったおもちゃ（例，人形やぬいぐるみなど）が好きである。 　　低：ボール，積み木，おままごとセットなどが好きである。	5.2
17.　初対面の大人が何か気に入らないことをすると，すぐにその人に関心を示さなくなる。	3.5
18.　「〜しなさい」と命令されなくても，「〜したら」と提案されただけで，すぐに親の言うことに従う。 　　低：命令されない限り，無視したり拒否したりする。	8.5
19.　親が何か物を「持ってきて」，または「ちょうだい」と言ったならば，それに従う。（遊びやゲームの一部のなかでは，明らかに反抗しているのでなければ，拒絶とは見なさない。） 　　低：子どもから物を得るには，親が物を取り上げたり，厳しく言う必要がある。	7.7
20.　ぶつけたり，転んだり，びっくりしても，たいてい平気である。 　　低：ちょっとぶつけたり，転んだり，びっくりしただけで泣く。	4.2

AQS の項目の内容	安定性得点の基準値
21.　家の周りで遊んでいるとき，子どもは親のいるところを常に見失わないようにしている。ときどき，親を呼んだり，親が部屋から部屋へ移動するのに気づく。 　　中央：親から離れて遊ぶようなことが認められていなかったり，そういう場所がない場合は，中央に置く。 　　低：親の居場所を気にしない。	8.8
22.　人形やペット，赤ちゃんなどに対して，親がするように，気持ちを込めて優しく接する。 　　もし，人形やペットが周りになかったり，乳幼児と遊ぶ機会がなければ，中央に置く。 　　低：他のやり方でそれらと遊ぶ。	6.5
23.　親が自分以外の家族と座ったり，それらの人に愛情を注ぐような態度をすると，自分のほうに親の愛情を向けようとする。 　　低：親が他の者に愛情を向けてもかまわない。子どもも加わるかもしれないが，やきもちからではない。	2.7
24.　親がその子に対して，強い調子で言ったり大きな声をあげると，親の機嫌を悪くさせたことで，動揺したり，哀しんだり，恥ずかしげな様子を見せる。 　　（単に，親が声を大きくしたことや，しかられるのではないかという心配で，子どもが動揺している場合は，高い得点に置かない） 　　低：親のそのような態度に対して，子どもは動揺しない。	4.5
25.　親から見えないところで遊んでいる場合など，親は簡単に子どもを見失ってしまう。 　　もし，親から見えないところで遊ぶことがまったくない場合は，中央に置く。 　　低：親から見えないと，子どもは話しかけたり呼んだりする。たやすく見つかり，子どもが何をしているのかを親は簡単に把握できる。	2.0
26.　子どもは，家でベビーシッターやもう一方の親，あるいは，祖父母などにみてもらう場合，対象の親が外出すると泣いてしまう。 　　低：そのような人たちと一緒なら，泣かない。	3.3
27.　親がからかうと笑う。 　　遊びや会話中に親がからかうことがなければ，中央に置く。 　　低：からかわれると，いやがる。	6.3

AQS の項目の内容	安定性得点の基準値
28.　親のひざの上でくつろぐのが好きである。 　　　もし，子どもがじっとしていない場合は，中央に置く。 　低：むしろ，床の上やソファーなどの上でくつろぐほうが好きである。	7.5
29.　ときどき，誰かに話しかけられても気づかないほど，何かに夢中になっている。 　低：たとえ遊びに夢中になっていても，誰かに話しかけられると気づく。	4.3
30.　おもちゃに八つ当たりすることがよくある。 　低：おもちゃには簡単に，八つ当たりをしない。	2.3
31.　親の注意を独り占めにしたがる。もし，親が忙しかったり，誰かと話をしたりすると，邪魔をする。 　低：親の注意を独り占めにしていないことに気づいていなかったり，そのことを気にしていない。	2.5
32.　親が，「ダメ」と言ったり，しかったりすると，少なくともそのときはしていることをすぐにやめる（二度言ったりする必要はない）。 　低：子どもは，しかられた行動をし続ける。	7.2
33.　親に抱かれているときに，降ろして欲しいと合図するので降ろすと，ぐずったり，またすぐに抱き上げて欲しいと要求する。 　低：降ろして欲しい合図を示したときには，遊びに行く準備ができている。	1.3
34.　親が立ち去ったことで機嫌が悪くなると，その場に座り込んで泣く。親の後を追うことはない。 　　　もし，親が去ったことでまったく動揺しなければ，中央に置く。 　低：動揺したり，泣いたりして，親の後を必死に追う。	1.2
35.　親に対して独立している。1 人で遊ぶのを好み，遊びたいときは，容易に親から離れる。 　　　親から離れて遊ばせることがなかったり，離れて遊ぶ場所がない場合は中央に置く。 　低：親と一緒に遊んだり，親の近くで遊ぶほうが好きである。	4.3
36.　親を行動範囲を広げる基点としているパターンが明確にわかる。遊ぶために離れ，また，親の所に戻ったり，親の近くで遊ぶ。そしてまた，遊びに行くというようなことを繰り返す。 　低：連れ戻されない限り，親から離れて遊んでいるか，あるいは，いつも親のそばにいる。	8.8

AQS の項目の内容	安定性得点の基準値
37. とても活動的でいつも動き回っている。静かな遊びよりも，活発な遊びを好む。 　　低：子どもの活動レベルは低い。静かな遊びが好きである。	4.8
38. 親に対してわがままで気が短い。自分の望んでいることを親がすぐにしないと，ぐずぐず言ったり，頑固に要求し続ける。 　　低：もし，親がすぐに対応しない場合，子どもはある程度の時間は待てる。	1.2
39. 親から離れて遊んだり，1人でおもちゃで遊んでいるとき，淡々としていて事務的である。 　　低：親から離れて遊んだり，1人でおもちゃで遊んでいるとき，ふざけたり笑ったりすることが多い。	4.7
40. 新しいおもちゃや，めずらしい物をとてもていねいに調べる。それらを様々な方法で使ったり，分解しようとする。 　　低：初めて，新しいおもちゃやめずらしい物に取り組むとき，通常は短時間で済ませる（後で戻ってくるかもしれないが，初めてのときを問題にする）。	6.5
41. 親がついてくるように言うとそのようにする（明らかに反抗しているのではない限り，ふざけていて従わない場合は考慮に入れない）。 　　低：子どもは無視するか，拒否する。	8.5
42. 親の機嫌が悪くなると，それに気づく。子ども自身も静かになったり動揺したりする。また，親をなだめようとしたり，どうしたのか聞くなどする。 　　低：気がつかないで遊び続けたり，親が大丈夫であるかのようにふるまう。	8.2
43. 単に親の求めに注意を払っているばかりでなく，親の近くに留まったり，親のほうに戻ってくる。 　　低：親の居場所や活動を注意深く確かめることはない。	4.7
44. 親に抱き上げられたり，抱きしめられたり，可愛がられたりすることを要求し，それを喜ぶ。 　　低：こうしたことが特別好きではない。我慢するが自分から要求しないし，すぐに降ろしてもらいたがる。	7.7
45. 音楽に合わせて，歌ったり踊ったりするのが好きである。 　　低：とりわけ音楽が好きでも嫌いでもない。	5.2

AQS の項目の内容	安定性得点の基準値
46. ぶつけたり，つまずいたり，転んだりしないで，走ったり歩いたりする。 　　低：怪我にまで至らないが，一日中，ぶつけたり，つまずいたり，転んだりが絶えない。	5.7
47. 親も笑っておもしろそうであることを示すと，遊んでいるとき，大きな音や振り回されることを受け入れて楽しむ。 　　低：そうした音や活動が安全で面白そうであることを親が示しても，機嫌が悪くなる。	7.2
48. 頼まれれば，初めての人にでも物を渡したり，分け合ったりする。 　　低：頼まれたときでも，初めての大人には，そう簡単には物を分かち合ったりしない。	6.0
49. 初めての人が家を訪問すると，はにかんだ微笑みを浮かべて親のもとにかけて行く。 　　訪問者が来ても，まったく親のほうに駆け寄ることがなければ，中央に置く。 　　低：最後にはお客さんと打ち解けるとしても，初めは泣いたりぐずったりして親のもとへ走っていく。	6.3
50. 家に来たお客さんとそのうち打ち解けるかもしれないが，初めはお客さんを無視したり避けたりする。 　　低：最初の反応は，お客さんに近づき関わろうとする。	3.5
51. お客さんと遊ぶとき，お客さんにまとわりついて遊ぶ。 　　お客さんと遊ぶことがなければ中央に置く。 　　低：お客さんと遊んでも，身体接触を求めることはない。	4.7
52. 小さな物を扱ったり，小さな物同士をくっつけたりすることがうまくできない。 　　低：小さな物や鉛筆などをとても器用に扱う。	3.8
53. 親が抱き上げると，親に腕を回したり親の肩に手をのせたりする。 　　低：親が抱き上げるのを受け入れるが，とりわけ抱かれやすくなったり，自分からしがみつくことはない。	8.5
54. 親がちょっと手伝おうとしただけでも，していることを邪魔されたかのようにふるまう。 　　低：実際に親が邪魔をしない限り，喜んで手伝いを受け入れる。	1.5
55. 親の行動を見ることによって，親の様々な行動やもののやり方を真似る。 　　低：親の行動を明確に真似ているとはいえない。	7.0

AQS の項目の内容	安定性得点の基準値
56. 難しそうだと見てとると，ためらったり興味を失ったりする。 　　低：難しいことでも出来ると考えている。	2. 7
57. 恐いもの知らずである。 　　低：用心深く，恐がりである。	4. 0
58. 家を訪ねるたいていの大人を無視する。自分自身の活動のほうに興味を示す。 　　低：最初ははにかんでいても，お客さんのほうにとても興味を示す。	3. 2
59. 一つのおもちゃや活動を終えても，活動の合間に親のほうに戻ることなく，たいてい自分で次にすることを見つける。 　　低：一つのおもちゃや活動を終えると，遊んでもらったり，甘えたり，次にすることを見つけてもらうために親のほうに戻る。	3. 8
60. 親が「大丈夫よ」とか「何もしないわよ」などと言って安心させると，初めは用心したり恐がっていた物に近づいたり遊んだりする。初めから用心したり恐がることがなければ中央に置く。 　　低：子どもは親のはげましを受け入れない。	8. 5
61. 親と荒っぽく遊ぶ。遊んでいる間，親をぶったり，ひっかいたり，かんだりする（必ずしも，親を傷つけようというつもりではない）。遊びが活発でなければ，中央に置く。 　　低：親を傷つけることなく，活動的に遊ぶ。	1. 8
62. 子どもが幸せな気分のときは，一日中その気分でいることが多い。 　　低：幸せな気分が，とても変わりやすい。	5. 5
63. 自分1人で何かをする前に，誰かに手伝ってもらおうとする。 　　低：自信がある。物事に挑戦した後に，助けを求める。	2. 0
64. 親と遊ぶとき，親にまとわりついて遊ぶ。 　　低：遊んでいるときに，親密な接触を多く求めることは特にない。	7. 0
65. 子どものしている活動から別の活動に変えさせると，すぐに機嫌が悪くなる（たとえ，新しい活動が子どもにとって，いつも楽しんでいるものであっても）。 　　低：新しいことをしないかと提案されれば，簡単に活動を変える。	1. 8
66. 自宅を訪れ，自分をかわいがってくれる大人と簡単に仲良くなる。 　　低：初めて会う人とは，そんなに簡単に仲良くならない。	7. 0
67. その家族に訪問者がいるとき，子どもは皆の注意を集めたがる。 　　低：訪問者からの注目を特に求めない。	4. 0

AQS の項目の内容	安定性得点の基準値
68. だいたい，親と比較して，子どものほうがより活動的なタイプである。 　　低：だいたい，子どもは親と比較して，あまり活動的なタイプではない。	5.0
69. めったに親に助けを求めることはない。 　　　もし，子どもが小さすぎて助けを求められないのなら，中央に置く。 　　低：しばしば親に助けを求める。	2.3
70. 親が部屋に入ってくると，子どもは即座に満面の笑みで親を迎える 　　　（親におもちゃを見せたり，身ぶりをしたり，「ママ」「パパ」と言ったりする）。 　　低：親が何もしない限り，自分からは何もしない。	8.0
71. 怖がったり，動揺していても，親の腕に抱かれたら，子どもは泣き止んで落ち着く。 　　低：親が抱いても簡単になだめられない。	8.8
72. もし，訪問者がその子どもがしたことを笑ったり，認めたりしたら，子どもは何度も何度もそれを繰り返す。 　　低：訪問者の反応は，こんなふうには子どもに影響を与えない。	4.5
73. 不安なときに，持ち歩いたり，ベッドに持っていったり，抱いたりする動物のぬいぐるみや，移行対象（お守り毛布：security blanket）を持っている。（もし，子どもが 2 歳以下なら，哺乳瓶やおしゃぶりを含めてはいけない）。 　　低：そうしたものを持っていないか，持っていても持たずとも平気である。 　　　　または，そういうしたものは，まったく持っていない。	5.2
74. 子どもがして欲しいことを親がすぐに何もしないとき，子どもはまるで親がまったくそのことをしてくれないかのようにふるまう（ぐずったり，腹を立てたり，立ち去って他のことをしたり，など）。 　　低：して欲しいことを少し待てばやってくれると期待しているかのように，子どもはしばらく待つ。	1.5
75. 家にいるとき，親が部屋から出ていくと，子どもは機嫌が悪くなったり，泣いたりする（親の後を追うかもしれないし，追わないかもしれない）。 　　低：親がいなくなることに気づいて，親の後を追うかもしれないが，機嫌は悪くならない。	1.2
76. もし選べるなら，子どもは大人とよりも，おもちゃと遊ぶ。 　　低：おもちゃと遊ぶより大人と遊ぶ。	3.2

AQS の項目の内容	安定性得点の基準値
77. 親が子どもに何かするように言うと，子どもは即座に親の望んでいることを理解する（従う，従わないは問題としない）。 　　幼すぎて親の言うことが理解できないのならば，中央に置く。 　低：親が望んでいることに困惑したり，理解するのに時間がかかってしまう。	7.7
78. 子どもは両親や祖父母よりも，他人に抱きしめられたり抱きかかえられたりするのを喜ぶ。 　低：そうした接触に，特別な興味がない。	4.5
79. 親に対して，すぐに腹を立てる。 　低：親がひどく邪魔したり，子どもがとても疲れたときでない限り，親に腹を立てない。	1.0
80. 危なそうに見えたり，怖そうに見えると，親の表情を見て，どうしたらいいか状況を判断する。 　低：親の表情を最初に確かめることなく，自分自身で判断する。	8.5
81. 自分が望むことを親にやってもらう手段として泣く。 　低：主に，純粋な不快（疲れ，悲しみ，恐れなど）のために泣く。	1.8
82. ほとんどの場合，遊びに使うおもちゃや遊び方は特定の限られたものである。 　低：多くの様々なおもちゃを使って遊び，遊び方も様々である	4.0
83. 子どもは退屈すると，何かすることを求めて親のもとに来る。 　低：何か起こるまで，しばらくうろうろしたり，ただ何もしないでいる。	6.5
84. 家の中をきれいにしたり，きちんとしたりしようと，いくらかでも努力する。 　低：いつも服や床にこぼしたり，すりつけたりする。	5.0
85. 子どもは新しい活動やおもちゃに強く引き付けられる。 　低：慣れたおもちゃや遊びより，新しいものに強く引かれることはない。	7.5
86. 親に自分を真似させようとする。あるいは，親が子どもを真似たとき，すぐにそれに気づき喜ぶ。 　低：そのような交流に特別な関心を示さない。	6.5
87. 親が子どものしたことを笑ったり，ほめたりすると，子どもは何度も繰り返す。 　低：子どもは特に，このような影響を受けない。	5.8

AQS の項目の内容	安定性得点の基準値
88. 何かで子どもの気が動転した場合，子どもはその場に留まって泣く。 　低：泣くときは親のもとに行く。親が自分の所に来るのを待たない。	1.2
89. 何かで遊んでいるときの子どもの表情は，豊かではっきりしている。 　低：表情は特に明確ではなく，変化に乏しい。	6.5
90. 親がかなり遠くに移動したら，子どもはその後をついていき，親が移動した先で遊びを続ける（呼んだり連れていく必要はなく，また，遊びをやめたり，機嫌が悪くなることもない）。 　子どもが移動させてもらえなかったり，遠くに移動する余地が部屋にない場合は，中央に置く。 　低：子どもは遊びをやめるかもしれないし，続けるかもしれないが，親が移動した場所には行かない。	8.3

1. 観察方法

　対象者と子どもの二者を約 1 時間半～ 2 時間ほど観察する。父母，保育者，あるいは職員にはいつもと同じように過ごし，子どもに対してもいつもと同じように対応してもらう。筆者の場合は，最初の20分ほどは家庭で導入場面的に過ごす。対象児の年齢にふさわしいおもちゃを持っていき，この間に子どもに「プレゼント」として渡している。子ども一人では開封できにくい物なので，養育者に頼むのか，自分でなんとか開けようとするのか，あるいは持ってきた観察者に援助を求めるかを見る。

　20分ほどが経過したときに，その家庭が午前中のその時間は近所の公園に出かけたり，買い物に行くということなら，同じことをしてもらう。また，雨などが降っている場合は，こういった日に典型的に行っていることをしてもらうようにお願いする。この観察中に，子どもがその相手をどのように使うのかを見る。たとえば，子どもがおもちゃを手に取ってその人に向かって声を出して呼び，見せようとする，という場面が見られるかもしれない。このときに注意することは，観察者以外の大人がいないようにすることであ

る。特に施設などでは，このことに気をつける必要があるだろう。

　その場所で子どもと会った瞬間から，観察が始まると考えたほうがいい。初めて会うときは，こちらが「見知らぬ者」の役割となっている。われわれに対して，そして，その場合に養育者に対してどう振る舞うのかということも情報となる。このように，そこにいる間中が，子どもの特徴を得るための観察機会となっていることを忘れないことが，最も重要であろう。また，簡単なメモを取ることなどは，後で行うカードの分類時に思い出すヒントとなる。さらに，観察で直接見られないような行動，たとえば，夜寝るときに毛布やぬいぐるみなどが必要かどうかということは，その養育者に尋ねておく。

2. AQS の実施

　観察が終わった後に，Q ソート法を用いて（質問紙のようなチェックリストではなくて），子どもの行動や感情の特徴を得点化する。Q ソート法とは，インデックスカード 1 枚 1 枚に子どもの特徴が書いてあり（たとえば，「親がなだめるとすぐに泣きやむ」），そのカードがどの程度子どもの行動に当てはまったかを，9 点（最も当てはまる）から 1 点（まったく当てはまらない）に振り分ける手法のことをいう。図 4-1 にそのプロセスを描いてある。最終的に，各得点に10枚ずつの山ができ，そこに置かれた項目にはその得点が与えられる。

　信頼性のチェックをするためにも，できれば 2 名で訪問することがよいだろう。また，観察者による項目の配置が異なっている場合，それぞれ見ていることが違っているときがある。そのような場合は話し合って，その項目に対する最終的な得点を導き出すことができる。

3. 安定性得点の計算

　表 4-4 （88〜97頁）の右側の列にある数値が，各項目に対する基準値である。実際の観察から得られた各項目の得点と，安定性基準得点の相関係数

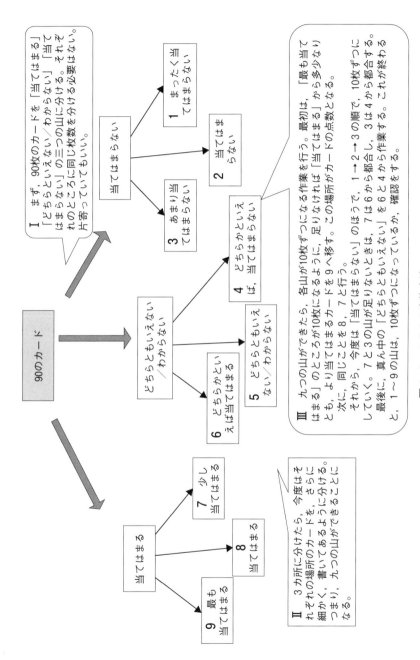

Ⅰ　まず、90枚のカードを「当てはまる」「どちらともいえない／わからない」「当てはまらない」の三つの山に分ける。それぞれのところに枚数を同じに片寄っていてもいい。分ける必要はない。

1　まったく当てはまらない

2　当てはまらない

3　あまり当てはまらない

4　どちらかといえば、当てはまらない

5　どちらともいえない／わからない

6　どちらかといえば当てはまる

7　少し当てはまる

8　当てはまる

9　最も当てはまる

90のカード

当てはまらない

どちらともいえない／わからない

当てはまる

Ⅱ　3カ所に分けたら、今度はそれぞれの場所のカードを、さらに細かく、書いてあるようにに分ける。つまり、九つの山ができることになる。

Ⅲ　九つの山ができたら、各山が10枚ずつになる作業を行う。最初は、「最も当てはまる」のところが10枚になるように、足りなければ「当てはまる」から多くなりとも、より当てはまるカードを9へ移す。この場所がカードの点数となる。
それから、今度は「当てはまらない」のほうで、1→2→3の順で、10枚ずつにしていく。7と3の山が足りないときは、7は6から都合し、3は4から都合する。
最後に、真ん中の「どちらともいえない」を6と4から作業する。これが終わると、1〜9の山は、10枚ずつになっているか、確認をする。

図4-1　AQSの実施方法

（Pearson's *r*）を求める。それから，相関係数を Fisher's *r* to *z* の計算式に入れて，ノーマル分布にする（式は以下のとおり）。

Z 得点＝0.5*LN（ABS（（1＋R）/（1－R）））

たとえば，相関係数が0.168だとすると，この式に入れると，Z 得点は0.1696となる。この得点が，その子どもと相手とのアタッチメント安定性得点となる。だいたい，0.3以上の得点で，安定型領域に入っていると考えられている。表 4 - 5 にたくや君の例を示す（氏名はすべて仮名）。2 名で訪問し，その後に別々にカードのソーティングを行った。それぞれのソーティングの結果を基準値と相関させたものが，相関係数のところに載っている。その数値を Z 得点の式に入れたものが，Z 変換に示されている。

表 4 - 5　たくや君（仮想）の安定性得点

AQS 標準分類スコアリング		
	安定性（田中）	安定性（鈴木）
相関係数	0.48	0.54
Z 変換	0.53	0.61
アタッチメント	*Secure*	*Secure*

訪問日：2015/4/1，年齢：2 歳11カ月
観察時間：10:30〜12:30，2 名で訪問

4. AQS 項目の応用

安定性得点の算出のためにこれらの項目を使用する以外にも，子どもの行動特徴をつかむため，項目を組み合わせた得点化が試みられている（Waters et al., 1995）。その項目を応用したわれわれのデータ分析（数井ら，2000）を，表 4 - 6 に載せてある。ここからは，母親の AAI 分類の結果から，母親が安定自律型である子どものほうが母親との円滑な相互作用が高く，母親へ近接しやすいことがわかる。

このように，安定性得点以外にも，項目ごとの特徴を合わせて，具体的な子どもの行動特徴を把握することも可能である。

表4-6　母親のAAIにおける安定型・不安定型の2分類を基準にした，
　　　　子どものAQS尺度の比較

AQSの尺度	母親のAAI				*t*	*df*
	安定型（F）[a]		不安定型（Ds,E）[b]			
	平均	*SD*	平均	*SD*		
子どもの行動特徴◆						
母親との円滑な相互作用	6.9	.82	5.0	1.7	5.48***	48
母親への近接	5.7	1.2	4.6	1.3	3.00**	48
母親との身体接触	5.4	1.2	4.7	1.2	1.89†	48
養育者以外の大人との相互作用	6.3	.87	5.7	1.6	1.83†	48

[a]：n＝34，　[b]：n＝16　　***$p<.001$　　**$p<.01$　　†$p<.10$

◆：養育者（母親）との円滑な相互作用は17項目から構成されており，それらは表4-4における項目番号の1，2，6，9，18，19，24，32，38，41，54，62，65，70，74，79，81。

◆：養育者（母親）への近接は8項目で構成されており，それらは11，14，21，25，34，35，43，59，69。

◆：養育者（母親）との身体接触は7項目で構成されており，それらは3，28，33，44，53，64，71。

◆：養育者（母親）以外の大人との相互作用は13項目で構成されており，それらは7，12，15，17，48，50，51，58，60，66，67，76，78。

【文献】

数井みゆき・遠藤利彦・田中亜希子・坂上裕子・菅沼真樹（2000）日本人母子における愛着の世代間伝達　教育心理学研究，**48**，323-332.

Waters, E.（1987）Attachment Q-set（Version 3）. Retrieved（date）（http://www.johnbowlby.com）（http://www.psychology.sunysb.edu/ attachment/measures/content/aqs_items.pdf, 2017/03/06.）

Waters, E., Vaughn, B. E., Posoda, G., & Kondo-Ikemura, K.（1995）Caregiving, cultural, and cognitive perspectives on secure-base behavior and working models. *Monographs of the Society for Research in Child Development*, **60**（2-3）.

第5章

面接法
——成人アタッチメント面接

●上野永子・北川 恵●

1. はじめに

　カウンセリング場面で成人のクライエントが,「母は昔からいつも優しかった」と語ったとしたら, 皆さんはクライエントの言葉をどのように受け止めるだろうか。母親との関係は良かった, と受け取るだろうか。「母は昔からいつも厳しかった」と語った場合はどうだろうか。あまり関係は良くなかったようだ, と受け取るだろうか。

　カウンセリング場面では生育史についての情報を得て, 現在の主訴の背景を理解することが多いだろう。発達心理学においては, アタッチメントの縦断研究を通して, 発達初期のアタッチメントの長期的影響についての知見が蓄積されてきたことに加えて, 成人のアタッチメントの個人差を測定する面接法が開発された。George ら (1884/1985/1996) によって開発された成人アタッチメント面接 (Adult Attachment Interview : AAI) である。AAI ではアタッチメントに関する生育史等が質問され,「語られた内容」よりも「語り方」に注目して分析がなされる。その着眼点を応用すると, 上記のようなクライエントの語りを受け止める際のヒントになると考えられる。

　本章では, 研究のための測定方法である AAI について紹介し,「語り方」に注目する意義, そして, AAI という面接法が臨床にどのように応用可能であるかについて述べる。

2. AAI とは

1）AAI の開発過程

　1980年代，カリフォルニア大学バークレー校では Main を中心とした研究者が長期の縦断研究を行っていた。そこでは，プロジェクトに参加していた子どものストレンジ・シチュエーション法（SSP）で測定されたアタッチメントの個人差が，養育者側のどのような要因によって生じるのかについての検討がなされた。一連の研究のなかで，養育者のアタッチメントにまつわる来歴や，それらが与えた影響について聴取する面接がなされた。面接内容を分析していた Main は，養育者の「語り方」から，子どものアタッチメントパターンを予測できる可能性に気づいた。Main らは，この発見をもとに，子どものアタッチメントパターンを最も予測しうる養育者の語り方の特徴を抽出し，その法則を検証する分析を通して AAI を考案した（Hesse, 1999, 2008）。

　Main が言語学について深い見識があった（Main et al., 2005）ことが，AAI の開発につながったと考えられる。

2）AAI の実施手続き

A. 実施要領

　AAI は，所要時間が 1 時間程度の半構造化された面接法である。AAI では，子どもの頃の主要な養育者（両親など）との関係，アタッチメントにまつわる記憶，そうした経験が自身に与えた影響についてなど，およそ20項目についての質問がなされる。面接者（インタビュア）が面接を実施し，AAI の評定・分類の資格を得た研究者（コーダー）が複数名で評価する。

　AAI を適切に実施するために，インタビュアには評価についての一定の理解が必要である。たとえば，AAI では「子ども時代の母親との関係を表すような形容詞や語句」を挙げてもらった後，「その言葉を選ぶに至った思い出や経験」を質問することになっている。その際，この面接では抽象一般

的な描写（たとえば，優しかった）よりも，具体的なエピソード記憶（特定の出来事についての報告）を問われていることが被面接者（インタビュイ）に伝わるよう，追加の問いかけ（「お母様との関係を優しいとおっしゃったことについて，もう少し詳しい思い出をお聞かせくださいますか？」など）が必要になることが多い。また，あくまでインタビュイがどのように描写するかが重要なので，インタビュアが言葉を補ってはいけない（たとえば，インタビュイが言葉を見つけにくそうにしているときに，「～でしょうか？それとも～という感じでしょうか？」といった描写のサポートはしない）。

　上記のように注意深く AAI を実施し，インタビュー内容の録音に基づいて逐語記録を作成する。コーダーは逐語記録のみに基づいて，評定と分類を行う。

B. 評定・分類システム

　AAI の評定システムには，a) インタビュイの子ども時代における「推定される養育者の行動」（inferred parental behavior）と，b)「現在の心の状態」（current state of mind）の評価領域がある。さらに，アタッチメントに関する喪失やトラウマ体験がある場合は，そうした体験について，c)「未解決（unresolverd）の心の状態」かどうかを評価する。

a)　推定される養育者の行動

　この評価領域には，【愛情】【子どものアタッチメントに対する拒絶】【役割逆転】【ネグレクト】【達成へのプレッシャー】の 5 尺度がある（Hesse, 2008）。

　【愛情】のみが，養育者の肯定的な行動についての評価尺度である。面接で語られた具体的なエピソードに基づいて，【愛情】を受けた程度を 9 段階で評価する。たとえば，「母は優しかった」という抽象一般化された描写だけでは，実際にどの程度，優しさに満ちた養育を受けたのかを推測できない。「遠足のときに，おいしいお弁当を作ってくれた」ので「優しかった」という場合と，「学校でいじめられたとき，母が私の様子の変化にすぐに気づいて声をかけてくれて，抱きしめながら話を聞いてくれた」から「優しかった」という場合では，インタビュイが子ども時代に母親を安心の基地と

して頼れた程度が異なるであろう。面接全体を通して，楽しい時間を共有した，日常的な世話を受けたというようなエピソードばかりが報告されていれば，愛情は中程度として評価される。それさえ得られていない場合は低い評価となり，アタッチメント欲求が活性化するような危機的場面で情緒的なサポートを得られたり，身体接触を伴う慰めを得られたりしたエピソードがあると，高い評価となる。

　【拒絶】【役割逆転】【ネグレクト】【達成へのプレッシャー】は，否定的な養育行動についての評価尺度である。そのため，これらが高いと評価されると【愛情】は低い評価となる。また，これらの評価においても，アタッチメント欲求が高まる場面で否定的な養育行動のエピソードが語られたときほど，その得点は高くなる。たとえば，「一緒に遊ぼうと言ったら，（養育者に）断られた」というエピソードより，「不安で泣いたら（養育者に）怒られた」というエピソードのほうが，【拒絶】は高く評価される。

　「推定される養育者の行動」尺度の評価結果は，次のステップである「現在の心の状態」尺度における評価の際に参照される。

b)　現在の心の状態

　これは「語り方」の特徴についての評価であり，この結果に基づいてアタッチメントタイプへの分類がなされる。尺度として【談話の一貫性】【思考の一貫性】【理想化】【思い出せないという主張】【とらわれた怒り】【蔑視】【喪失の恐れ】【メタ認知的モニタリング】【語りの消極性】がある (Crowell & Treboux, 1995)。詳細は，Hesse (1999, 2008, 2016) を参照してほしい。ここでは，アタッチメントパターンの特徴についての理解の助けとなるように，「現在の心の状態」の尺度の一部を取り上げて，典型例を単純化して示す。

　「推定される養育者の行動」は，具体的なエピソードに基づいて評価すると述べたが，具体的なエピソードがほとんど語られないこともある。たとえば，「母親は優しかった」と抽象一般的には述べるものの，具体的な思い出を面接者が追加的に問いかけても，「小さいときのことは覚えていない」と応えたり，「いつも優しかった」と抽象的な語りを繰り返したりする場合が

ある。具体的な記憶にアクセスしないという「語り方」は，【思い出せないという主張】に該当する。

　さらに，母親との関係を肯定的なものと位置づけながら，具体的な思い出にアクセスしないという心の状態が面接全体に表れていると，【理想化】が起こっていると判断される。そうではなく，「母親は優しかった」という描写と，聞き手にとってもそうした総括が妥当だと思えるような具体的なエピソードを伴った語りは，【談話の一貫性】が高い心の状態であると評価できる。つまり，「優しい」という描写に対して，どの程度，具体的な記憶や感情にアクセスできるかによって，「心の状態」の評定結果が異なってくる。

　どの養育者も，子どもの欲求に完全に応えることは不可能であり，子どもは養育者との関係で，何らかの否定的な体験をしている可能性が高い。否定的な体験についても，エピソード記憶も含めて率直に，養育者の立場にも思いを馳せながら，バランスのとれた状態で語ることができる場合も【談話の一貫性】が高いと評価される。たとえば，「母親は厳しかった」という全般的な描写に対するエピソード記憶を比べてほしい。「しつけには厳しくて，食事の好き嫌いを言うと怒られた。食事をもっと楽しく食べられたらよかったと思うことはあるけど，母は貧しい家に育ったから，そこは許容できなかったんだと思う」といった語りと，「食事どきは最低でした！　少しでも好き嫌いしようものなら母の怒りが爆発して。だからいつもそんな感じで，ご飯の味もわからないくらいで，昨日だって私が作ったご飯に母が文句を言い始めて，いつもそうで……」といった冗長で怒りの伴った語りとでは，「現在の心の状態」が異なっている。後者の例では子ども時代の記憶を問われているのに，成人となった現在のエピソードについても，怒りの感情の連想のなかで語りが続き，聞き手の同意を得ようとばかりに大げさな表現がなされている。こうした語り方は，【とらわれた怒り】に該当する。

　一方で，「母親は厳しかった」という全般的描写に対して，「好き嫌いしたら次の日の食事は与えられなかったけど，しつけは母の愛情でもあり，そのおかげで私は立派な人間になれたのでよかった」というような語りがあれば，【理想化】の可能性がある。【理想化】という心の状態は，可能な限り否

定的な記憶にはアクセスしない，アクセスしてもすぐにそれを過小評価もしくは正当化し，あくまで親との関係を肯定的な状態に総括しておこうとするものである。

c)　喪失・トラウマ体験についての「未解決の心の状態」

加えて，喪失体験やトラウマ体験がある場合，それらについて語る際に，【モニタリングの欠如（lapse）】が起こっていると，そうした体験について未解決であると評価する。たとえば，亡くなった人物が，物理的に亡くなっていると同時に生きているように語る場合（常識的な因果関係や時間・空間関係を逸脱した語り方であり，「推論〈reasoning〉モニタリングの欠如」）や，突然，出来事の細部に過度に注目した語り方に陥るなどの場合（話題に触発されて心の状態が移行したかのような語り方であり，「談話〈discourse〉モニタリングの欠如」）である（Hesse, 1999）。 AAI におけるアタッチメントパターンのそれぞれの特徴や具体的なコーディングについては，数井（2012）も参照してほしい。

3）AAI による分類カテゴリーと SSP との対応

AAI が開発された経緯からわかるように，SSP と AAI のアタッチメント分類には，以下に述べるような対応が想定されている。これらの対応を説明するメカニズムとして，「アタッチメントにまつわる経験，感情，思考に関連する情報の組織化やアクセスへの制限といった，意識的もしくは無意識的なルール」である内的作業モデルの働きを，Main ら（1985, p.67）は論じている。つまり，子どもにとってアタッチメント欲求が活性化される場面で，アタッチメント対象にどのような行動をとるかを導き出す内的作業モデルが，成人にとっては，アタッチメントに関する記憶や感情にどのようにアクセスするかを導き出すと考えられる。各カテゴリーの概要は次のとおりである。

AAI における安定自律型（F : Secure/Autonomous）は，アタッチメントに関する記憶や感情を，その重大性や影響も正当に評価しながら，肯定的側面も否定的側面も率直に想起して語ることができるタイプである。まさに，SSP 場面で，子どもが分離時に不安を率直に表し，再会した養育者に率直

に接近して慰めを求め，慰めを得て鎮静化し探索に戻る行動と対応する。AAIにおいては，【談話の一貫性】の高さなどが特徴である。

　アタッチメント軽視型（Ds : Dismissing）は，養育者との関係を肯定的に総括するものの，具体的で情緒的なエピソード記憶が語られないことが特徴である。否定的な記憶や感情への接近を回避する方略が，そうした語り方の背景に作用していることが考えられる。SSP場面において，分離に際して不安を表明せず，養育者との再会場面で接近しない回避型に対応する。AAIにおいては，【理想化】【思い出せないという主張】などの「心の状態」の高さと関連する。

　とらわれ型（E : Preoccupied）は，アタッチメントにまつわるネガティブな経験に過度に注意を向けて，大げさに怒りを伴って延々と語り続けたり，話題が質問されたことから逸れたりする語り方や，アタッチメントの経験を客観的にとらえることができず，結局何が言いたいのかわからないような語り方をするタイプである。SSP場面で，分離時に不安を最大限に表明し，養育者との再会に際して接近するものの，容易に気持ちを鎮静化することが困難なアンビヴァレント型に対応する。AAIにおいては，【とらわれた怒り】【語りの消極性】などの「心の状態」が特徴である。

　上記の3タイプの分類の後，喪失体験や被虐待などのトラウマ体験について語る際に，【モニタリングの欠如（lapse）】が起こっていると，未解決型（U : Unresolved/disorganized）という分類結果を加える。たとえば，面接全体の語りの特徴からとらわれ型と分類された後，喪失体験を語る際にモニタリングが崩れていると喪失体験の未解決という判断が加わり，未解決／とらわれ型（U/E）という分類結果になる。未解決型はSSP場面で，再会時などにひどく混乱した行動をとる無秩序型・無方向型に対応する。

　AAIとSSPの分類カテゴリーは理論的に対応していることを述べたが，SSPは子どもにとって関係特異的に形成しているアタッチメントパターンを測定しているのに対して，AAIではアタッチメントに関する個人の全般的な心の状態を測定していることに違いがある。乳幼児のアタッチメントパターンは，その対象との相互作用経験に基づいて関係特異的に形成される。

そのため，たとえば SSP を行った際に，父親に対しては安定型，母親に対してはアンビヴァレント型と異なったタイプに評価される場合がある。成長に伴って関係特異的に形成された表象モデルが，抽象一般的な表象モデルへと統合される。AAI では，アタッチメント表象に対する現在の心の状態が評価される。そのため，片方の親に対する理想化得点が低くても，もう片方の親に対する理想化得点が高ければ，アタッチメント対象を理想化している心の状態にあると評価される。

4）AAI のコーダーになるためのトレーニング

　AAI のコーディングを行うことができるようになるためには，まず AAI の開発者である Main らによって認定されたトレーナーが主催する，2 週間のワークショップに参加する必要がある。本章で AAI の評価・分類システムについて簡単に紹介したが，文献による理解だけでは決して AAI の分類を行うことはできない。各評価尺度の概念をよく理解し，9 段階評価の判断基準を習得し，最終的な分類を信頼性高く行えるようになるためには，詳細なマニュアルに基づいて多数の面接例の評定と分類に実際に取り組んで，トレーナーのフィードバックを受け，質疑応答を重ねながら習得することが不可欠である。ワークショップでは，英語の AAI 逐語記録を用いた講義と実習，質疑応答を集中的に行う。

　ワークショップを受けただけでは AAI の認定コーダーになることはできず，最短でも 1 年半の期間を要する信頼性テストに合格することが必要である。信頼性テストに合格し，認定コーダーとなってはじめて，AAI のコーディングが可能となる。さらに，研究で用いるためには，複数名の認定コーダーによる分類の一致率を確認する手続きにより，信頼性を確認することが必要である。

　2017年より，日本国内でも AAI のワークショップが開催される。関心のある研究者はワークショップに参加して，AAI を習得してほしい。英語による語り方に基づいて考案された AAI を，日本語の語り方にも適用が可能なのかといった疑問が出てくるであろうが，Behrens らは，英語圏では見ら

れない言語的・文化的差異からくる日本人特有の語り方があるものの，日本人の AAI データを得点化し分類することは可能であるとしている（Behrens et al., 2007, p.1559）。数井ら（2000）も，日本の母親の AAI 分類結果と，子どもの AQS で測定したアタッチメント安定性との有意な関連を報告している。

3. AAI で「語り方」に注目する意義

1）AAI の情報価値の高さ

　日本でのアタッチメント研究は，質問紙を用いた研究のほうが多いだろう。質問紙法によるアタッチメント研究の利点は，大量のデータを短時間で収集し，分析することができる点である。そのため，さまざまな統計的手法を適用したうえでの結果を得やすい。一方，AAI では，その実施，書き起こし，コーダーの資格を得たうえでの分析，信頼性の検討，というプロセスが必要であり，多大なる時間的コストがかかる。それにもかかわらず，成人を対象とするアタッチメント研究において，世界的には AAI は「確実に標準的ツール」（遠藤，2006）となっている。

　AAI の躍進の要因として，AAI は「無意識を驚かす」（George et al., 1984/ 1985/1996）面接技法であり，質問紙法では測定できないアタッチメントに関する無意識レベルの情報処理方略に迫りうることが挙げられる。意識レベルで「母親は優しかった」と述べる場合，自己報告に頼る質問紙法であれば「優しい」という結果になる。ところが AAI では，それを裏づけるエピソードが語れなかった場合，アタッチメント軽視型の特徴である理想化した語り方と評価される。また，「厳しかった」という自己報告も，質問紙では非応答的な養育を受けたというと結果となるが，AAI では「語り方」次第で分類結果が異なる可能性がある。内的作業モデルが，意識的ルールだけでなく，無意識的ルールによって経験をガイドしていることを考えると，質問紙法で得られた結果を AAI で得られた結果と同一のものとして考えることはできない。そこが，AAI によって得られる情報価値の高さであり，実施コストの高さがあっても，欧米の特に発達心理学領域では，アタッチメント研究

における成人の標準的ツールとなっている理由である。

2）獲得安定型

　AAI で分類される安定自律型は，一般的には愛情深い経験が推定され，そうした良好な関係のなかで自由にアタッチメントに関する情報にアクセスできる，一貫性の高い「心の状態」が育まれたと想定される。ところが，アタッチメント欲求に応答してもらえない成育環境で育ったことが推定されるインタビュイであっても，その経験について防衛的にならずに（【理想化】も【とらわれた怒り】もなく），【談話の一貫性】の高い「心の状態」で語ることができる場合は，安定自律型に分類される。こうしたタイプは，応答的で情緒的な愛情を養育者から得られたことが推定される「継続安定型」（Continuous-Secure）と区別して，「獲得安定型」（Earned-Secure）と呼ばれてきた（Hesse, 2016）。

　幼少期には応答的でない養育を受けていることが推定されながら，安定自律型に分類される成人がいるという知見は，臨床実践者からも関心が持たれることであろう。以下に，獲得安定型に関する研究知見を簡単に概観する。

　まず，Pearson ら（1994）は，獲得安定型の母親は，抑うつは不安定型と同様に高い一方で，養育スタイルに関しては継続安定型同様に望ましい関わりができていることを報告した。つまり，不遇であったことが推定された幼少期であっても，それを統合して語ることができる母親は，抑うつ的でありながらも望ましい養育行動をとっていることが示された。

　Roisman ら（2002）は縦断研究により，19歳時に AAI で分類された獲得安定型の青年は，抑うつが高いものの，乳幼児期に SSP で分類された母親とのアタッチメント型とは無関連であり，むしろ幼少期と思春期に母親から良質の養育を受けていたことを見出した。さらに，Rosiman ら（2006）は，悲しい気分に誘導すると，推定される【愛情】の得点が低くなり，獲得安定型への分類が増えたこと，しかしながら，【談話の一貫性】の得点は気分誘導の影響を受けず，安定自律型か不安定型かの分類には影響しなかったことを報告した。これらの研究により，AAI 分類の中核である「語り方」は，気

分の影響を受けないことが示された一方で，安定自律型の下位分類である
「獲得安定型」は，現在の抑うつの影響を受けただけではないかとも考えら
れた。

　しかしながら，Hesse（2016）によると，これらの研究で用いられた獲得
安定型の分類基準は，「養育者のいずれかとの推定される愛情得点が 5 未満
で，否定的な養育に関する尺度の得点が 5 以上」であった。すると，多くの
場合，父親との愛情は低いものの，母親との愛情は平均以上という実態で
あった。そのため，Roisman ら（2002）の縦断研究において，父との【愛情】
得点が低く，母との【愛情】得点が高い獲得安定型の青年が，乳幼児期に母
親との SSP が安定しており，母親との相互作用が望ましい結果であったと
いう結果は，特に矛盾がないものと考えられる。その後，Main と Goldwyn
が「いずれの養育者においても推定される愛情得点が2.5点以下」（Hesse,
2008）という基準を設定しており，この基準を適用すると，Rosiman ら
（2006）の気分誘導によっても，獲得安定型の分類が増えることはなかった
（Hesse, 2016）。

　その後，Roisman ら（2014）は縦断研究により，Main と Goldwyn の基準
（いずれの養育者との愛情も低い）で分類した獲得安定型は，乳幼児期に観
察された母親からの「敏感性」が平均以下であったことを示した。

　Saunders ら（2011）は，Main と Goldwyn の基準で分類した獲得安定型
は，継続安定型や不安定型と比べて，養育者以外の人物から何らかの情緒的
なサポート（たとえば，家庭で何か困ったことがあったときに，安全な場所
を提供してくれる）をより多く受けていたこと，道具的サポート（たとえ
ば，ゲームを一緒にする）は他のタイプと違いがなかったことを見出した。
また，過去に受けたセラピーの時間が，継続安定型や不安定型より長かった
こと，不安定型よりも子どもと安定型のアタッチメント（SSP）を形成して
いたことが確認された。

　Roisman ら（2014）によると，養育者の一人でも【愛情】得点が低い場合，
もしくはいずれの養育者の【愛情】得点も低い場合の，どちらの基準で「獲
得安定型」を分類しても，家族の所得の低さ，親の抑うつ，父親の不在が共

通する特徴であったことも報告されている。Hesse（2016）によると，これらは AAI の「推定される養育者の行動」尺度において数値化されないものの，逆境的な養育経験である。AAI の獲得安定型をめぐる一連の研究で報告されてきた逆境的養育環境の影響について，また，家族以外からの情緒的サポートの影響についてなど，今後のさらなる検討が必要である。

　なお，Hesse（2016）は，獲得安定型という用語は，アタッチメント表象の再組織化を努力して達成した印象を与える可能性があること，discontinuous secure という言葉も推奨されたが，これは安定型から不安定型への変化も含む言葉であるとして，安定型に発達したタイプであることを意味する Evolved Secure という用語を使用することを提案している。

4. AAI の臨床への応用

　AAI の臨床現場への応用としては，まず介入効果測定として，治療前後に AAI を用いてアタッチメントの改善を検証した研究（Fonagy et al., 1996; Diamond et al., 2003; Levy et al., 2006）が行われてきた。また，Fonagy ら（1996）は，精神分析的心理療法による治療効果を検討した際，アタッチメント軽視型の患者の治療効果が，他のアタッチメントパターンの患者に比べて高いことを見出したと報告している。

　AAI によるアタッチメント分類を行うことで，治療場面における患者の態度について予測し，対応することができる。Dozier と Bates（2004）は次のように述べている。アタッチメント軽視型の患者は，自分が必要なときに他者は情緒的に利用できないという予測を持つため，実際よりも過小な症状しか報告せずに，治療者の治療的介入に抵抗する。そのため，アタッチメント軽視型の患者に対しては，まず信頼関係を築き，患者が持つ，他者を情緒的に利用できないという信念が治療者には当てはまらないことを感じられるようになることが重要だとしている。また，とらわれ型の患者は，過去や現在の人間関係について述べることに執着するため，彼らが怒りにとらわれず，患者本来の問題に焦点を当てるように手助けすることが重要であり，未

解決型については，信頼できる関係性のなかで，喪失や虐待などのトラウマ体験を統合していけるような支援が必要と述べている。

　また，Steele と Steele（2008）は，『AAI の臨床への応用』（*Clinical Application of the Adult Attachment Interview*）という書籍を編集しており，その第 1 章において，AAI の質問項目と評価・分類方法を学ぶことで臨床実践に役立つ事項を，10 項目述べている。たとえば，現在の困難の背景に，子ども時代の経験や，それに基づく考え方・感じ方・行動の仕方が関係している可能性への気づきを高め「支援で取り組むべき計画設定に役立つこと」（Helping to set the agenda），支援の初期に AAI が実施されると，患者にとって，自分の家族史についてや，自分や関係性への現在の思いや考えについて，誰かが時間をとって耳を傾けてくれた初めての体験となり，「治療同盟や支援への反応性を高めること」（Facilitating the therapeutic alliance and responsiveness to therapy），また，AAI でインタビュアが行う中立的な聞き方が，患者が意識的・無意識的な自発性に添ってアタッチメントの話をできる機会となること，などである。もともと Bowlby が臨床実践から着想したアタッチメント理論であるが，発達心理学領域で研究が進み，その後，Main たちが表象レベルへと発展させて AAI を開発したことで，臨床領域に有益な知見をもたらしていると Steele らは述べている。

5. おわりに

　臨床場面で AAI そのものを実施しなくても，AAI による評価・分類についての理解があると，臨床アセスメントにその視点を応用できる。

　冒頭に提示した例を思い出してほしい。「母は昔からいつも優しかった」「母は昔からいつも厳しかった」という情報だけでは不足している，と感じた読者も多いだろう。AAI の視点があると，具体的エピソードについての「語り方」に関心が向く。「優しかったことの具体的な思い出はない」ということであれば，理想化の可能性がある。背景に拒絶的な養育経験をしてきた可能性も推定できる。支援者との関係においても，不安を率直に訴えて助け

を求めることがしにくいかもしれない。また，「厳しかった」という思い出をどこまで一貫性高く語れるか，怒りにとらわれた語り方であるかも注目される。正式な AAI の実施に基づかないアセスメントは，仮説の域を出ないものである。しかし，支援者がクライエントのアタッチメント来歴について思いをめぐらせたり，重要な他者との関係性について推測したりすることは，支援を進めるうえで有益な情報を与えてくれるだろう。

【文献】

Behrens, K. Y., Hesse. E., & Main. M. (2007) Mothers' attachment status as determined by the Adult Attachment Interview predicts their 6-year-olds' reunion responses: A study conducted in Japan. *Developmental Psychology*, **43**, 1553-1567.

Crowell, J. A. & Treboux, D. (1995) A review of adult attachment measures: Implications for theory and research. *Social Development*, **4**, 294-327.

Diamond, D., Clarkin, J. F., Stovall-McClough, K. C., Levy, K. N., Foelsch, P. A., Levine, H., & Yeomans, F. E. (2003) Patient therapist attachment: Impact on the therapeutic process and outcome. In M. Cortina & M. Marrone. (Eds.), *Attachment theory and psychoanalytic process*. London: Whurr Publishers. pp.127-178.

Dozier, M. & Bates, B. C. (2004) Attachment state of mind and the treatment relationship. In L. Atkinson & S. Goldberg (Eds), *Attachment issues in psychopathology and intervention*. London: Lawrence Erlbaum. pp.167-180.

遠藤利彦（2006）語りにおける自己と他者，そして時間――アダルト・アタッチメント・インタビューから逆照射して見る心理学における語りの特質　心理学評論，**49**，470-491.

Fonagy, P., Leigh, T., Steele, M., Steele, H., Kennedy, R., Mattoo, G., Target, M., & Gerber, A. (1996) The relation of attachment status, psychiatric classification and response to psychotherapy. *Journal of Consulting and Clinical Psychology*, **64**, 22-31.

George, C., Kaplan. N., & Main, M. (1984/1985/1996) Adult Attachment Interview. Unpublished manuscript. University of California at Berkley.

Hesse, E. (1999) The Adult Attachment Interview. Historical and current perspectives. In J. Cassidy & P. R. Shaver (Eds.), *Handbook of attachment: Theory, research and clinical applications*. New York: Guilford. pp.395-433.

Hesse, E. (2008) The Adult Attachment Interview Protocol, method of analysis, and empirical studies. In J. Cassidy & P. R. Shaver (Eds.), *Handbook of attachment: Theory, research and clinical applications*. 2nd ed. New York: Guilford. pp.552-598.

Hesse, E. (2016) The Adult Attachment Interview Protocol, method of analysis, and selected empirical studies: 1985-2015. In J. Cassidy & P. R. Shaver (Eds.), *Handbook of attachment: Theory, research and clinical applications*. 3rd ed. New York: Guilford.

pp.553-597.

数井みゆき（2012）アダルト・アタッチメント・インタビュー　小林隆児・遠藤利彦編「甘え」とアタッチメント理論と臨床実践　遠見書房　pp.219-226.

数井みゆき・遠藤利彦・田中亜希子・坂上裕子・菅沼真樹（2000）日本人母子における愛着の世代間伝達　教育心理学研究, **48**, 323-332.

Levy, K. N., Meehan, K. B., Kelly, K. M., Reynoso, J. S., Weber, M., Clarkin, J. F., & Kernberg, O. F. (2006) Change in attachment pattern and reflective function in randomized control trial of transference-focused psychotherapy for borderline personality disorder. *Journal of Consulting and Clinical Psychology*, **74**, 1027-1040.

Main, M., Hesse, E., & Kaplan, N. (2005) Predictability of attachment behavior and representational processes at 1, 6 and 19 years of age: The Berkley longitudinial study. In K. E. Grossmann, K. Grossmann & E. Waters (Eds.), *Attachment from infancy to adulthood: The Major Longitudinal Studies*. New York: Guilford. pp.245-304.

Main, M., Kaplan, N., & Cassidy, J. (1985) Security in infancy, childhood, and adulthood: A move to the level of representation. In I. Bretherton & E. Waters (Eds.), Growing points in attachment theory and research. *Monographs of the Society for Research in Child Development*, **50**, 66-104.

Pearson, J. L., Cohn, D. A., Cowan, P. A., & Cowan, C. P. (1994) Earned-and continuous-security in adult attachment: Relation to depressive symptomatology and parenting style. *Development and Psychopathology*, **6**, 359-373.

Roisman, G. I., Fortuna, K., & Holland, A. (2006) An experimental manipulation of retrospectively defined earned and continuous attachment security. *Child Development*, **77**, 59-71.

Roisman, G. I., Haltigan, J. D., Haydon, K. C., & Booth-LaForce, C. (2014) Earned-security in retrospect: Depressive symptoms, family stress, and maternal and paternal sensitivity from early childhood to mid-adolescence. In C. Booth-LaForce & G. I. Roisman (Eds.), The Adult Attachment Interview: Psychometrics, stability and change from infancy, and developmental origins. *Monograghs of the Society for Research in Child Development*, **79**, 85-107.

Roisman, G. I., Padrón, E., Sroufe, L. A., & Egeland, B. (2002) Earned- secure attachment status in retrospect and prospect. *Child Development*, **73**, 1204-1219.

Saunders, R., Jacobitz, D., Zaccagnino. M., Beverung.L.M., & Hazen.N. (2011) Pathways to earned-security: The role of alternative support figures. *Attachment & Human Development*, **13**, 403-420.

Steele, H. & Steele, M. (2008) Ten clinical uses of the Adult Attachment Interview. In H. Steele & M. Steele (Eds.), *Clinical applications of the Adult Attachment Interview*. New York: Guilford. pp.3-30.

第6章

質問紙法

● 中尾達馬 ●

　本章では，はじめに成人期と児童期におけるアタッチメント尺度開発の経緯を概観し，信頼性と妥当性が確認され，かつ，多くの研究者が共通して用いる尺度（基準となる尺度）を紹介する。次に，「臨床への応用および利用上の注意点」とともに，「日本語で利用可能なアタッチメント尺度一覧」を提示する。

1. 成人期

1）3分類モデル

　二つの成人アタッチメント研究の流れ（53頁）のうち，質問紙法を用いるのは，社会人格系の流れである。この流れにおいて成人アタッチメントの個人差を概念化・測定する試みは，Hazan と Shaver (1987) を契機として急速に展開してきた（Crowell et al., 2016）。Hazan らは，恋愛をアタッチメントを形成するプロセスであると見なし，乳児のアタッチメント分類に対応した安定型（Secure），アンビヴァレント型（Anxious/ambivalent），回避型（Avoidant）が成人においても存在するという，アタッチメントスタイル（アタッチメントの個人差）の3分類モデルを提案した。そして，彼女たちは，乳児のアタッチメントパターン（Ainsworth et al., 1978）に対応する三つのタイプについての文章を作成し，それを調査対象者に読ませ，そのなかから自身に最も当てはまる一つを強制的に選択させることで，個人の持つアタッ

チメントスタイルを同定する尺度を開発した。

2）4分類モデル

　その後，Bartholomew と Horowitz（1991）は，3分類モデルを概念的に洗練した4分類モデルを提案した。彼女たちが開発した RQ（Relationship Questionnaire）では，①アタッチメント対象（他者）は自分の支援や保護の求めに対して，概して応じてくれる人物かどうか，②自分はアタッチメント対象から援助を受けやすい人物かどうか，という Bowlby（1973）の内的作業モデルの想定に基づいた他者観と自己観（他者と自己についての内的作業モデル）の2次元が設定されている。

　アタッチメントスタイルは，自己観・他者観がそれぞれポジティブ（P）かネガティブ（N）かにより，安定型（Secure：PP），拒絶型（Dismissing：PN），とらわれ型（Preoccupied：NP），恐れ型（Fearful：NN）の四つに分類される。なお，3分類モデルの安定型とアンビヴァレント型は，4分類モデルの安定型ととらわれ型にそれぞれ対応し，3分類モデルの回避型は，4分類モデルでは拒絶型と恐れ型に分かれると想定されている。

　1990年代半ば頃には，4分類モデルのほうが成人アタッチメントの個人差をとらえるのに適している，という合意が得られ始めていた（Crowell et al., 2016）。しかし，タイプは次元に比べて情報量が損失するため（高群と低群に分けると，真ん中の情報を損失してしまう），測定精度を高めるためには，次元を用いて分析を行ったほうがよいのではないか，という見方もあった。そこで Fraley ら（Fraley & Waller, 1998; Fraley et al., 2015）は，分類分析（Taxometric analyses）を用いて，「タイプ vs. 次元」論争（成人アタッチメントの個人差は質的に異なるタイプとして分布しているのか，連続変量的な次元として分布しているのか）を検討した。その結果，タイプを支持する結果は得られず，成人アタッチメントの個人差は，次元として分布しているととらえたほうがより適切であることが示唆された。

3）2次元モデル

ただし，1990年代には，高次のレベルでは 2 次元に集約されるという合意

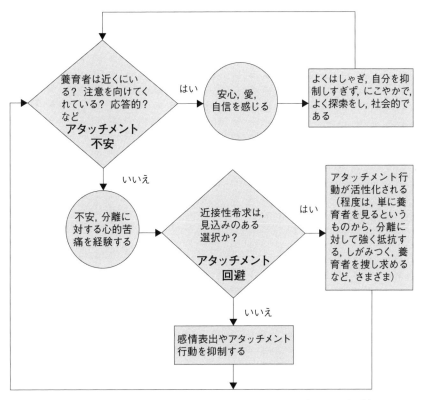

図6-1　アタッチメント行動システムにおける基本的ダイナミズム[*1]

(Fraley & Shaver, 2000)

---

*1　図 6-1 の設定目標は「養育者との物理的・表象的近接性の確立・維持」である。
この設定目標を達成する過程には，①養育者から拒絶されるあるいは見捨てられると
いうことを示す手がかりに対して行われる，アタッチメント対象の利用可能性に対す
る「評価」という分岐点，②近接するか−回避するかという「行動選択」の分岐点が
存在する。分岐図形には，「分岐の条件」が記載されているが，ECR 上では，実際に
は，アタッチメント不安やアタッチメント回避の質問項目というかたちで尋ねられる。

は得られつつあるものの，一方では，成人アタッチメントの個人差をできる
だけ包括的にとらえようとして，2・3・4・5・7次元と，次元数の異な
る尺度が複数開発されていた（Crowell et al., 2016）。そのため，研究を行う際
にどの尺度を用いればよいのか，何次元が最も適切なのか，という課題が残
されていた。

　そこで Brennan ら（1998）は，14の成人アタッチメントスタイル尺度から
60の下位尺度（323項目）を抽出し，これを大学生1,086名に対して実施し
た。そして，60の下位尺度得点に対して因子分析を行った結果，「不安」
（Anxiety）と「回避」（Avoidance）という2因子（2次元）構造が最適であ
ることを見出し，項目−全体得点間の相関係数に基づき，「親密な対人関係体
験尺度」（ECR：Experiences in Close Relationships inventory）を開発した。

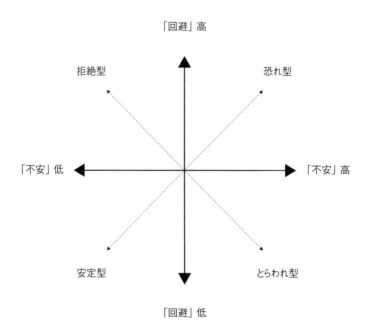

図6-2　社会人格系の成人アタッチメント研究における，成人アタッチ
　　　　メントの個人差をとらえるための2次元モデル

（Fraley & Shaver, 2000）

「不安」は，「アタッチメント不安」（attachment anxiety）とも呼ばれ，「アタッチメント対象に見捨てられるかもしれないという不安」を意味する。また，「回避」は，「アタッチメント回避」（attachment avoidance）とも呼ばれ，「頼ったり頼られたりする親しい関係を回避すること」を意味する。

　ECR の「不安」「回避」は，逆転させると，4分類モデルの自己観・他者観にそれぞれ対応すると想定されているが（Brennan et al., 1998），どちらの名称がより適切なのだろうか。Fraley と Shaver（2000）は，以下の理由から，「不安」「回避」という名称がより適切であると考えた。すなわち，多くの成人アタッチメントスタイル尺度では，自己や他者に対する認知よりは，親密な対人関係における動機・思考・感情に関する項目のほうが多く含まれていた。そのため，内的作業モデルではなく，アタッチメント行動システムという考え方に基づくならば，図6-1のように，「不安」「回避」はアタッチメント行動システムが活性化された際の，心的過程の一部であると考えられる。図6-2には，彼らの2次元モデルを示したので，四つのタイプとそれを構成する2次元の対応関係を確認されたい。

4）ECR 系質問紙（成人）

　現在では，ECR およびその改訂版である ECR-R（ECR-Revised）（Fraley et al., 2000）が，基準となる尺度だと考えられている（Crowell et al., 2016[2]）。ECR も ECR-R も計36項目からなる尺度であるが，その後，ECR については12項目短縮版（ECR-S：ECR Scale-Short Form〈Wei et al., 2007〉；ECR-12〈Lafontaine et al., 2016〉）が，ECR-R についてもアタッチメント表象の階層的

＊2　生涯にわたる連続性や世代間伝達を検討する場合には，測定精度は高いほうが望ましい。しかし，ECR は，因子分析や項目−全体相関という古典的テスト理論に基づく分析を用いて作成されていたため，この点に限界があった。そこで，Fraley ら（2000）は測定精度をさらに高めるべく，項目反応理論を用いて ECR-R を作成した。そのため，測定精度や心理測定的属性という点では ECR-R のほうが若干優れているが，質問項目の言葉遣いという点では ECR のほうを好む研究者もいる（Mikulincer & Shaver, 2016）。実際には，ECR と ECR-R の相関は約.95であるため，どちらの尺度を用いたとしても基本的には同じ結果が得られる。

組織化（Collins & Read, 1994）の考え方に基づき，複数のアタッチメント対象へ適用可能な9項目からなる ECR-RS（Experience in Close Relationships-Relationship Structure）（Fraley et al., 2011）が開発された（詳細は，Mikulincer & Shaver, 2016を参照）。

2. 児童期

　成人期と同様に児童期においても，自己報告式尺度を用いてアタッチメントの個人差を測定する試みは，数多く行われてきた。たとえば，Rubin ら（2004）は，アタッチメントの安定性の代替測定（proxy measures）として，ソーシャル・サポート尺度を用いた。また，RQ の児童版（Roelofs et al., 2006）や「親・ピア質問紙」（IPPA：Inventory of Parent and Peer Attachment）（Armsden & Greenberg, 1987）の児童版（Gullone & Robinson 2005）も開発された。

　しかし，①アタッチメントの定義を狭義に行っていること[*3]，②複数項目から構成されていること，③妥当性の検討が児童から得られた他の自己報告式尺度以外の指標との間で確認されていること，④他のアタッチメント測度との関連性が検討されていること，⑤多くの研究で使用されていること，といった点を考慮すると（Kerns & Seibert, in press），基準となる尺度候補は以下の三つになる。

＊3　アタッチメントを「愛情のきずな」（affectional bond）のように広義に定義すると，親子関係やピア関係に関連した他の構成概念や行動システムと，概念的に重複してしまう（たとえば，親和／提携関係〈affiliation〉，サポート・シーキング）。そのため，構成概念の独自性や特徴が失われないように，アタッチメント研究者の多くが，アタッチメントを「守ってくれるという信頼感」（Confidence in protection）（Goldberg et al., 1999）などと狭義に定義する。ちなみに，アタッチメントを愛情のきずなと解釈することは，子どもと親の接触・近接状態に対する一種の「比喩」（Sroufe & Waters, 1977）であり，そのような比喩を使い続けるとアタッチメントの本質を見失う危険性がある（遠藤，2005）。

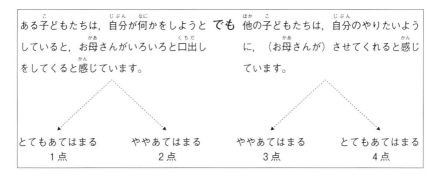

ある子どもたちは，自分が何かをしようと **でも** 他の子どもたちは，自分のやりたいよう
していると，お母さんがいろいろと口出し に，（お母さんが）させてくれると感じ
をしてくると感じています。 ています。

とてもあてはまる	ややあてはまる	ややあてはまる	とてもあてはまる
1点	2点	3点	4点

図6-3　日本語版 SS の質問項目例（項目2）およびその得点算出方法

（中尾・村上，2016）

1）セキュリティ・スケール

　一つ目の尺度は，「セキュリティ・スケール」（SS：Security Scale）（Kerns, et al., 2001）である。SS は，「アタッチメントの安定性」（Security）という1因子を測定するための尺度（15項目，4件法）である。調査対象児は，設問を左から右へと読み，はじめに，対になる二つの記述から自分に似ている選択肢を選び，次に，それが「とてもあてはまる」か「ややあてはまるか」を回答する（図6-3）。このように，どちらのパターンもありうるという前提で選択される形式をとることにより，社会的望ましさの影響を低減させようとしている。

2）コーピング方略質問紙

　二つ目の尺度は，「コーピング方略質問紙」（CSQ：Coping Strategies Questionnaire）（Finnegan et al., 1996）である。CSQ は，「とらわれ型コーピング」（Preoccupied coping）と「回避型コーピング」（Avoidant coping）という2因子を測定するための尺度（それぞれ18項目）であり，形式は SS と同じである（図6-4）。CSQ は，子どもが日常的に遭遇するちょっとしたストレス場面やチャレンジ場面を提示し，それらの場面において，子どもが養育者を介しながらどのような対処・対応をするのか（養育者との関係性にと

ある日，あなたは，友だちと映画を見に行きました。

映画を見たあと，あなたは，おうちの人がむかえに来てくれるのを待っています。

おうちの人はなかなか来てくれません。

- -

ある子どもたちは，おうちの人が ⟨でも⟩ 他の子どもたちは，落ちつかずそわそわし，

来るまで落ちついて待っていました。 おうちの人のことを心配していました。

|とてもあてはまる|ややあてはまる|ややあてはまる|とてもあてはまる|

| 0点 | 0点 | 1点 | 2点 |

図6-4　日本語版 CSQ の項目例（とらわれ型コーピング）およびその得点算出方法*⁴
（中尾・村上，2013）

らわれながら対処をするのか，養育者を回避しながら対処するのか）という
コーピング・スタイルを測定している。そのため，CSQ は SS とは異なり，
アタッチメントの安定性−不安定性を直接的に測定していないが，不安定型
の二つのタイプの特徴を反映した指標であると考えられている。

3）ECR 系質問紙（児童）

　三つ目の尺度は，「児童版 ECR-R（ECR-RC：ECR-R Child version）」
（Brenning et al., 2011）である。Brenning ら（2011）は児童期と青年期における
アタッチメントの個人差を測定するにあたり，SS では「不安」と「回避」
の2次元（図6-2）を測定できず，CSQ は質問内容が小学校高学年に限定
されすぎているため，中学生への適応が難しいと考えた。そこで彼女たち
は，児童期から青年期にかけての縦断研究で使用可能な ECR-RC（36項目，
7件法）を作成した。ちなみに，その後，12項目短縮版（12 item version
ECR-RC）（Brenning et al., 2014）の開発や，9項目からなる ECR-RS（Fraley et

＊4　CSQ は，調査対象児に4件法で評定を求めるが，実際には3件法で得点化を行う。

al., 2011）を児童へと適用する試み（Alfredsson et al., 2013）が行われた。

　では，SS，CSQ，ECR-RC のうち，どの尺度が基準となる尺度なのだろうか。Bosmans と Kerns（2015）は，児童期におけるアタッチメントの個人差を理解する鍵概念は，安心の基地であると考えた。そして彼らは，安心の基地概念を最も直接的に測定し，最もよく使用され，最も妥当性が確認されている自己報告式尺度は SS であり，SS 以降に開発された尺度は，SS 得点との相関係数の値が $rs > .60$である，と述べている。したがって，基準となる尺度は，SS であると考えられる。

3. 臨床への応用および利用上の注意点

1）臨床への応用

　表6-1，表6-2に，日本語で利用可能なアタッチメント尺度一覧を整理した。アタッチメントの個人差は，ストレンジ・シチュエーション法のようにマイルドなストレス状況下で明確になるため，アタッチメント尺度も，調査対象者にマイルドなストレスを与える可能性がないとはいえない。ここでいうマイルドなストレスとは，たとえるなら「検査などで病院を訪れたときに，待合室で自分の名前が呼ばれるのを待っている」ときの状態や感覚に似ている（Weinfield et al., 2008）ため，通常であれば，倫理的に問題はない。

　しかし，倫理審査や調査依頼先によっては，基準となる尺度では実施の許可が下りずに，他の尺度へと変更をせざるを得ない場合がある。著者が今までに見聞きしたものとしては，たとえば，ナーバスになっている初産婦に，「私は一人ぼっちになってしまうのではないかと心配する」（ECR の項目14）といった項目を36項目も尋ねてよいのか，ECR や ECR-R は内容的に類似した項目が多すぎるので，結果的に回答者が混乱するのではないか，SS や CSQ はアンケートの形式が複雑であるし，家族関係に問題を生じさせると思われる箇所が多々あるのではないか，などである。研究によっては，他の尺度へと変更せざるを得ない場合があると考えられるため，表6-1，表6-2には，数多くの尺度を記載している。

表6-1　日本語で利用可能なアタッチメント尺度一覧（標準的要素）

対象	尺度名	著者・翻訳者	項目数	因子名・下位尺度名，［備考］
小学生	児童用アタッチメント機能尺度	村上・櫻井（2014）	12	近接性の維持，安全な避難所，分離苦悩，安心の基地
大学生以上	アタッチメント機能尺度	山口（2009）	15	安全な避難所，安心の基地，近接性の維持
	WHO-TO-R	Fraley & Davis（1997），中尾（2012）	6	近接性希求，安全な避難所，安心の基地，アタッチメント移行度

表6-2　日本語で利用可能なアタッチメント尺度一覧（個別的要素）*⁵

対象	尺度名	著者・翻訳者	項目数	因子名・下位尺度名，［備考］
乳幼児	アタッチメントの安定性尺度	Howes & Smith（1995），安治（1996）	26	アタッチメントの安定性，［他者評価用，徳山ら（2009）で使用］
	アタッチメントの問題	数井・遠藤（2005）	23	情緒的撤退・内閉，親に対する警戒・過剰応諾，無差別友好態度，危険行動，養育者回避行動，［他者評価用，徳山ら（2009）で使用］
小学生	SS	Kerns et al.（2001），中尾・村上（2016）	15	アタッチメントの安定性
	短縮版 CSQ	Perry（2011 personal communication 2011年2月），中尾・村上（2013）	20	とらわれ型コーピング，回避型コーピング，［CSQ（Finnegan et al., 1996）から Perry（2011 personal communication 2011年2月）が20項目を抜粋］
	児童版 ECR-RS	Fraley et al.（2011），中尾ら（2016）	9	不安，回避，［中学生・高校生・大学生にも適用可能］
	「母親に対する愛着」測定尺度	本多（2002）	15	回避性，両価性

＊5　児童期におけるアタッチメント尺度の適用年齢は，主に小学4～6年生（9～12歳）であり，最大限年齢幅を拡張したとしても，下限は8歳，上限は14歳）である（児童版 ECR-RS は除く）。

対象	尺度名	著者・翻訳者	項目数	因子名・下位尺度名，［備考］
中学生	中学生用IWM尺度	粕屋・河村（2006）	17	安定，不安／アンビヴァレント，回避
大学生以上	成人版愛着スタイル尺度	Hazan & Shaver (1987)，詫摩・戸田 (1988)	3	安定型，アンビヴァレント型，回避型
	内的作業モデル尺度	戸田（1988）	18	安定型，アンビバレント型，回避型
	RQ	Bartholomew & Horowitz (1991)，加藤（1999）	5	安定型，拒絶型，とらわれ型，恐れ型，自己観得点，他者観得点
	RSQ	Griffin & Bartholomew (1994)，中尾・加藤（2003）	30	不安，回避
	ECR	Brennan et al. (1998)，中尾・加藤 (2004a)	36	不安，回避，［一般他者版（中尾・加藤，2004b），短縮20項目版（金政〈2007〉で使用），親への愛着尺度（丹羽，2005）］
	ECR-R	Fraley et al. (2000)，金政（2006）	36	不安，回避，［最も親密な同性の友人30項目版（島，2010）］
	ECR-RS	Fraley et al. (2011)，古村ら（2016）	9	不安，回避，［様々な対人関係に適用可能］
	IPA	Armsden, & Greenberg (1987)，藤井（1994）	28	コミュニケーション，疎遠 (Alienation)，信頼，［IPPAのピア用25項目については，日本語版なし］

　臨床への応用としては，見立てと効果測定の二つの方向性が考えられる。見立てとしては，児童版 ECR-RS や児童用アタッチメント機能尺度の項目一つひとつについて，スタッフが対象児について評価を行い，現状を見立てていくという方法などが考えられる。効果測定としては，介入の前後に尺度を実施するだけでなく，「何がその子どものアタッチメントの安定性を育んだのか」（先行因の探索），あるいは「その子どもはアタッチメントが安定し

たことで，どんな良い効果があったのか」（帰結の探索）などが考えられる。

2）利用上の注意点

　利用上の注意点は，「研究目的や使用目的を明確化し，それに合わせて尺度を選ぶ」ということである。たとえば，アタッチメント尺度は，アタッチメント表象の階層的組織化モデル（Collins & Read, 1994）における一般他者レベル，関係性全般レベル，特定関係レベルの，いずれかを測定するよう企図されている。そのため，たとえば，現在の恋人との関係性を測定対象とするのか，過去の恋人との関係も含めた恋愛関係全般を測定対象とするのかでは，使用する尺度が異なってくる（前者では ECR-RS，後者では ECR や ECR-R を用いたほうがよい）。

　さらに，児童期のアタッチメント尺度と混同されがちなソーシャル・サポート尺度についても，たとえば，「関係性ネットワーク質問紙――行動システムバージョン」（NRI-BSV : Network of Relationships Inventory-Behavioral Systems）（Furman & Buhrmester, 2009）は，アタッチメントの視点から子ども−教師関係を査定する際には有用な尺度となる。すなわち，子ども−教師関係は必ずしもアタッチメント関係ではないため，児童用アタッチメント尺度については実施すること自体の適切性が問われるが，NRI-BSV を用いれば，その関係がアタッチメント関係であろうとなかろうと，教師が対象児にとって安心の基地や安全な避難所の役割を担っているかどうかの測定が可能である（Verschueren, 2015）。

3）よくある質問

　よくある質問としては，「教示文や項目の文言の修正は可能かどうか」「アタッチメント対象を変更して調査を実施してよいのか」「2 次元から 4 分類が可能かどうか」というものがある。教示文や項目の文言の修正については，その尺度を開発した著者あるいは翻訳者のアタッチメントについての考え方が反映されているので，基本的には変更を推奨できない。しかし，これは絶対的なものではなく，微修正程度であれば行ってもかまわないし，ニュ

アンスが変わるほどの修正を行う場合には，そのことを論文や報告書に明記すればよい。

　アタッチメント対象の変更については，そこにアタッチメント関係が成立していれば，特定関係レベル，関係性全般レベルを考慮したうえで変更可能である。しかし，アタッチメント関係が成立しているかどうかが不明な場合には，アタッチメント機能尺度や NRI-BSV を用いたほうがよい。

　「2次元から4分類を行うことが可能かどうか」については，研究上は推奨できないが，絶対に行ってはいけないというわけではない。たとえば，見立てや研究目的のうえでどうしても必要であれば，ECR 系の質問紙は図6-2に基づき，「不安」「回避」の平均値を基準として，この得点からの高低を組み合わせて調査対象者を4分類してもかまわない。SS の場合は，15項目の単純合計得点45点をカット・オフ・ポイントとして，45点より得点が高い場合には安定型，45点以下の場合は不安定型とする場合もある（Granot & Mayseless, 2001）。

４. おわりに

　最後に，質問紙法によるアタッチメント測定の限界点は，無秩序型アタッチメントの査定ができないこと，成人アタッチメント面接（AAI：Adult Attachment Interview）との関連性は予想以上に低い，ということである。たとえば，Roisman ら（2007）は，AAI と成人アタッチメントスタイル尺度の両方を含んだ九つの研究（N ＝961）に対して，メタ分析を実施した。両者の関連性についての効果量 r は，.20で「小さい」，.30で「中程度」，.50で「大きい」が目安であるが（Cohen, 1992），アタッチメントの安定性という1次元については r ＝.09，「不安」「回避」が AAI のアタッチメント軽視型およびとらわれ型の次元と関連するかどうかについては，それぞれ r ＝.06，r ＝.15であった。そして，AAI の未解決型かどうかは，「不安」とは r ＝.07，アタッチメントの安定性とは r ＝-.13，であったが，「回避」とは r ＝.00であった。したがって，どちらの測度を用いた研究結果を信用するのかと

いうよりは，それぞれの測度はアタッチメントにおけるどのような要素・側面を測定しているのか，という視点が重要となり，研究目的に合わせて測度を選ぶことになる（Bosmans & Kerns, 2015）。質問紙法を用いる場合には，自己報告式尺度が測定しているものは，基本的にアタッチメントに関連する「本人の信念」（belief）であるため（Crowell et al., 2016），そのような信念を持つことが他の変数にどのような影響を与えるのか，という視点がデータをとらえるうえで重要となる。

【文献】

Ainsworth, M. D. S., Blehar, M. C., Waters, E., & Wall, S. (1978) *Patterns of attachment: A psychological study of the strange situation*. Hillsdale: Erlbaum.

Alfredsson, E., Broberg, A. G., & Wirehag, L. (2013) ECR-RC9: A valid self-report measure of attachment among 10 to 17-year-olds. Poster presented at the 6th International Attachment Conference, Pavia, Italy.

Armsden, G. C. & Greenberg, M. T. (1987) The Inventory of Parent and Peer Attachment: Individual differences and their relationship to psychological wellbeing in adolescence. *Journal of Youth and Adolescence*, **16**, 427-454.

安治陽子 (1996) 幼児期における愛着の組織化と社会的適応——漸成的組織化は可能か　東京大学教育学研究科修士論文（未公刊）

Bartholomew, K. & Horowitz, L. M. (1991) Attachment styles among young adults: A test of a four-category model. *Journal of Personality and Social Psychology*, **61**, 226-244.

Bosmans, G. & Kerns K. (2015) Attachment in middle childhood: Progress and prospects. In G. Bosmans & K. A. Kerns (Eds.), Attachment in middle childhood: Theoretical advances and new directions in an emerging field. *New Directions for Child and Adolescent Development*, **148**, 1-14.

Bowlby, J. (1973) *Attachment and loss. vol 2. Separation*. New York: Basic Books.

Brennan, K. A., Clark, C. L., & Shaver, P. R. (1998) Self-report measurement of adult attachment: An integrative overview. In J. A. Simpson & W. S. Rholes (Eds.), *Attachment theory and close relationships*. New York: Guilford Press. pp. 46-76.

Brenning, K., Petegem, S. V., Vanhalst, J., & Soenens, B. (2014) The psychometric qualities of a short version of the Experiences in Close Relationships Scale: Revised Child version. *Personality and Individual Differences*, **68**, 118-123.

Brenning, K., Soenens, B., Braet, C., Bosmans, G. (2011) An adaptation of the Experiences in Close Relationships Scale-Revised for use with children and adolescents. *Journal of Social and Personal Relationships*, **28** (8), 1048-1072.

Cohen, J. (1992) A power primer. *Psychological Bulletin*, **112**, 155-159.

Collins, N. L. & Read, S. J.（1994）Cognitive representations of attachment: The structure and function of working models. In K. Bartholomew & D. Parlman（Eds.）, *Advance in personal relationship, 5. Attachment process in adulthood*. London: Jessica Kingsley. pp. 53-90.

Crowell, J. A., Fraley, R. C., & Roisman, G. I.（2016）Measurement of individual differences in adult attachment. In J. Cassidy & P. R. Shaver（Eds.）, *Hanbook of attachment: Theory, research, and clinical applications*. 3rd ed. New York: Guilford Press. pp. 598-635.

遠藤利彦（2005）アタッチメント理論の基本的枠組み　数井みゆき・遠藤利彦編著　アタッチメント――生涯にわたる絆　ミネルヴァ書房　pp.1-31.

Finnegan, R. A., Hodges, E. V. E., & Perry, D. G.（1996）Preoccupied and avoidant coping during middle childhood. *Child Development*, **67**, 1318-1328.

Fraley, R. C. & Davis, K. E.（1997）Attachment formation and transfer in young adult's close friendships and romantic relationships. *Personal Relationships*, **4**, 131-144.

Fraley, R. C., Heffernan, M. E., Vicary, A. M., & Brumbaugh, C. C.（2011）The Experiences in Close Relationships-Relationship Structures Questionnaire: A method for assessing attachment orientations across relationships. *Psychological Assessment*, **23**（3）, 615-625.

Fraley, R. C, Hudson, N. W., Heffernan, M. E., & Segal, N.（2015）Are adult attachment styles categorical or dimensional?: A taxometric analysis of general and relationship-specific attachment orientations. *Journal of Personality and Social Psychology*, **109**, 354-368.

Fraley, R. C. & Shaver, P. R.（2000）Adult romantic attachment: Theoretical developments, emerging controversies, and unanswered questions. *Review of General Psychology*, **4**, 132-154.

Fraley, R. C. & Waller, N. G.（1998）Adult attachment patterns: A test of the typological model. In J. A. Simpson & W. S. Rholes（Eds.）, *Attachment theory and close relationships*. New York: Guilford Press. pp. 77-114.

Fraley, R. C., Waller, N. G., & Brennan, K. A.（2000）An item-response theory analysis of self-report measures of adult attachment. *Journal of Personality and Social Psychology*, **78**, 350-365.

藤井まな（1994）Parental bond に関する基礎的研究――育児ストレスとの関連性　教育学科研究年報, **20**, 89-103.

Furman, W. & Buhrmester, D.（2009）The Network of Relationships Inventory: Behavioral Systems Version. *International Journal of Behavior Development*, **33**, 470-478.

Granot, D. & Mayseless, O.（2001）Attachment security and adjustment to school in middle childhood. *International Journal of Behavioral Development*, **25**, 530-541.

Goldberg, S., Grusec, J. E., & Jenkins, J. M.（1999）Confidence in protection: Arguments for narrow definition of attachment. *Journal of Family Psychology*, **13**, 475-483.

Griffin, D. W. & Bartholomew, K. (1994) The metaphysics of measurement: The case of adult attachment. In K. Bartholomew & D. Parlman (Eds.), *Advance in personal relationship, 5. Attachment process in adulthood*. London: Jessica Kingsley Publishers. pp. 17-52.

Gullone, E. & Robinson, K. (2005) The Inventory of Parent and Peer Attachment-Revised (IPPA-R) for children: A psychometric investigation. *Clinical Psychology and Psychotherapy*, **12**, 67-79.

Hazan, C. & Shaver, P. (1987) Romantic love conceptualized as an attachment process. *Journal of Personality and Social Psychology*, **52**, 511-524.

本多潤子 (2002) 児童の「母親に対する愛着」測定尺度の作成　カウンセリング研究, **35**, 246-255.

Howes, C. & Smith, E. (1995) Children and their child care caregivers: Profiles of relationships. *Social Development*, **4**, 44-61.

金政祐司 (2006) 恋愛関係の排他性に及ぼす青年期の愛着スタイルの影響について　社会心理学研究, **22**, 139-154.

金政祐司 (2007) 青年・成人期の愛着スタイルの世代間伝達――愛着は繰り返されるのか　心理学研究, **78**, 398-406.

粕屋貴志・河村茂雄 (2006) 中学生の内的作業モデル把握の試み――尺度の信頼性・妥当性の検討　カウンセリング研究, **38**, 53-60.

加藤和生 (1999) Bartholomew らの4分類成人愛着尺度 (RQ) の日本語版の作成　認知・体験過程研究, **7**, 41-50.

数井みゆき・遠藤利彦 (2005) アタッチメント (愛着) 障害と測定尺度の作成　数井みゆき・森田展彰・中島聡美・松村多美恵・後藤宗理・佐藤みよ子・遠藤利彦　心的外相経験が行動と情動に与える影響について――乳児院群と家庭群の比較　平成14年～平成16年度科学研究費補助金・基盤研究 (C) (1) 研究成果報告書 (課題番号：14510120) pp.13-35.

Kerns, K. A., Aspelmeier, J. E., Gentzler, A. L., & Grabill, C. M. (2001) Parent-child attachment and monitoring in middle childhood. *Journal of Family Psychology*, **15**, 69-81.

Kerns, K. A. & Brumariu L. E. (2016) Attachment in middle childhood. In J. Cassidy & P. R. Shaver (Eds.), *Handbook of attachment: Theory, research, and clinical applications*. 3rd ed. New York: Guilford Press. pp.349-365.

Kerns, K. A. & Seibert, A. C. (in press) Finding your way through the thicket: Promising approaches to assessing attachment in middle childhood. In E. Waters, B. Vaughn & H. Waters, (Eds.), *Measuring attachment*. New York: Guilford Press.

古村健太郎・村上達也・戸田弘二 (2016) アダルト・アタッチメント・スタイル尺度 (ECR-RS) 日本語版の妥当性評価　心理学研究, **87**, 303-313.

Lafontaine, M. -F., Brassard, A., Lussier, Y., Valois, P., Shaver, P. R., & Johnson, S. M. (2016) Selecting the best items for a short-form of the Experiences in Close Relationships Questionnaire. *European Journal of Psychological Assessment*, **32**, 140-154.

Mikulincer, M. & Shaver, P. R.（2016）*Attachment in adulthood: Structure, dynamics, and change*. 2nd ed. New York: Guilford Press.

村上達也・櫻井茂男（2014）児童期中・後期におけるアタッチメント・ネットワークを構成する成員の検討——児童用アタッチメント機能尺度を作成して　教育心理学研究，**62**，24-37.

中尾達馬（2012）成人のアタッチメント——愛着スタイルと行動パターン　ナカニシヤ出版

中尾達馬・加藤和生（2003）成人愛着スタイル尺度間にはどのような関連があるのだろうか？——4カテゴリー（強制選択式，多項目式）と3カテゴリー（多項目式）との対応性　九州大学心理学研究，**4**，55-65.

中尾達馬・加藤和生（2004a）成人愛着スタイル尺度（ECR）の日本語版作成の試み　心理学研究，**75**，154-159.

中尾達馬・加藤和生（2004b）"一般他者"を想定した愛着スタイル尺度の信頼性と妥当性の検討　九州大学心理学研究，**5**，19-27.

中尾達馬・数井みゆき・村上達也（2016）簡易版児童用アタッチメント尺度（ECR-RC9）の作成（1）——因子構造および内的整合性の確認　日本教育心理学会第58回総会発表論文集，311.

中尾達馬・村上達也（2013）短縮版コーピング方略質問紙の日本語版作成　琉球大学教育学部心理学教室（未公刊）

中尾達馬・村上達也（2016）児童期中期におけるアタッチメントの安定性を測定する試み——カーンズ・セキュリティ・スケール（KSS）の日本語版作成　発達心理学研究，**27**，72-82.

丹羽智美（2005）青年期における親への愛着と環境移行期における適応過程　パーソナリティ研究，**13**，156-169.

Roelofs, J., Meesters, C., ter Huurne, M., Bamelis, L., & Muris, P.（2006）On the links between attachment style, parental rearing behaviors, and internalizing and externalizing problems in non-clinical children. *Journal of Child and Family Studies*, 15, 331-344.

Roisman, G. I., Holland, A., Fortuna, K., Fraley, R. C., Clausell, E., & Clarke, A.（2007）The Adult Attachment Interview and self-reports of attachment style: An empirical rapprochement. *Journal of Personality and Social Psychology*, 92, 678-697.

Rubin, K. H., Dwyer, K. M., Booth-LaForce, C., Kim, A. H., Burgess, K. B., & Rose-Krasnor, L.（2004）Attachment, friendship, and psychosocial functioning in early adolescence. *Journal of Early Adolescence*, 24, 326-356.

島　義弘（2010）愛着の内的作業モデルが対人情報処理に及ぼす影響——語彙判断課題による検討　パーソナリティ研究，**18**，75-84.

Sroufe, L. A. & Waters, E.（1977）Attachment as an organizational construct. *Child Development*, 48, 1184-1199.

詫摩武俊・戸田弘二（1988）愛着理論からみた青年の対人態度——成人版愛着スタイル尺度作成の試み　東京都立大学人文学報，**196**，1-16.

戸田弘二（1988）青年後期における基本的対人態度と愛着スタイル——作業仮説（work-ing models）からの検討　日本心理学会第52大会発表論文集，27.

徳山美知代・森田展彰・菊池春樹・丹羽健太郎・三鈷泰代・数井みゆき（2009）児童養護施設の被虐待児とケアワーカーのアタッチメントに焦点を当てたプログラムの有効性の検討　子どもの虐待とネグレクト，**11**，230-244.

Verschueren, K. (2015) Middle childhood teacher-child relationships: Insights from an attachment perspective and remaining challenges. In G. Bosmans & K. A. Kerns (Eds.), Attachment in middle childhood: Theoretical advances and new directions in an emerging field. *New Directions for Child and Adolescent Development*, **148**, 77-91.

Wei, M., Russell, D. W., Mallinckrodt, B., & Vogel, D. L. (2007) The Experiences in Close Relationship Scale (ECR)-Short Form: Reliability, validity, and factor structure. *Journal of Personality Assessment*, **88**, 187-204.

Weinfield, N. S., Sroufe L. A., Egeland, B., & Carlson, E. (2008) Individual differences in infant-caregiver attachment: Conceptual and empirical aspects of security. In J. Cassidy & P. R. Shaver (Eds.), *Handbook of attachment: Theory, research, and clinical applications*. 2 nd ed. New York: Guilford Press. pp. 78-101.

山口正寛（2009）愛着機能尺度（Attachment-Function Scale）作成の試み　パーソナリティ研究，**17**，157-167.

コラム 2

養育者の敏感性についてのアセスメント

◆ 福田佳織 ◆

　子どものアタッチメント形成に大きく関与する要因として，Ainsworth らは養育者の敏感性を挙げている（Ainsworth et al., 1974, 1978; Ainsworth & Johns, 1969）。敏感性とは，乳児のシグナルに対する親の，①迅速な気づき，②正確な解釈，③適切な応答，④迅速な応答という 4 側面からなるスキルである（Ainsworth et al., 1974）。現在でも敏感性測定に多用される sensitivity- insensitivity to the baby's signals and communications 尺度（Ainsworth et al., 1974）（以下「Ainsworth の敏感性尺度」）は，乳児のシグナルに対する養育者の上記①〜④の 4 側面に着目し，9（highly sensitive）〜 1（highly insensitive）の 9 段階で，養育者の敏感性を評定する。そして，敏感性が高いほど，「子どもに対して接近可能であり，コミュニケーション，シグナル，望み，気分が微細であっても気づく。また，子どもの知覚を正確に解釈し，機敏に対処できる」ことを意味する。

　これまで，養育者の敏感性の測定には長時間観察を要し，上記の尺度も，もとは12時間にわたる母子の日常場面の観察で用いられた。このように，養育者の敏感性測定において長時間観察の励行がある一方，近年ではこうした観察が難しくなっている。なぜなら，長時間労働が常態化している父親はもとより，核家族化のために家事や子育てを一手に引き受けている母親（専業主婦家庭に限らず，共働き家庭も）も，時間に余裕のない状況に陥っているためである。特に，初産婦の半数以上が育児経験をほとんど持っておらず（原田，2008），子育てに不慣れなため，必要以上に子育てに時間を要してしまっている母親が少なくない。加えて，現代のプライバシー保護を重視する流れからも，他者（調査者）が親子の日常生活に長時間入り込むことは困難を極める。こうした背景から，養育者の敏感性測定はできる限り短時間で行う必要がある。近年では，30分以下という短時間での観察調査も見られる（たとえば，Ahnert et al., 2000; Bohlin & Hagekull, 2000）が，単に時間を短縮するのでは，敏感性測定の正確性を欠く場合もある。

　では，短時間であっても，養育者が本来持つ敏感性を的確にとらえるには，どうすればよいのだろうか。Smith と Pederson（1988）によれば，養育者にとって

葛藤的な状況を観察場面に用いることで，敏感性はより正確に測定されるという。つまり，葛藤的場面に置かれてもなお発揮しうる敏感性の高さを測定することが，その養育者が本来持っている敏感性を測定していることになるのだろう。

　日常生活のなかで養育者が葛藤しやすい子育て場面の一つとして挙げられるのは，食事場面（離乳食場面）である。離乳期の子どもを育てる養育者の悩みの上位には，食事に関する事柄が挙がる。特に，先述のように育児経験の少ない養育者は，「幼い子どもには常に十分な食事を与えなければならない」という危機感を抱く。しかも，単に食べればよいわけではなく，子どもの発育上，「栄養バランスの取れた摂食を」と考えやすい。また，食事の作り手であれば，「せっかく作ったのだから，おいしそうに食べてほしい」と願う。さらに，「早く食べてくれないと家事が終わらない（食べ終わったら○○をしよう）」と考える養育者も少なくない。一方で，離乳期の子どもは容易に食べ物の選り好みをしたり，食べムラがあったり，食事以外のことに興味を示したりと，食事が満足に進まないことが常である。こうして，養育者の「バランスよく，たくさん，早く，おいしく食べてほしい」という熱い思いと，子どもの「（これは／今は）食べたくない」という強い欲求間の葛藤が生じる。養育者のなかには，「食べてもらいたい」と願いつつも「子どもの要求にも応じたい」という思いや，「無理に食べさせたら子どもの心が傷つくのではないか」という不安（子どもの心理的側面の配慮）との葛藤が生じる者もいる。

　では，こうしたさまざまな葛藤が渦巻く離乳食場面で，より的確に養育者の敏感性を測定するポイントはどこだろうか。それは，養育者が一方的に自分の欲求を押し付けることなく，子どもの欲求と折り合いをつけながら子どもに対応できているかという点である。たとえば，子どもがテーブルから身を逸らす頻度が増えたとき，養育者がその子どもの様子の変化に気づき，それを食事に飽きたシグナルと解釈し，子どもの不快さが増大しないうちに即座に，食事を一時中断（食事以外の事柄に注意を向けさせるなど）させた後，再び食事に戻るという行動をとれば，敏感性が高いことになる。反対に，子どものこうしたシグナルを養育者が見逃し（あるいは気づいていても），自分の欲求を押し通して，子どもの口に次々に食べ物を入れたり，子どもの食事のちょっとした中断を一切許さずに「ほら，ごはんだよ」とすぐに子どもの注意を食事に向けさせたりするような行動が目立てば，敏感性が低いことになる。

　さらに，上記のような比較的わかりやすい子どもの動作に対してのみならず，

微細な視線や表情の変化にも養育者が気づいて対応できているかを観察することも，敏感性測定には重要である。たとえば，子どもの視線が今食べている物とは異なる食べ物に向いているとき，養育者はその視線の変化に気づき，今の食べ物が飽きたのだと解釈し，「これが気になるの？」と声をかけたり，「こっちを食べてみる？」と，子どもが興味を示している食べ物を口に入れてあげられれば，それは敏感性の高い行動といえる。反対に，子どもの視線の変化に気づかなかったり，気づいているけれどもそれには触れずに，常に養育者主導で子どもに与える食べ物を決めていれば，それは敏感性の低い行動といえる。ちなみに，離乳食場面は葛藤場面というだけでなく，物理的に養育者が子どもの視線や表情を読み取れる位置（養育者と子どもはたいてい対面，90度，横並びのいずれかの位置取り）にあるため，養育者本来の敏感性を発揮しうる（子どもの顔が死角に入り，見えないことによって，本来の敏感性が発揮できないことを回避できる）場面ともいえる。

　実際，著者は離乳期（生後6，7カ月齢）の子どもを持つ124家庭を訪問し，離乳食場面（母親が食事終了と判断するまで。平均13分程度）で，母親の敏感性（上記の Ainsworth の敏感性尺度を使用）の評定を行い（福田，2004a，2004b），そのおよそ1年後，上記の家庭のうち対象児が第1子であった66家庭を再度訪問し，子どものアタッチメント安定性をアタッチメント Q ソート法（Waters & Deane, 1985）で測定した（福田・宮下，2006）。その結果，母親の敏感性とアタッチメント安定性とは有意傾向の相関（$r = .22$（$p < .10$））が示された。つまり，短時間の観察にもかかわらず，葛藤が生じやすく，子どもの視線や表情が見やすい離乳食場面では，母親の敏感性は子どものアタッチメント安定性とある程度の関連を示した（福田，2016）といえる（ちなみに，15分間の自由遊び場面で測定された母親の敏感性と，1年後のアタッチメント安定性には，有意な相関は見られなかった）。

　もちろん，両者に有意傾向の相関が見られたからといって，離乳食場面での母親の敏感性が正確に測定できているとは断言できない。しかしながら，アタッチメントの時間的連続性を検討するさまざまな縦断研究において，養育者の敏感性は，子どものアタッチメントを正にも負にも予測する主要な要因の一つとなっている（たとえば，Beijersbergen et al., 2012; NICHD Early Child Care Research Network, 2001, 2004, 2008; Sroufe et al., 2005）ことから，本研究で測定した母親の敏感性はある程度正確に測定できているといえるのではないだろうか。

　このように，葛藤状態の渦中で，自身の欲求と子どもの欲求の折り合いをつけ
ながら，子どもの動作や視線，表情の変化を適切に読み取り，機敏に対応でき
る，そのような養育者は敏感性が高いといえる。

【文献】

Ahnert, L., Meischner, T., & Schmidt, A.（2000）Maternal sensitivity and attachment
in East German and Russian family networks. In P. M. Crittenden & A. H. Claussen
（Eds.）, *The organization of attachment relationships*. New York: Cambridge University
Press. pp.61-74.

Ainsworth, M. D. S., Bell, S. M., & Stayton, D. F.（1974）Infant-mother attachment
and social development: 'Socialization' as a product of reciprocal responsiveness to
signals. In M. P. M. Richards（Ed.）, *The integration of a child into a social world*.
Cambridge: Cambridge University Press. pp.99-135.

Ainsworth, M. D. S., Blehar, M. S., Waters, E., & Wall, S.（1978）*Patterns of attach-
ment: A psychological study of the strange situation*. Oxford: Lawrence Erlbaum.

Ainsworth, M. D. S. & Johns, H. U.（1969）Object relations, dependency, and attach-
ment: A theoretical review of the infant-mother relationship. *Child Development*, **40**,
969-1025.

Beijersbergen, M., Juffer F., Bakermans-Kranenburg M., van IJzendoorn M.（2012）Re-
maining or becoming secure: Parental sensitive support predicts attachment continuity
from infancy to adolescence in a longitudinal adoption study. *Developmental Psychology*,
48, 1277-1282.

Bohlin, G. & Hagekull, B.（2000）. Behavior problems in Swedish four-year-olds: The
importance of maternal sensitivity and social context. In P. M. Crittenden & A. H.
Claussen（Eds.）, *The organization of attachment relationships: Maturation, culture, and
context*. New York: Cambridge University Press. pp.75-96.

福田佳織（2004a）母親の被養育経験と乳児への敏感性との関連　家族心理学研究，**18**
（2），85-98.

福田佳織（2004b）母親の乳児に対する敏感性と夫婦関係，ソーシャルサポート，乳児
の気質との関連　学校教育学研究論集，**9**，1-13.

福田佳織（2016）母親の敏感性測定における場面設定の検討――食事場面・遊び場面に
おける母親の敏感性と1年後の子どものアタッチメント安定性の関連から　日本発達
心理学会第27回大会，565.

福田佳織・宮下一博（2006）子どものアタッチメント安定性と夫婦関係との関連――父
子接触時間の長い家庭と短い家庭での相違　千葉大学紀要，**54**，7-13.

原田正文（2008）子育ての過去・現在・未来　そだちの科学，**10**，33-37.

NICHD Early Child Care Research Network（2001）Child-care and family predictors of preschool attachment and stability from infancy. *Developmental Psychology*, **37**, 847-862.

NICHD Early Child Care Research Network（2004）Father's and mother's parenting behavior and beliefs as predictors of child social adjustment in the transition to school. *Journal of Family Psychology*, **18**, 628-638.

NICHD Early Child Care Research Network（2008）Mathers' and fathers' support for child autonomy and early school achievement. *Developmental Psychology*, **44**, 895-907.

Smith, P. B. & Pederson, D. R.（1988）Maternal sensitivity and patterns of infant-mother attachment. *Child Development*, **59**, 1097-1101.

Sroufe, L. A., Egeland, B., Carlson, W. A., & Collins, W. A.（2005）. *The development of the person: The Minnesota Study of Risk and Adaptation from birth to adulthood*. New York: Guilford Press.

Waters, E. & Deane, K.（1985）Defining and assessing individual differences in attachment relationships: Q-methodology and the organization of behavior in infancy and early childhood. In I. Bretherton & E. Waters（Eds.）, Growing points of attachment theory and research. *Monographs of the Society for Research in Child Development*, **50**, 41-65.

◆ 安藤智子 ◆

コラム 3

子どものネガティブ感情への対応を測定する尺度

　養育者が子どものネガティブな感情に敏感に対応することは，安定したアタッチメント形成の鍵である（Hoffman et al., 2006）。養育者に，どのような否定的な感情にも思いやりを持って寄り添ってもらうことで，子どもの身体的な覚醒が落ち着き，出来事の起きた文脈や状況に目を向け，どういうわけでそうなったのか，意味を考えることができる。そして，感情を否認することなく感じて，必要な慰めを求めることができ，さらに，他者の感情を推測したり自分の感情を調整することができるようになる（Cassidy, 1994）。

　子どものネガティブ感情への養育者の対応を測定する尺度として，Coping with Children's Negative Emotions Scale（CCNES）を紹介する。就学前から小学校低学年の子どものネガティブ感情が喚起される12の想定場面について，支持的な対応（感情表出を促す対応，問題に焦点化した対応，感情に焦点化した対応），非支持的な対応（罰する対応，最小化対応，苦痛反応）を，それぞれどの程度行うと思うかを，7件法で問う自記式質問紙である（Fabes et al., 1990）。後に想定場面をトドラー向け[*1]に改変し，下位尺度に「子どもの要求を通す対応」を追加した，Coping with Toddler's Negative Emotion Scale（CTNES）（Spinrad et al., 2004）も開発された。

　これらの尺度の特徴は，一般的な養育態度を問うのではなく，子どものネガティブ感情へどう応えるかを尋ねる点であり，養育とアタッチメント形成との関連を論じるのに，適している（表を参照）。

1．CCNES・CTNES における子どものネガティブ感情への支持的な対応

　支持的な対応と想定されている下位尺度は，【感情表出を促す対応】【問題に焦点化した対応（以下，問題焦点対応）】【感情に焦点化した対応（以下，感情焦点

＊1　よちよち歩きの時期，すなわち1歳半〜2，3歳頃を指す。

表　CCNES/CTNES 項目例

もし，子どもが友だちと一緒にする活動で失敗して，恥ずかしくて泣きそうになったら，私は：	下位尺度名
子どもに，恥ずかしい気持ちを私に話すよう励ます。	感情表出を促す対応
慰めて，子どもの気分が良くなるようにする。	感情に焦点化する対応
「次はうまくできるように，一緒に練習をしよう」と伝える。	問題に焦点化する対応
子どもに「しっかりしないともう家に帰るよ」と言う。	罰する対応
子どもに「気にしすぎだ」と言う。	最小化対応
自分が落ち着かなくなったり，恥ずかしく感じる。	苦痛反応
もし，子どもが菓子を欲しいのに，私が許可しないので怒りだしたら，私は：	下位尺度名
子どもに「怒った気持ちになるよね」と言う。	感情表出を促す対応
子どもと他のおもちゃやゲームで遊んで，気をまぎらわす。	感情に焦点化する対応
ご飯の前に食べてもよいものを，子どもと一緒に考える。	問題に焦点化する対応
子どもに「そんなに怒っているなら明日もお菓子をあげないよ」と言う。	罰する対応
子どもに「不機嫌になるのはおかしい」と言う。	最小化対応
子どもの行動に怒りを感じる。	苦痛反応
子どもが欲しがっているお菓子を渡す。	要求を通す対応

対応)】である。子どもの否定的な【感情表出を促す対応】は，養育者が子どもの否定的な感情に気づき，その言語化を促すもので，「恥ずかしい気持ちを私に話すように励ます」「悲しいときは泣いていいんだよ」などの項目からなる。子どもの行動から否定的な感情に気づき，それを感じることを認め，表現を促す対応である。【問題焦点対応】は，養育者が子どもの苦痛や，苦痛を起こす問題の解決について，具体的な方策を考える手助けをする対応で，おもちゃを壊したときに「子どもがどうしたらオモチャを直せるかを考える手助けをする」などの項目からなる。【感情焦点対応】は，養育者が子どもの感情調整を手伝う程度を尋ねるもので，病気で友だちの誕生会に行けず怒っている子どもに，「慰めて気分が良くなるような楽しいことをする」など，慰めたり気を紛らわせる対応が含まれる。これらは，ストレスの種類と対処の理論（Lazarus & Folkman, 1991）における，問題焦点型コーピングと感情焦点型コーピングの考え方を反映しており，どちらのコーピングも子どもの社会情緒的な能力を育てるとされている（Eisenberg et al., 1991）。

2．CCNES・CTNES における子どものネガティブ感情への非支持的な対応

　非支持的と想定されている対応の下位尺度は【罰する対応】【最小化対応】【苦痛反応】である。【罰する対応】は，「泣くなら行かないよ」のように，子どもの否定的な感情に言葉的・身体的罰を与える対応である。【最小化対応】は，養育者が子どもの感情を，「大したことではない」「気にしすぎだ」と価値のないものとする対応である。【苦痛反応】は，子どもの感情に養育者が動揺し，「イライラする」「恥ずかしく感じる」など，苦痛に感じる反応である。CTNES に追加された下位尺度の【要求を通す対応】は，病気のため外に出られない子どもが怒っているので「外で遊ばせる」のように，子どもを守るべき親が，子どもの感情によりルールを曲げる対応である。これらの非支持的な対応は，養育者が子どものネガティブ感情と向き合うことを避ける対応であると推測される。つまり，子どもの感情に養育者自身が苦痛を感じると，自分自身の不快な感情への対応のために，子どもの感情へ注目したり状況を把握して解決することが難しくなっていると考えられる（Fabes et al., 2001）。

3．CCNES・CTNES と子どもの社会的能力

　CCNES を用いた研究では，母親の【問題焦点対応】は，子どもの友人関係や社会的スキル，問題への建設的なコーピングに関係した一方，母親の【最小化対応】は，その子どもの社会的スキルと負の相関，回避的なコーピングと正の関連が報告されている。また，【感情表出を促す対応】は，実験場面での乳児の泣き声に母親が対応した量や質と関連し，共感的態度との関連が認められた（Eisenberg et al., 1996）。幼児期からの 6 年間の縦断的な検討では，幼児期における母親の【罰する対応】【苦痛反応】が，10〜12歳の問題行動を予測した。特に【罰する対応】は子どもの外在化行動に関連し，そのことがまた罰する対応につながる双方向の影響関係が示された（Eisenberg et al., 1999）。日本でも，CTNES の一部を用いて， 2 歳児の母親151名を対象とした小西（2016）の研究がある。養育者のアタッチメントスタイル（中尾・加藤，2004）の，見捨てられ不安得点から【罰する対応】【最小化対応】【苦痛反応】への正の影響が，さらに【最小化対応】から子どもの依存分離の問題へ正の，友人との協調性へ負の影響関係が見出された。米国での調査と同様に，【最小化対応】と子どもの感情や行動の調整や，社会的能力の関連が認められたことに加えて，母親自身のアタッチメントスタイル

から，子どものネガティブ感情への非支持的な対応への影響が示唆された。

4．ネガティブ感情への対応の変容

　子どものネガティブ感情への非支持的な対応の背景には，親のアタッチメントに関連する体験があると推測される。つまり，親の成長過程でネガティブ感情を表出すると，養育者が困ったり，怒ったり，混乱するような経験から，ネガティブ感情を感じたときに感情調整してもらうのを避けるようになったと推測される。そして，自分の子どものネガティブ感情も価値のない恥ずかしいものと考え，非支持的な対応をとるようになったのだろう。そして，ネガティブ感情を抑え込んだ子どもは，感情や社会的な問題が生じやすくなるという世代間のつながりが想定される。

　このような連鎖を止めるためには，養育者が心理的な支援を得て，どんな感情も感じてよいと実感できる経験を通して自らのアタッチメント欲求に気づき，自分の被養育経験と現在の子どもへの感情や行動の関連を考える経験が助けになる。

5．CCNES・CTNES の利用可能性

　アタッチメント理論に基づいた養育者への支援プログラムは，日本でも Circle of Security（Cooper et al., 2000）が実践されており，介入を通して子どものアタッチメント欲求に対する親の気づきや応答性，子どもの率直なアタッチメント行動の高まりが認められたと報告されている（北川，2012；北川・岩本，2015）。北川は，ストレンジ・シチュエーション法，成人アタッチメント面接（AAI）などを用いて，その変容を検討しているが，これらは実施や評価に訓練が必要で，多くの親子関係に関わる専門家には敷居が高い。そこで，養育者の対応の変化を測定するために，CTNES や CCNES を用いることができる。Cassidy ら（2017）は，Circle of Security-Parenting（Cooper et al., 2009）の介入研究でプログラム参加後には CTNES の非支持的な対応が減少したことを報告している。

【文献】

Cassidy, J.（1994）Emotion regulation: Influences of attachment relationships. *Monographs of the society for research in child development*, **59**, 2/3. In N. Fox（Ed.）, *The development of emotion regulation: Biological and behavioral considerations*. pp.228-249.

Cassidy, J., Brett, B., GROSS, T. J., STERN, A. J., Martin, R. D., Mohr, J. J., & Woodhouse, S. S.（2017）Circle of Security-Parenting: A randomized controlled trial in Head Start. *Development and Psychpathology*, **29**(2), 651-673.

Cooper, G., Hoffman, K. T., & Powell, B. (2000) The circle of security parenting program. Unpublished manuscript. Spokane: Marycliff Institute,

Cooper, G., Hoffman, K., & Powell, B. (2009) Circle of Security Parenting: A relationship based parenting program. Facilitator DVD Manual 5. 0. Spokane, WA: Circle of Security International.

Eisenberg, N., Fabes, R. A., & Murphy, B. C. (1996) Parents' reactions to children's negative emotions: Relations to children's social competence and comforting behavior. *Child Development*, **67**, 2227-2247. doi:10. 2307/1131620.

Eisenberg, N., Fabes, R. A., Schaller, M., Carlo, G., & Miller, P. A. (1991) The relations of parental characteristics and practices to children's vicarious emotional responding. *Child Development*, **62**, 1393-1408.

Eisenberg, N., Fabes, R., Shepard, S., Guthrie, I., Murphy, B., & Reiser, M. (1999) Parental reactions to children's negative emotions: Longitudinal relations to quality of children's social functioning. *Child Development*, **70**, 513-534.

Fabes, R. A., Eisenberg, N., & Bernzweig, J. (1990) The Coping with Children's Negative Emotions Scale (CCNES): Description and scoring. Tempe: Arizona State University (unpublished manuscript).

Fabes, R. A., Leonard, S. A., Kupanoff, K., & Martin, C.L. (2001) Parental coping with children's negative emotions: Relations with children's emotional and social responding. *Child Development*, **72** (3), 907-920.

Hoffman, T. K., Marvin S. R., Cooper, G., & Powell., B. (2006) Changing toddlers' and preschoolers' attachment classifications: The circle of security intervention. *Journal of Consulting and Clinical Psychology*, **74** (6), 1017-1026.

北川恵 (2012) 親子の関係性に焦点づけた評価と援助を提供するプログラム――The Circle of Security プログラムの特徴と実践　子どもの虐待とネグレクト，**14**，153-161.

北川恵・岩本沙耶佳 (2015) アタッチメントに焦点づけた親子関係支援の実践と親子の変化――親子の行動観察と親の語りに基づいた考察　心の危機と臨床の知，**16**，93-104.

小西優里絵 (2016) 親のアタッチメントスタイルと養育行動が子どもの行動特性に与える影響　保育学研究，**54**，181-192.

Lazarus, R. S. & Folkman, S. (1991) *Stress and coping*. New York: Columbia University Press.

中尾達馬・加藤和生 (2004) "一般他者"を想定した愛着スタイル尺度の信頼性と妥当性の検討　九州大学心理学研究，**5**，19-27.

Spinrad, T., Eisenberg, N., Kupfer, A., Gaertner, B., & Michalik, N. (2004). The coping with negative emotions scale. Paper presented at the International Conference for Infant Studies. Chicago. May.

臨床実践における
アタッチメントの
理解（評価）と支援

第7章

アタッチメントに基づく親子関係の理解と支援
―COSプログラムと「安心感の輪」子育て
プログラムにおけるアセスメントと実践

● 北川 恵 ●

1. はじめに

　発達心理学の実証研究を通して，乳幼児期の健全なアタッチメントが人格
発達やメンタルヘルスに長期的で重要な影響を及ぼすこと，また，養育者が
子どもの欲求に適切に応答する敏感な養育行動や，子どもの視点に立って気
持ちや欲求に思いをはせる内省機能が，子どもの健全なアタッチメント形成
に重要であることが示されてきた。この研究知見を臨床に応用し，発達早期
のアタッチメント改善を目標として，養育者の応答性や内省機能を高める介
入が必要と考えられるようになり，アタッチメントの研究知見に基づいた親
子関係支援プログラム[*1]が欧米で開発され，介入効果が検証されてきた。

　近年刊行された *Handbook of Attachment* 第3版において，Berlin ら（2016）
は，発達早期のアタッチメント改善のための介入として，CPP（Child-Parent
Psychotherapy），ABC（Attachment and Behavioral Catch-up），VIPP（the
Video-Feedback Intervention to Promote Positive Parenting Program）や，
COS プログラム（the Circle of Security Program）といった複数のプログラ

[*1]　子どもにとってのアタッチメント対象は，継続的に世話をしてくれる大人である。
　　たとえば保育者なども含まれるため，養育者という表現が使われることが多い。本章
　　で「親」と表現している場合も，養育者を指している。

ムを紹介すると同時に，今やこれらのプログラムが，大学などの研究機関で厳密に実施されてエビデンスが蓄積される段階から，地域の支援者によってコミュニティレベルで実践される段階になってきたと述べている。たとえば，COS プログラムについては，児童保護サービスを受ける家庭（ニューメキシコ州）や，養親（ノルウェイ）に提供されているだけでなく，3 歳未満の子どもをもつ家庭の80％への提供を目指す取り組み（ネブラスカ州のある地域）もあるそうだ。また，COS プログラムを地域の支援者が習得・実施しやすいものとするために，COS-P プログラム（the Circle of Security Parenting Program）が開発され，2015年時点で 9 カ国語に翻訳されており，6,000人のファシリテーターがいるとのことである（Berlin et al., 2016）。

　筆者は，2007年に COS プログラム実施資格取得のための研修を受け，2009年から開発者の 1 人（Bert Powell）のスーパービジョンを受けながら，本プログラムを地域の親子に実施してきた。日本の親子にとっても有効なプログラムであり，日本の多くの支援者に紹介したいと考えていたころ，COS-P プログラムが開発されたことを知った。そこで，現場での実施がしやすい COS-P プログラムについても学び，開発者との相談を重ねながら，その日本語版として「安心感の輪」子育てプログラムを作成した（北川ら，2013）。2013年から毎年，「安心感の輪」子育てプログラム実施のための研修を日本で行い，2017年 9 月時点で，ファシリテーター有資格者が400人を超えている。本書でも，自閉症をもつ子どもと養育者（第 9 章）や，社会的養護のケアワーカー（コラム 4 ）に，本プログラムを実践した詳細が報告されている。

　本章ではまず，COS プログラムや COS-P プログラムの概要を簡単に紹介する（これらのプログラムの詳細は，Powell ら〈2014〉，北川〈2012, 2015〉を参照）。次に，本書の目的である「アタッチメントに基づく評価と支援」という観点に立ちながら，まずプログラムの効果研究について，次に COS プログラムにおける介入前アセスメントについて述べる。最後に，支援者がアタッチメントを自己体験的に理解していることが，親子の理解と支援を深めることについて述べる。

2. COS プログラムと「安心感の輪」子育てプログラムの概要

1）COS プログラム

　COS プログラムは，親が子どものアタッチメント欲求をとらえられるようになること（内省機能の向上），そして，適切に応答できること（敏感性の向上）を目指した介入である。

　子どもの欲求をとらえるために，アタッチメントについての心理教育を行いながら，参加親子のビデオを視聴する。内省が難しい親には大きく二つのパターンがあり，「子どもは何も思っていない」「そういう性格だから」ととらえて，その時々の子どもの気持ちに思いをはせないパターンと，「私を困らせようとして泣く」「泣き顔は私をにらみつけている」などと，子どもの意図を歪んで受けとめるパターンがある。そうした場合，COS プログラムで行う構造化されたビデオ振り返りが有効である。

　まず，心理教育として図7-1の「安心感の輪」が共有される。この図には【アタッチメント】と【探索】がわかりやすく示されている。左に描かれた両手が養育者である。【探索】は，養育者を【安心の基地】としながら，子どもが輪の「上半分」にいる状態と比喩的に説明される。【アタッチメント】は，輪の「下半分」にいる子どもが，【安全な避難所】である養育者のもとに戻ろうとする状態である。この図を共有したうえで，ビデオを視聴して行動を観察する。次に，そうした行動をとっている子どもが，輪の上半分と下半分のどちらにいるかを考える。そのうえで，子どもの欲求を推測する。たとえば，子どもは泣いていたとする。行動は観察可能であり，親と支援者が共にビデオを見て，「子どもは泣いている」という状態を共有できる。泣いている子どもが「下半分」にいるということは理解しやすい。すると，「慰めてほしい」「守ってほしい」といった，子どものアタッチメント欲求を推測しやすくなる。

　子どもの欲求がわかるようになったとしても，子どもが膝にくるのが耐えられない，思わず拒絶してしまうなど，これまでの対応を繰り返してしまう

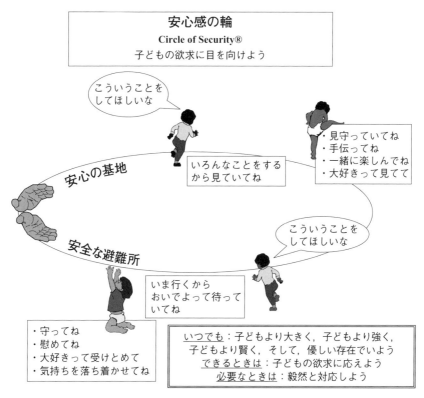

図7-1　安心感の輪〈Web page: Circleofsecurity.org © 2000 Cooper, Hoffman, Marvin & Powell〈北川・安藤・岩本訳，2013〉〉

親も多い。子どもからの特定の欲求が親の不安を活性化するためであり，親自身の感情が調整される必要がある。たとえば，親自身が育ちのなかで，アタッチメント欲求を養育者に満たしてもらえず，「（本当はつらい状況でも）たいしたことない，大丈夫」と強がりながら対処してきたとする。すると，子どもが泣いて親に慰めを求めてくると，親自身の調整されていないつらい気持ちや，自身が拒絶されたときの傷つきなど，さまざまに名前のつかない感情が高まり，思わず「たいしたことない」と拒絶してしまうのかもしれない。こうした状況は心理教育だけでは乗り越えることが難しく，親の感情を

調整することが必要となる。支援者が親の「安心の基地」となり，思わずいつもの行動をとりたくなるときの親の感情に関心を向け，話題にし，寄り添うことが助けになる。

　その際にも，COS プログラムの心理教育と比喩的表現が役に立つ。どのような養育者でも，子どもが向けてくる欲求のうち，冷静に対応しやすい欲求と，ついつい感情的になってしまう欲求があるということを一般化して伝える。次に，美しい海岸の映像を穏やかな BGM で視聴した場合に比べて，映画『ジョーズ』のテーマソング（シャーク・ミュージック）が BGM として挿入された状態で視聴すると，同じ映像であるのに落ち着かない感情が高まることを体験する。この感情体験を子どもとの関わりに当てはめて，子どもが特定の欲求を向けてくるときに親に高まる名づけようがない感情を，【シャーク・ミュージック】という比喩的表現で呼ぶ。感情に名前がつくことは，無自覚的に繰り返しているパターンから距離を置くための重要な一歩である。たとえば，「子どもが泣くと，私にはシャーク・ミュージックが鳴る。落ち着かない気持ちだけど，本当の恐怖ではないはず。子どもの欲求に応えてみよう」というように，いつもと違う関わり方が選択肢になる。子どもは，求めていた関わりが得られると，親に肯定的な手ごたえを返してくれることが多い。このことは，親子関係支援の強みである。

　COS プログラムでは，介入前アセスメント時に撮影した親子のビデオを，参加者ごとに2回振り返る（セッションごとに1名のビデオ振り返り）。その後，再度ビデオ撮影し，それを参加者ごとに1回振り返る（セッションごとに2名のビデオ振り返り）。心理教育のためのセッションもあり，標準的な6組グループの場合，20セッションとなる。毎週の頻度で，約半年間かけて取り組む介入である。

2）「安心感の輪」子育てプログラム（COS-P）

　介入前アセスメントに基づいて支援計画を立て，適切なビデオ振り返り場面を選定する COS プログラムは，習得と実施が簡単ではない。より簡便なプログラムが実践現場には必要であり，COS プログラム開発者は，心理教

育と親子の映像が収録されマニュアル化された DVD を作成し，その DVD を視聴しながら参加者と内省的な対話を行う COS-P プログラムを開発した（日本語版は，「安心感の輪」子育てプログラム）。全 8 回の内容で，前半は，「安心感の輪」についての心理教育と行動観察を中心とし，子どもの欲求への気づきを高める。後半は，【シャーク・ミュージック】の視点を導入し，親自身の課題に目を向ける。そして，【シャーク・ミュージック】が鳴っていると気づいたときには親が一息ついて感情を整えながら，課題を乗り越えることを励ましていく。

　介入前アセスメントは必須ではなく，DVD を再生できる環境であればどこでも実施可能である。全 8 回を毎週の頻度で行うと，約 2 カ月で実施可能である。また，より柔軟に，プログラムの一部だけを実施することも可能である。4 日間の研修を受けることで，実施資格を得ることができる。

3. 効果研究のためのアセスメント

　COS プログラムは，養育者の内省機能と敏感性を高めるための介入を行うことで，子どものアタッチメントの質の改善を目指すものである。そのため，最初の効果研究としては，子どものアタッチメント改善が検証された。

　子どものアタッチメントは，ストレンジ・シチュエーション法（SSP）によって評価された。COS プログラム開発者たちが，ハイリスクな乳幼児（平均月齢32カ月，SD =12.6。SSP は月齢に応じて乳児版もしくはプレスクール版が適用された）と養育者75組を対象に，20週間の COS プログラムを実施し，65組がプログラムを終了した。無秩序型アタッチメントと分類された子どもは，介入前の60％から介入後は25％に減っており，安定型アタッチメントと分類された子どもは，介入前の20％から介入後は54％に増えていた（Hoffman et al., 2006）。

　COS プログラムでは子どもはセッションには参加せず，養育者を対象として，子どもの欲求を理解できる内省機能を高め，それによって敏感性が高まることを介入の焦点としている。Huber ら（2015a）は，養育者の内省機能

の変化を検証した。90組の親子を対象に COS プログラムを実施し，プログラムを終了した83組の介入前後を比較した結果，子どものアタッチメント改善に加えて，養育者の内省機能の高まりも認められた。特に，介入前に内省機能が低かった養育者において，介入後の内省機能が顕著に向上していた。

　Huber ら（2015b）は同じ対象者において，親が評価した子どもの行動や感情の問題，および教師が評価した子どもの行動上の問題が，改善したことも報告している。養育者による子どもの欲求理解と応答性を高めるための COS プログラムによって，セッションには参加していない子どもの適応状態が改善したことは，子どもと養育者の関係性を支援することの重要性が裏づけられたといえる。

　一方で，介入効果としては，対象となりうる者を，特定の介入を受ける群（介入群）とそうでない群（対照群）にランダムに割り振ったうえで介入前後時期の比較をし，望ましい変化が対照群ではなく介入群のみにあることを見出す RCT（Randomized Control Trial）デザインによる検証が，強力なエビデンスとされている。倫理的配慮から，対照群は介入を受ける順番を待つ状態に設定し，後に介入を提供することが一般的である。しかしながら，COS プログラムのように約半年かかるプログラムにおいては，待ち時間が長くなるために対照群を設定しにくく，RCT デザインによる検証が不足していることが課題となっている。8 週間で実施可能な「安心感の輪」子育てプログラムは対照群を設定しやすいため，RCT デザインによる効果検証が今後進行する見通しである。最新の報告として，ハイリスクの幼児141名を対象とした COS-P プログラムの効果検証が Cassidy（2017）によってなされており，介入群は対照群より親による子どもの苦痛への「非支持的な対応」が少なかったこと，子どもの実行機能（抑制コントロール）が高かったことなどが認められている。

▌4.　COS プログラムの介入前アセスメント

　効果研究においては，SSP などの標準化された測定方法を，訓練を受け

た有資格者複数名によって評価するという厳密な手続きが必要になる。臨床目的のアセスメントにおいてはそこまでの厳密さを求める必要はないが，アタッチメントの原理をよく理解したうえで，対象者を理解することが支援に有効である。

　COS プログラムでは，介入前に，SSP と Circle of Security Interview（COSI）によるアセスメントが行われる。そこから，アタッチメントに関わる親子の課題と強みを特定し，強みを増やして課題を乗り超える治療計画が作成される。

　COS プログラム実施資格取得のためには，プログラムの背景理論やアセスメントについて学んだ後，SSP と COSI に基づいた治療計画作成の信頼性テストに合格し，スーパーバイズを受けながらのプログラムを最低 2 回は行うことが要件となっている。COS プログラムで行うアセスメントについて，事例も含めた詳細は，Powell ら（2008／数井ら訳，2011）や，Powell ら（2014）を参照してほしい。ここでは，概要と着眼点を，仮想事例とともに述べる。

　たとえば，子どもの分離不安が強い親子がいたとする。SSP 場面で，子どもが不安げに親にしがみつくと，親は「大丈夫だから遊んでおいで」と，子どもの背中をそっと押していたとする。子どもはアタッチメント欲求が高まっている状態（「安心感の輪」の下半分）なので慰めを求めているのだが，親はその欲求を十分満たす前に，探索（「安心感の輪」の上半分）をうながしている。子どもはアタッチメント欲求が満たされないので，自発的に探索に向かえない。親は子どもが自分から離れて遊べないので，ますます探索をうながす。そうした悪循環が，相互作用を観察することで見えてくる。

　アタッチメント欲求への応答が充分でないことが，この親子の「課題」であるのだが，「強み」を見出すことも支援のために重要である。この仮想事例の場合は，子どもが親にアタッチメント行動を向けることができていることが「強み」である。親も「大丈夫だから」と声をかけていることから，子どもの不安にある程度気づいていることも「強み」である。そうした視点を持ちながら録画された SSP 場面を見直すと，子どもの不安を親が慰めたことで，子どもが探索に向かえた瞬間を見出すことができる。

　たとえば，見知らぬ人が子どもに声をかけたとき，子どもが親の胸に顔を
うずめてから見知らぬ人のほうを見て，また顔をうずめたとする。親にして
みれば，自分にしがみついて離れないと思っているだろうが，子どもにとっ
ては小さな，しかし確かな「探索」を，親の胸を安心の基地として行った瞬
間である。子どもなりの探索ができていること，そのための安心の基地に親
がなっていること，アタッチメントをさらに満たすことが探索の促進につな
がることを，親と共有したいという目標が設定できる。

　「課題」の背景理解には，COSI が役立つ。COSI は三つのパートからな
る。一つ目は，SSP 実施中の子どもの気持ちの推測や，親自身の体験を尋
ねる質問項目からなり，それらへの回答を通して，自分や子どもの思いを内
省できる程度を評価する。二つ目は，Parent Development Interview のイン
タビュー項目からの抜粋であり，親が持つ子どもへのイメージを評価する。
三つ目は，成人アタッチメント面接（AAI）のインタビュー項目からの抜粋
であり，親自身のアタッチメント来歴を評価する。親自身の関係性の傷つき
や，そうしたなかで形成してきた防衛についても，仮説的に理解する。親に
とって，生育史上必要あって形成された防衛は，現在，子どものアタッチメ
ント欲求に気づいたり応えたりする妨げになっていることが多い。また，支
援者との関係においても，不安が高まったときには同様の防衛パターンをと
ることが予測できる。支援者は，親の防衛や，防衛を必要とする背景を共感
的に理解し，支援のプロセスで防衛的になったときこそ，親の不安に寄り添
うような関わりを行う。

　仮想事例の場合，たとえば親自身の背景として，自分の弱音を言えずに養
育者の期待に応え続けてきたとする。常に課題に向かって，それを達成する
ことで養育者に認められてきたとする。しがみついてくる子どもに探索をう
ながすという対処方法を，親自身の不安への防衛的対処として行っているの
かもしれない。さらに，セッションにおいて，「うまくいっていない」とい
うような親の不安が高まるほど，「できていること」ばかりを報告したくな
るかもしれない。実際にセッションで，親が「できていること」への注目が
強くなったときに，支援者はできていることを認めながらも，背後に高まっ

ていると考えられる不安にも関心を向けて寄り添うことが，親にとっては不安そのものを受けとめられる修正体験となる。COS プログラムで行うアセスメントは，親子関係の理解のためだけでなく，支援者との関係を予測し，支援者が適切に寄り添うことへの助けにもなっている。

5. 支援者自身のアタッチメントの自己体験的理解の有用性

「安心感の輪」子育てプログラムでは，介入前アセスメントは行わない。しかしながら，アタッチメントや防衛の視点を心理教育で伝えながら，DVD に収録された親子の映像を観察して子どもの欲求を推測したり，自身の子どもとのエピソードを語ったり，自身の課題を振り返ったりする内省的対話を通して，参加者自身がさまざまな気づきをしていく。たとえばグループで，ある養育者は子どもが自分から離れて探索に出ると心配しすぎてしまうと話すと，別の養育者は泣いてしがみつくほうがうんざりすると語るようなことを通して，自身の課題への気づきが高まる。支援者は，親の語りや，セッション外で観察した親子の様子をもとに，親子の特徴を仮説的に理解する。親子の新たなエピソードなどを聞くことで仮説的理解を強めたり，修正したりしながら，親の気づきを見守り，支える。

　支援では新たな気づきを得ることを目指すのだが，それは同時に，これまで気づいていなかったことへの罪悪感や後悔を招くことが多い。たとえば，これまで子どものかんしゃくを叱責していた親が，それは子どものアタッチメント行動であり，叱責よりも気持ちを落ち着かせる寄り添いを子どもは求めていたと気づくことは，前向きな変化である。しかしながら，同時に，これまでの不適切な関わりを後悔したり，あるいは，親自身が自分も不安なときに叱責されてきた生育史を思い出したりすることもある。「安心感の輪」子育てプログラムでは，「子どもに必要なのは"ほどよい"養育者です」「何事も遅すぎることはありません」（北川ら，2013）というメッセージを強調しており，支援者も，親の罪悪感や後悔に思いをはせて話題にする。そうした思いが受けとめられると，「それでも気づけてよかった」といった前向きさ

が示されることが多い。

　このような理解と支援を行うために，「安心感の輪」子育てプログラム実施資格のための 4 日間研修では，理論学習だけでなく，支援者が自らの親密な関係性を振り返り，それを小グループで対話したり，研修全体で分かち合ったりする。関係性について振り返る際に高まる感情，言葉にしたときの体験，関心を持って受けとめ合うことなどを，支援者自身が体験する。親支援を行う際には，その親が子どもにしてほしいと思うような関わりを支援者が親にすることが大切である。研修の場は支援者にとって，グループを支える関係性のモデルになっている。

　アタッチメントは普遍的なので，誰もが関係性を強く求めており，切実だからこそ満たされない際の傷つきを経験し，何らかの防衛を身につけてきている。支援者は，理論学習だけでなく，自分自身も当事者として自身の特徴や，それが支援関係に及ぼす影響についても気づきを高めるような研鑽が必要であろう。支援者自身もスーパーバイズなどで支えられる環境が大切である。

6. おわりに

　SSP や AAI など観察や面接による評価は，評価者の主観が関わるため，信頼性のある評価を行うための訓練が不可欠である。訓練の過程で多様なデータに数多く触れることで，アタッチメントやその個人差についての理解が深まる。また，自身が行った評価に熟練者からフィードバックをもらうことで，主観を自覚しながら標準化された基準を学ぶ。分類資格を得た後も，複数名での評価が必要になる。

　COS プログラムも同様で，介入前アセスメントから親子の「強み」と「課題」を見立てること，さらに，親が受けとめられる程度を考慮しながら適切なビデオ振り返り場面を選ぶこと，セッション中に親の感情が動き，支援者の感情も動くなかで内省的に寄り添うことなどに，訓練とスーパービジョンが役立つ。

　訓練を受けて身につく専門的理解が重要な一方で，より基盤的な理解として，親子に関わる多くの支援者がアタッチメントの視点を持てることも重要である。筆者は，さまざまな実践現場での事例検討に同席させてもらってきた。困難を抱えた子どもや親はそれぞれにアタッチメントが活性化されていて，支援者もそれに応えようとしながらも，迷ったり無力感に陥ったりすることが多い。子どものアタッチメント欲求に応える親は，自身の関わりによって子どもが満たされることが手応えになる。支援者にも同様の手応えが必要であるが，関係性に傷つきを抱えた親子は，アタッチメント欲求の表出に防衛的であったり，関係性への信頼感を回復するのに時間がかかったりすることが多いために，支援者は手応えを得にくいことが多い。それほどに親子の傷つきが大きいこと（課題），しかし同時に，親子が持っている力や支援者が迷いながらも続けている応答的な関わりの意義（強み）を強調することが，支援者の理解と励みにつながることを経験してきた。人は誰でも，困難なときほど頼れる人とのつながりを求め，安心感を求めているということを，アタッチメント理論は教えてくれている。

【文献】

Berlin, L. J., Zeanah, C. H., & Lieberman, A. F. (2016) Prevention and intervention programs to support early attachment security: A move to the level of the community. In J. Cassidy & P. R. Shaver (Eds.), *Handbook of attachment*. 3 rd ed. New York: Guilfor Press. pp.739-758.

Cassidy, J., Brett, B. E., Gross, J. T., Stern, J. A., Martin, D. R., Mohr, J. J., & Woodhouse, S. S. (2017) Circle of Security-Parenting: A randomized controlled trial in Head Start. *Development and Psychopathology*, **29**, 651-673.

Hoffman, K. T., Marvin, R., Cooper, G., & Powell, B. (2006) Changing toddler's and preschoolers' attachment classifications: The circle of security intervention. *Journal of Consulting and Clinical Psychology*, **74**, 1017-1026.

Huber, A. T., McMabon, C. A., & Sweller, N. (2015a) Efficacy of the 20 week Circle of Security intervention: Changes in caregiver reflective functioning, representations and child attachment in an Australian clinical sample. *Infant Mental Health Journal*, **36**, 556-574.

Huber, A. T., McMabon, C. A., & Sweller, N. (2015b) Improved child behavioural and emotional functioning after Circle of Security 20-week intervention. *Attachment and*

Human Development, **17**, 547-569.

北川恵（2012）養育者支援——サークル・オブ・セキュリティ・プログラムの実践 数井
みゆき編著 アタッチメントの実践と応用——医療・福祉・教育・司法現場からの報告
誠信書房 pp.23-43.

北川恵（2015）アタッチメントに基づく親子関係支援——サークル・オブ・セキュリ
ティ・プログラム：在宅での支援・治療① 青木豊編著 乳幼児虐待のアセスメントと
支援 岩崎学術出版社 pp.101-115.

北川恵・安藤智子・松浦ひろみ・岩本沙耶佳（2013）「安心感の輪」子育てプログラム
認定講師用 DVDマニュアル 日本語版1.0（Cooper, G., Hoffman, K., & Powell, B.
(2009) Circle of security parenting©: A relationship based parenting program. Facilita-
tor DVD Manual 5.0）

Powell, B., Cooper, G., Hoffman, K. & Marvin, B（2008）The circle of security project: A
case study- "It hurts to give you that which you did not receive". In D. Oppenheim &
D.F. Goldsmith（Eds.）, *Attachment theory in clinical work with children: Bridging the gap
between research and practice*. New York: Guilford. pp.172-202.（数井みゆき・北川恵・
工藤晋平・青木豊訳（2011）アタッチメントを応用した養育者と子どもの臨床 ネル
ヴァ書房）

Powell, B., Cooper, G., Hoffman, K., & Marvin, B.（2014）*The circle of security interven-
tion*. New York: Guilford.

第8章

社会的養護における関係支援

● 徳山美知代 ●

1. 社会的養護における関係支援の必要性

1）社会的養護下の子どもの特徴

A．アタッチメント

　児童福祉施設でケアを受ける児童の多くに，アタッチメントに関連する問題を根底とする心理社会的問題が生じている。その要因として，家庭における虐待やネグレクトの問題と，その後の養育環境である福祉施設における複数のケアワーカーによる養育が指摘されている。

　里子についても，里親委託後に子どものアタッチメントに関連する問題で，里親が子どもとの関係構築に悩むことも多く（御園生，2008），また，里子は一度獲得した不安定な内的作業モデルによって新しい里親との関係を構築することから，たとえ，里親が安定した関わりを行っていても，新たな環境からポジティブな機会を充分に得られない可能性があることが報告されている（Hodge et al., 2003）。

B．トラウマ症状

　虐待を受けた子どもの中核的課題として，前述したアタッチメントの問題に加えて，被虐待体験による心的外傷後ストレス障害（PTSD）がある。その症状として DSM-5（American Psychiatric Association, 2013）では，6歳以下の

子どもの場合には，夢，苦痛な記憶，解離症状を含む侵入症状などの遊びにおける再演，持続的回避，認知の陰性変化，覚醒度と反応性の変化が挙げられている。

　PTSD は，極端な不安や恐れが惹起された際にストレスに対処できなくなった状態であり，その予防・回復においては，アタッチメント対象の存在の重要性が示されている（van der Kolk et al., 1996）。そこで，乳幼児といった早期のアタッチメントに焦点を当てた介入が提案されている（中島ら，2007）。

2）アタッチメント対象の提供

　親以外の者でも特定の養育者と関わる体験を積むことで，アタッチメントの安定化やアタッチメントに関連する問題行動が減少すること（Zeanah & Boris, 2000）などが認められている。そこで，元の親に安定したケアが期待できない場合には，施設職員や里親を安定したアタッチメント対象とする支援が適切であると提案されている（青木，2008；森田，2007）。近年の世界乳幼児精神保健学会誌においても，社会的養護下の子どもに対する実親以外の養育者とのアタッチメント関係再構築に関する介入研究が，増加してきている（大塚ら，2015）。

2. アタッチメントに焦点を当てた介入方法

1）子ども―児童養護施設のケアワーカー/里親

　海外では，アタッチメント改善への効果にエビデンスがある Video-feedback Intervention to Promote Positive Parenting（VIPP）を，生後 6 カ月の里子を養育する里親に適用し，里親の敏感性向上に有効性を認めた報告（Juffer et al., 2005）がある。

　日本では青木ら（2011）が，児童福祉施設職員に対するアタッチメントに関する心理教育，10 カ月間に職員との 4 回の症例検討会と，施設職員による 2 週に 1 回のアタッチメント行動チェックリストへの記入を求める介入を実施している。

　また，徳山ら（2009, 2010）のアタッチメント・ベイスト・プログラム（ABP）は，アタッチメント理論に基づいて子どもの行動を分析する介入であり，児童養護施設のケアワーカー（以下，ケアワーカー）−子ども（森田・徳山, 2015），および里子−里親のペアを対象に用いられてきた。ABP では月に 2 回，合計10回のセッションを行う。セッション間はホームワークとして，代理養育者であるケアワーカー／里親に子どもの行動・気持ちと対応内容の記入を求める。

　1 セッションは子ども・ケアワーカー／里親・セラピストの三者によるプレイと，その前後のケアワーカー／里親とセラピストとの面接で構成される。セラピストは，子どもの状態をアタッチメントの視点から把握し，それを介入・助言の指針とする。その際，アタッチメントシステムが活性化される不安時の行動に着眼し，指針として，「子どもは不安を養育者に表出でき，保護を要求できること」，また，「子どもは安心の基地から離れて積極的に探索行動ができ，安心の基地に戻ることができること」が目指される。そのために，ケアワーカー／里親に対しては，アタッチメントに関する心理教育を行い，敏感性の向上，つまり，子どもに安心感を与える関わりを高めることを目指す。子どもに対しては，遊びを通して働きかけることにより，安心感を蓄積させ，信頼できる関係性を構築する。

　ケアワーカー／里親が子どもに対して安心感を与える具体的な関わり方として，①子どもの気持ち・行動をそのまま表現する，②動き・姿勢・言葉を子どもに合わせる，③相づちを打つ，④子どもの気持ちを受け取ったうえでの応答，⑤具体的にほめる，⑥私（I）メッセージ[*1]を挙げ，プレイにおけるセラピストの関わり方をモデルとしてケアワーカー／里親は学習し，そういった関わり方を日常生活にも継続する。さらに，就寝時などの不安が惹起する際に一緒にいること，個別の時間を作ること，関わり遊びをすること

────────────

＊1　私（I）を主語にして言うと，相手を傷つけることなくフィードバックでき，また，自身の気持ちも相手に伝えることもできる。「私はこう思う」「私はこう感じた」「私はあなたに〇〇してほしい」「私から見ると〇〇に見える」などの言い方である。

を，日常生活における関わり方の基本とする。また，危険行動については毅然とした態度で静止し，子どもの問題行動についてはアタッチメント欲求の表れと考え，その行動については受け流すといった行動の消去方法をとるが，一方で，関係性を構築するための時間を確保する。

2）児童養護施設におけるチーム援助

アタッチメント理論に基づいた支援においては，養育者と子どもに対する介入以外に，ソーシャル・サポートが重要と考えられている（中尾・工藤，2007）。そのためには，子どもが安心していられる受容的環境形成，アタッチメント対象と子どものペアを支える環境形成，複数の養育者との安定したアタッチメント形成を目標とする，チーム援助が必要となる。

筆者らはチーム援助として，ケアワーカーに対する心理教育と，月に一回，セラピストが参加するカンファレンスを実施し，アタッチメントの視点による子どもの行動の分析を共有し，ケアワーカーの関わり方について共通理解を図る介入を継続している。子どもの行動の分析は，個々の子どもに対してケアワーカー全員が，問題行動や不安なときの行動について数行記述したデータをもとにして行う。日常生活でケアワーカーが子どもに関わる際に，前述したABPで述べた関わり方を原則としながら，個別の問題行動，たとえば，統制行動・危険行動・無差別的な行動などへの関わり方や，発達障害や知的障害のある子どもへの関わり方については，行動を分析し，共通理解を図った対応をする。

加えて，チーム援助が効果的に働くためには，ケアワーカー同士が相互尊重を原則とし，職員が皆で子どもの安心の基地を作るといった共通意識を持ち，ケアワーカー相互に安心の基地となることが大切である。そのために，記録媒体であるパソコンの日誌ソフトの書き方を工夫している。どのような視点から子どもへの対応を行ったのかその結果と考察を記入することが，ケアワーカー自身の振り返りになると同時に，ケアワーカー間での共有にも役立っている。

3. 介入の効果

1）子ども

A. 有効性の検討

　青木ら（2011）の介入では，月齢10〜50カ月の被虐待乳幼児15人を対象に，アタッチメントの問題の減少とトラウマの問題の改善が示されている。徳山ら（2009）の ABP では，児童養護施設の被虐待児童16人（平均5.1歳）を対象として，アタッチメント障害尺度得点（数井・遠藤，2005）における無差別的友好態度の緩和，トラウマ反応減少，CBCL による問題行動の外向・総得点減少が示された。

B. 事例的検討

　ここで，児童養護施設の 6 歳児 A 子の事例を通して，アタッチメントと PTSD の ABP による改善について検討する[*2]。

　A 子は身体的虐待・心理的虐待・ネグレクトの体験があり，介入前は感情の起伏が激しく，すぐに硬直してしまい，また，母親との面会時にはパニックになって逃げ出し，母親との電話では架空の人と話しているようであった。さらに他者と関わることができず，壁に向かって怒ることを繰り返す一方で，無差別的に他者に接近していた。

　初回のプレイでは，セラピスト・担当ケアワーカーと同席できず，部屋に戻ってしまった。見慣れないセラピストが同席した場面を A 子が脅威に感じていると推測し，A 子の安心感を確保するために，プレイ開始の際に担当以外のケアワーカーや他の子どもにも同席してもらうことから始め，無理なく徐々に，安心感を積み重ねるようにした。

[*2]　個人情報の守秘や参加の自由などの倫理的配慮については，所属大学の倫理委員会において承認され，児童養護施設の施設長を代諾者として研究協力の承諾を得ている。

　プレイセッションでは，非指示的プレイセラピーの方法を繰り返したところ，他者との関わりに対して防衛的であったＡ子は，自身の体験世界を遊びで表現するようになった。遊びを通してセラピストや担当ケアワーカーとの安全な関係を体験することで，やがて，鬼ごっこなどの構造化した遊びの内容も受け入れるようになる。このようなプレイセッションにおける変化に伴い，日常生活においても他者を受け入れ，他者と遊べるようになるといった，他者との関係性に変化が見られた。

　セッションが進行すると，プレイにおいて家庭内のトラウマティックな出来事を再演し，日常生活でも同様の場面を表現するようになったが，そのたびに担当ケアワーカーは，プレイセッション時の対応と同様に，ABP の関わりによって受容した。

　介入当初，担当ケアワーカーに対する明確なアタッチメント行動が見られなかったが，その後は担当ケアワーカーに「一緒に寝よう」と働きかけることや，不安時に担当ケアワーカーの名を呼んで待つようになる。介入終了時には，Ａ子は泣いているＡ子と担当ケアワーカーの絵を描き，「悲しいときには○○（担当ケアワーカー）が来てくれる」と説明するなど，アタッチメント対象として担当ケアワーカーが機能している様子が示唆された。

　こういった変化に伴い，Ａ子の母親に対する拒否的で混乱していた関わり方が落ち着き，母親との会話が成立するようになり，また，母親を求めるようにもなった。

　社会的養護下の子どもに対する適切な支援として，実親以外の養育者を対象に，安定したアタッチメント関係を構築し，子どもの内的作業モデルを肯定的に修正すること，一方で，親自身のアタッチメントや養育に関する内的作業モデルを修正し，その後にセラピストが同席して，親子の相互作用を促進することが示されている（森田，2007）。Ａ子の担当ケアワーカーに対するアタッチメント行動の変化や，母親に対する肯定的な変化は，Ａ子の内的作業モデルの肯定的な変化と考えられ，母親への支援の必要性が示唆される。

2）児童養護施設のケアワーカー/里親–里子

A. 児童養護施設のケアワーカー

　ABP に参加したケアワーカー12名へのインタビュー調査と，内省報告（徳山, 2010）の一部を紹介する。ケアワーカーの内省報告によれば，「子どもに対して決めつけて関わらないように意識するようになり，子どもの気持ちにできるだけ耳を傾け，受け入れるように心がけるようになった」「盗みや嘘といった問題点への視点の向け方が変わった」「子どもがどう感じているのかなどじっくりと考えて関わること，気持ちを代弁することは，子どもの安心感につながり，関係をより深くできた」などの，関わり方や関係性の変化に関する内容が抽出された。加えて自身に関する内容として，「以前は自信のなさや不安が子どもと接する際に出てしまっていたが，今は受容できる範囲や目安がわかるので，心に余裕が持てる」「どう関わればいいのか力がつき，自身のスキルアップになった」などの肯定的な変化が報告されている。

B. 里親と里子

　ABP に準じる介入に参加した里子と里親の4ケースを対象に検討した結果（徳山・田辺, 2015b），里親の報告と事例の経過においては，いずれのケースもアタッチメントに関連する行動に肯定的な明確な変化があり，CBCL による問題行動，特に攻撃性等外向性の肯定的な変化が認められ，里親のストレスも軽減していた。

　徳山らは，事例を分析した結果を以下のように報告している（徳山・田辺, 2015a）。1歳10カ月と3歳の里子の場合には，経過において，里親を安心の基地として頼り，自律的な探索行動が行えるようになった。その里親の内省報告では，「子どもの行動や言動が何の信号なのか，考えるようになった」「困っているときや痛い思いをしたときには，できるだけ助けるようにして，対策がない場合も気持ちが落ち着くような言葉がけをした」などの，敏感性に関連する内容が示されていた。小学校1年生の里子をもつ里親2ケー

スの報告からは，里子の年齢が高くなると，里親は問題行動に着目しがちであることが示唆された。長年児の里親の内省報告からは，「私にぐずぐず言うのは，私に対するアピールであること。そこで，その場面は受け流し，率直な表現で関わりを求めたときには応答する方法をとる一方で，就寝時（不安時）の関わりなどを継続したところ，子どもの行動が変わっていった」といった行動分析とともに，アタッチメント関係の構築方法に関する内容が抽出された。

　なお，プログラム終了時のアンケート調査では，「アタッチメントの考え方の理解」「子どもの行動の持つ意味を，アタッチメントに基づく観点でわかるようになった」「子どもがケアを求めて出しているサインの理解」「里親自身の関わりについて，アタッチメントに基づく観点で検討できるようになった」の項目において，すべての里親に肯定的な変化が認められた。

　セラピストに求められる役割に関する里親の内省報告では，「行動をアタッチメントの視点から分析した対応方法の助言が，子どもの肯定的な行動の変化につながった」といったアタッチメントの視点による行動分析や，「対応に煮詰まっていたときに，いいところを見つけてくれた」といった視点の変化，「支えになった」「子どもの理解とともに親へのカウンセリングの時間であった」などが報告された。

3）児童養護施設におけるチーム援助

　対象施設では，特別な介入を行わなくとも，おおよそ1年間のチーム援助で，アタッチメント行動と問題行動の肯定的変化が認められている。発達障害や知的障害とアタッチメントの問題を複合している子どもの場合においても，チーム援助によって，アタッチメントの問題に関連する問題行動はなくなり，個別の問題のみがクローズアップしてきた事例も複数見受けられる。たとえば，発達障害のある子どもは，アタッチメントに関連する危険行動がなくなることで，刺激に反応した危険行動のみとなったために，ケアワーカーは危険行動を予測しやすく，それを未然に回避できるようになった。

　チーム援助のみの介入よりは，ABP の介入とチーム援助を組み合わせた

支援のほうが有用であった（徳山，2010）。チーム援助を受けたケアワーカーの，「皆で安心できる場を作っていったので，チーム全体のケアが高まった。アタッチメントを共通言語にして，皆がサポートし合えるようになった」という内省報告からも，こうした取り組みが施設ケアの向上につながることが示されている（徳山ら，2010）。

4. まとめ

1）治療的・修正的環境形成としてのアタッチメント理論による介入

　アタッチメント理論による介入では，関係性の修正のために，日常生活全般が治療的・修正的な環境である必要がある。養育者に対して子どもの理解を高め，望ましい関わり方を促進することで，生活全般の養育の質を高めることが有効な介入となろう。そういった環境形成のためには，チーム援助は欠かせない。児童福祉施設内でのケアワーカーによるチーム援助のみならず，里子の場合には，里母（里父）との関係性支援を中核にして，祖父母や保育士といった，里子と新たな関係性を構築する者によるチーム援助によって，新たなアタッチメント関係形成も促進される。

　近年，児童養護施設においても専門性の高いケアが求められるようになったが，アタッチメント理論による介入は，関係性に悩む子どもを専門的にケアする児童福祉施設や，関係構築に悩む里親にとって有用であろう。介入によって実親に対する混乱が落ちついた前掲事例は，社会的養護下の子どもに対するアタッチメント理論に基づいた介入が，「子どもが実親に懐かなくなるのではないか」といった実親や児童相談所などの懸念を，払しょくする材料ともなろう。

　また，乳幼児期のストレスによる遺伝子や脳に対する影響も示されるようになり，トラウマ反応の予防・回復の視点からも，アタッチメント理論による乳幼児期といった早期介入が望まれる。

２）遊びの意味

　社会的養護下の子どもには不健全なアタッチメント形成の子どもが多いため，対人関係に関して不安や恐怖も高く，新たな信頼できる対人関係が作りにくい。そのため，こういった子どもにとっての遊びの意味は，楽しく遊ぶことで探索に向かう好奇心や自発性を高めることと，夢中になって遊び，ありのままの心身を相手に受け入れられる体験を通して，防衛的に自身を守らなくてもよいといった安心感が蓄積されることである。また，このプロセスを通して，困ったときや不安が高いときには大人に助けてもらえるといった，利用可能性につながる体験もできる。あくまでも子どもの不安の程度，つまり安心感の欠如の程度を把握して，ストレス処理を容易に行える範囲での遊びを提供し，安心感を与えることを繰り返すのである。

　不安がとても強い子どもの場合には，室内の離れた場所でそれぞれが絵を描くなど，境界をはっきりさせて子どもの安心感を高めることから始め，子どもの自発的な遊びが展開されるようになれば，子どもの遊びに寄り添う。ある程度大人との関係性が構築されているが，不安定な関係性の場合には，安心できる環境のなかで，ハラハラドキドキしながらも大人に助けてもらうといったアタッチメントシステムが活性化する遊びとして，大人の身体を木に見立てた木登りや，大人の助けを必要とするオニゴッコなどの構造化された遊びを取り入れる。これらの段階を踏むことで，新たな対人関係の再構築へのチャレンジが促進される。虐待を受けた子どもは，虐待者と他の大人との区別もつけにくいことから，プレイを通して徐々に他者との関係性を確認し，丁寧に信頼関係を構築する必要がある。

　やがて，養育者に対する安心感が増してくると，ポスト・トラウマティック・プレイも表現されるかもしれない。非常に攻撃的な遊びのテーマが出現するかもしれないが，そうした表現に養育者が驚くことなく，受容して，安心感を与える関わりを継続することが，子どものトラウマ症状からの回復を促すことにつながる。

　また，自閉症スペクトラムのある子どもに対しては，身体接触やアイコン

タクトを要求することなく，子どもがチャレンジしたいと思った遊びに寄り添い，その遊びを手伝うことから，関係性の構築は始まると考えられる。

3）対象年齢

　里親の内省報告からは，年齢が低いほうが子どもの問題行動に振り回されることなく，アタッチメントの視点で関われることが報告されている（徳山・田辺，2015a）。海外の介入研究においても，6カ月といった乳児対象が多く，年齢が低いほうが有効であることも示されている（Bick & Dozier, 2013）。もちろん，小学校低学年でもアタッチメント理論による介入は有効であり（徳山・田辺，2015b），生涯を通して普遍的に必要な支援であることから，子どもの年齢層の特徴に応じた支援を展開することが望まれる。

4）支援の提案

　日本では個人情報などのさまざまな課題によって，社会的養護下におけるアタッチメントの視点による介入研究は，難しい状況にある。特定のプログラムが導入されることは望ましいが，必ずしもそれらを取り入れなくとも，介入に共通する必要な要素を取り入れた支援を行うことが，子どもにとって有用ではないかと思われる。ケアワーカーのケアの向上（徳山ら，2010）や，里親のストレス軽減（徳山・田辺，2015b）も示されていることから，社会的養護を担う養育者に対する研修や継続支援に，アタッチメントの視点を取り入れることが有用であろう。

　代理養育者に対する支援として重要な点は，アタッチメント理論の視点に基づく行動分析を共有し，子どもの不安を理解した対応方法を伝えることである。これは，行動療法のペアレンティングとは異なり，子どもの気持ちに着目し，その理解に基づいた対応をケアワーカーがチーム全体で共有して行うことである。そしてセラピスト・支援者の役割としては，ケアワーカーや里親など，社会的養護を担う養育者を支え，安心の基地になることである。

　子どものアタッチメントは，後のパーソナリティや対人関係に影響を与える。不健全な関係性を学習した子どもが新たに健全な関係性を学習できるた

めに，社会的養護の担い手が果たす役割は極めて大きい。社会的養護下の子どもに対してアタッチメントの視点による支援をぜひ，取り入れていただきたいと願う。

【文献】

American Psychiatric Association（2013）*Desk reference to the diagnostic criteria from DSM-5.* VA: American Psychiatric Publishing.（高橋三郎・大野裕監訳／染矢俊幸・神庭重信・尾崎紀夫・三村將・村井俊哉訳　DSM-5精神疾患の分類と診断の手引〈2014〉医学書院）

青木豊（2008）アタッチメントの問題とアタッチメント障害　子どもの虐待とネグレクト，**10**，285-296.

青木豊・平部正樹・南山今日子・芝太郎・安部伸吾・吉松奈央・鈴木浩之・佐々木智子・加藤芳明・奥山眞紀子（2011）分離された施設入所となった被虐待乳幼児のアタッチメントとトラウマの問題の推移——アタッチメント・プログラムを追加した対象を含めた考察　トラウマティック・ストレス，**9**（1），53-60.

Bick, J. & Dozier, M.（2013）The Effectiveness of an attachment-based intervention in promoting foster mother's sensitivity toward foster infants. *Infant Mental Health Journal*, **34**（2），95-103.

Hodge, J., Steel, M., Hillman, S., Henderson, K., & Kaniuk, J.（2003）. Change in attachment representations over the first year of adoptive placement: Narratives of maltreated children. *Clinical Child Psychology and Psychiatry*, **8**, 351-367.

Juffer, F., Bakermans-Karenburg, M. J., & van IJzendoorn, M. H.（2005）The importance of parenting in the development of disorganized attachment: Evidence form a preventive intervention study in adoptive families. *Journal of Child Psychology and Psychiatry and Allied Disciplines*, **46**, 263-274.

数井みゆき・遠藤利彦（2005）アタッチメント（愛着）障害と測定尺度の作成　平成14年度～平成16年度科学研究費補助金基盤研究　心的外傷経験が行動と情動に与える影響について——乳児院と家庭群の比較（主任研究者：数井みゆき）報告書　pp 13-35.

御園生直美（2008）里親養育とアタッチメント——特集アタッチメント　子どもの虐待とネグレクト，**10**，307-314.

森田展彰（2007）児童福祉ケアの子どもが持つアタッチメントの問題に対する援助　数井みゆき・遠藤利彦編著　アタッチメントと臨床領域　ミネルヴァ書房　pp.186-210.

森田展彰・徳山美知代（2015）アタッチメント・ベイスト・プログラム——施設での支援・治療②　青木豊編著　乳幼児虐待のアセスメントと支援　岩崎学術出版社

中島聡美・森田展彰・数井みゆき（2007）関係性から考える乳幼児の PTSD 発症のメカニズム　児童青年精神医学とその領域，**48**，567-582.

中尾達馬・工藤晋平（2007）アタッチメント理論を応用した治療・介入　数井みゆき・遠藤利彦編著　アタッチメントと臨床領域　ミネルヴァ書房　pp.131-165.

大塚己恭・黒木咲・青木紀久代（2015）乳幼児の臨床的問題とアタッチメント　お茶の水女子大学心理臨床相談センター紀要，**17**，27-38．

徳山美知代（2010）児童養護施設における治療的養育としての心理的援助――アタッチメントに焦点をあてた介入を中心として　第13回日本コミュニティ心理学会大会抄録集，148-149．

徳山美知代・森田展彰・菊池春樹（2010）児童養護施設の被虐待児童とケアワーカーを対象としたアタッチメント・ベイスト・プログラム――ケアワーカーに対する有効性の検討　子どもの虐待とネグレクト，**12**（3），398-410．

徳山美知代・森田展彰・菊池春樹・丹羽健太郎・三鈷泰代・数井みゆき（2009）児童養護施設の被虐待児童とケアワーカーのアタッチメントに焦点をあてたプログラムの有効性の検討　子どもの虐待とネグレクト，**11**（2），230-244．

徳山美知代・田辺肇（2015a）里親と里子に対するアタッチメントに焦点をあてた支援に関する検討――介入プログラムへの里親の内省報告の分析より　静岡福祉大学紀要，**11**，1-7．

徳山美知代・田辺肇（2015b）里親と里子に対するアタッチメントに焦点をあてたプログラムの開発　科学研究費助成事業（平成24年度～平成26年度：課題番号：24530748）研究成果報告書

van der Kolk, B. A., McFarlane, A. C., & Weisaeth, L.（1996）*Traumatic stress: The effects of overwhelming experience on mind, body, and society*. New York: Guilford Press.（西澤哲監訳〈2001〉トラウマティック・ストレス――PTSD およびトラウマ反応の臨床と研究のすべて　誠信書房）

Zeanah, C. H. & Boris, N.（2000）Disturbances and disorders of attachment in early childhood. In C. H. Zeanah（Ed.）, *Handbook of infant mental health*. 2nd ed. New York: Guilford Press. pp.353-368.

コラム 4

児童養護施設のケアワーカーに対する「安心感の輪」子育てプログラムの実践

◆ 久保樹里 ◆

　児童養護施設（以下，養護施設）は，社会的養護のもとで暮らす子どもたちが最も多く生活している場所である。児童虐待の社会問題化により，2013（平成25）年度の児童養護施設等入所児童調査によれば，養護施設で暮らす子どもの約3割は心身に何らかの障害を持っており，約6割が虐待環境を経験している。虐待を受けた子どもは施設入所後に情緒・行動面の問題を表すことが多く，養護施設には高度な対応力が求められている。加えて，家庭的養護の推進により，養護施設では小規模化が進められており，これまでの集団養育を見直すことも迫られている現状がある。

　本稿では，2カ所の養護施設のケアワーカーに対して行った，「安心感の輪」子育てプログラム（COS-P）の実践について紹介する。実践のきっかけは，養護施設から不適応行動を示す子どもについての多数の相談が，筆者の勤務していた児童相談所に寄せられたことから始まった。措置機関である児童相談所は養護施設とともに対応を検討し，さまざまな調整を図るが，時には元の施設から違う施設へと，措置変更をせざるをえないこともあった。子どもにとっての家である養護施設を出され，違う施設に移されることは非常につらい経験となる。このような状況を改善するためには，子どもたちを養育するケアワーカーの対応力を向上することが求められる。いくつかの養護施設のケアワーカーとのやりとりを重ねるなかで，ケアワーカーがアタッチメントについて理解を深めることが有効であると考え，ケアワーカーの養育力の土台作りとして，COS-P を実施することを計画した。元々 COS-P は，養育者が子どもとの関係を内省的に振り返るものであるが，養護施設では複数の子どもを集団で養育している。そこで，ケアワーカーそれぞれが，特定の気になる子どもとの関係を内省的に振り返るという目標を設定し，COS-P をパイロット的に行うことを提案した。中舎制の A 施設がこの提案に賛同し，8 人のケアワーカーが全 8 回の COS-P に参加することになった。プログラムが進むにつれ，ケアワーカーの語りはより明確になり，自分自身を振り返る内省が進んでいった。それに加えて，参加者の結束が強くなっていく

様子が見られた。この実践を通して，参加したケアワーカーからは，以下のような振り返りのコメントが得られた。

- 子どもの行動を「安心感の輪」に照らし合わせて見ると，子どもの行動の意味が理解しやすくなった。
- 「感情のコップを満たす」などの表現を共に用いることで，ケアワーカーの間で子どもの状態を共有しやすくなった。
- 大人が自分自身と向き合い，内省をすることの大切さが理解できた。
- 子どもからの「安心感の輪」の上半分である【探索欲求】と，下半分の【安心を求める欲求】への対応で，自分の苦手とする部分が理解できた。
- 誰にも【シャーク・ミュージック】が鳴ることがあるとわかって安心し，他のケアワーカーに手助けを求められるようになった。
- 他のケアワーカーの状態がよくわかるようになり，他のケアワーカーに【シャーク・ミュージック】が鳴っていると思われるときには，サポートをするようになった。

　COS-P での学びは，プログラム終了から 4 カ月後，1 年後に実施した振り返りの会のときにも継続していた。一方，課題としては，COS-P を受けたケアワーカーの間では理解が深まったが，受けていないケアワーカーにどのように伝えるかが難しいということが，繰り返し語られた。また，プログラム 1 年後の振り返りでは，施設内でのケアワーカーの施設内異動により，プログラムを受けた人が一人になった部署では活用が難しくなっているという感想が聞かれた。以上のことから，集団養育においても，「安心感の輪」はケアワーカーが子どもの行動の意味を理解するための見取り図として働き，業務の交替時にも引き継ぎがしやすい，対人援助専門職としての自己内省力を高めるなどの効果を持つことがわかったが，COS-P を受けていないケアワーカーとの共有をいかに図るかという点において，課題が残った。

　その後，B 施設から COS-P を取り入れたいという相談を受けた。B 施設は大舎制の養護施設であり，男子寮，女子寮，幼児寮に分かれている。ここ数年は男女の中学生が交互に荒れる時期が続き，一時保護から結果的に措置変更に至る子どもも出ていた。この状況は周りの子どもたちにも影響を与え，大人への不信感を招く結果となった。2 年前に現在の施設長が就任して以降，次の養育方針を掲

げて，施設の建て直しに取り組んできていた。

  (1)　子どもの権利擁護を基本とし，子どもが安心，安全，信頼を実感できる
　　　施設運営。
  (2)　子どもとの関係性を重視した支援（信頼関係の確立）。
  (3)　失敗や間違いを取り戻せる環境づくり（失敗をリカバリーする力を育て
　　　る支援）。

　筆者が相談を受けたのは，これまでの養育の振り返りを経て，養育方針の実現
に向け，どのように具体的に取り組むかという課題が出てきたときであった。
　そこでA施設での実践における反省を生かし，B施設ではケアワーカー全員が
COS-P を受ける体制を整えることにした。まずはじめに，主任 2 名に，COS-P
のファシリテーター資格取得のための研修を受けてもらった。その主任たちから
は，COS-P は B 施設の養育方針を具体化するために有効であり，COS-P を養育
の土台にしたいという感想を得た。そこで，その後はこのリーダーを中心に，B
施設として COS-P を根づかせるための工夫についての意見を出してもらいなが
ら，進めていくことにした。
　次に，ケアワーカー全員にアタッチメントの視点を伝え，COS-P を紹介する
研修会を開催し，全体の見取り図をケアワーカー全員に示した。その後に続くプ
ログラムの実施は，まず各寮のリーダーがプログラムを受け，その後，他のケア
ワーカーが順次受けるようにし，最終的には職員全員が COS-P を受けることが
できるようにすることとなった。ファシリテーターは，はじめは筆者が行うが，
その後はファシリテーター資格を取得したリーダー職員が進行を行うかたちに移
行し，B 施設内において継続的にプログラム実施を可能にする体制を作ることに
した。
　現在の進行状況は，各寮のリーダーのグループが COS-P を終了したところで
ある。A 施設の実践で語られた内容と重なる語りが B 施設においても語られ，
両施設とも，プログラム進行とともに内省的な語りが増えていった。印象的な語
りの一例を以下に挙げる。

　　●プログラムという定型化したものに抵抗感があったが，COS-P は子ども
　　　の行動の意味を理解するものであり，自分自身を振り返ることを学べるも

ので，抵抗感がなくなった。

● 自分自身を知ることは痛みもあるが，知ることで対応ができるようになる。「完璧でなくてもいい」という言葉で楽になった。

● 自分の過去の経験を振り返ると，あのとき【シャーク・ミュージック】が鳴りまくっていたと気づいた。子どもにいらだつのは自分の問題だとわかった。

● これまでに措置変更をせざるをえなくなった子どもの行動の意味が，「安心感の輪」に照らし合わせるとよくわかった。悪い子はいない，大人側の対応が重要であるという言葉がよくわかった。

● 必要なときは毅然と対応することが，子どもに安心感を与えることがわかった。大きくて強い養育者を目指したい。

　B施設は，経験年数が1～3年目のケアワーカー集団と，経験年数10年以上のリーダーを担うケアワーカー集団に二極化し，中間層が抜けている。そのため，日常的な場面での経験を自然に伝達することが難しい。あるリーダーから，「これまでリーダーとして，失敗をしてはいけないという思いにとらわれ，自分自身に安心感がなくなっていた」という気づきのコメントが出た。そこから若手ケアワーカーが難しい子どもと接するときにどのように感じるのかというところに思いをはせるようになっていった。そして，COS-Pを皆が学ぶことはこの課題にも有効だという意見が多数語られた。

　養護施設全体でも職員の平均勤続年数は短くなっており，若手ケアワーカーの育成は，B施設だけの課題ではない。家庭的な養育のために推進されている施設の小規模化は，子どものアタッチメント欲求を発動させやすくなる。歪んだアタッチメントのパターンを身につけた子どもたちに対応するためには，ケアワーカーがアタッチメントについて十分に理解していることが必要である。B施設の実践は始まったばかりであるが，ケアワーカー全員がCOS-Pを受けた後にどのように施設養育に変化が起こるのかを検証していきたいと考えている。

コラム 5

家族再統合支援におけるアタッチメントの視点の有効性

◆ 宮口智恵・河合克子 ◆

　特定非営利活動法人チャイルド・リソース・センター（CRC）は，大阪府等の委託を受け，2007年より，家族再統合プログラム「CRC 親子プログラム ふぁり」を提供している。プログラムの対象者は虐待をしてしまった親とその子どもであり，約 8 割の子どもは施設入所中である。「親が再び子どもを傷つけることがなく，子どもが自分が生まれてきてよかったと思えること」を目指してこの支援を行っている。

　プログラムは，一組ごとの親子に，2 週間に 1 回の頻度で，約 7 カ月間にわたり行う。このプログラムの特徴は，バイオグラフィー，アタッチメント，ソーシャルワークの三つの視点によるアプローチである。支援者（スタッフ）は，親子と過ごす親子交流時間の「共有体験」と，テーマについて親と一緒に考える親時間での「対話」を通して親が子どもを支えられるように伴走する。

　CRC が行う家族再統合支援は，子どもにとってより良い親子関係について親とともに考えていくプロセスである。本コラムでは，分離中の親子（施設入所中の子どもとその親）への支援に，どのようにアタッチメントの視点が役立っているか，以下の 3 点を紹介する。

1.「子どもの安心の基地を保障する」という共通のゴールを親と持つことができる

　家族再統合を考えるときに欠かせないのは，「子どもの安心の基地をいかに保障できるか」という視点である。虐待をしてしまった親の多くは，虐待など不適切な養育を受けた体験から，子どもの存在自体が恐れを呼び起こす引き金となっている。親子が物理的な分離により落ち着いただけで，親が自らの状態の内省を経ず，また子どもの欲求を理解できないまま再び同居すると，双方ともに強い恐れが喚起される。そうなると，親はこれまでの方法で子どもをコントロールしたり，無視するなど，虐待の再発は起こるべくして起こる。

　そこで，家族再統合を目指すスタッフは，アタッチメントの視点を活用して，

スタッフが親のアタッチメント欲求を理解して応える。そして，親が子どものアタッチメント欲求を理解できるように支えていく。

　まず，プログラムの前半では，親の不安が高まるのはどんなときか，親のアタッチメント対象は誰で，不安が高まったときにどのような行動をとるかを一緒に考える。

　母の虐待により施設入所となったA子（2歳）は，入所当時，大人を求めず，毛布にしがみつき，険しい表情だった。しかし，その後B先生というアタッチメント対象を得て，不快や不安なときにしっかり泣いてB先生を求めるようになり，人とのやりとりも楽しむようになってきた。その頃プログラムが始まり，施設からB先生に連れられてプログラムに訪れるA子の様子を見ていた母は，「自分に懐かないのは離れて生活しているからだ。早く引き取りたい。そのためには親子だけでの外出を早急にさせてほしい！」と児童相談所に強く訴えていた。スタッフは，「私の子どもなのに私に懐かない。赤の他人に親役割を取られてしまう。このままずっと自分のところに戻ってこないのではないか」といった母の不安を代弁し，気持ちへの理解を示した。そうしていると徐々に母は「寂しい」と語るようになる。スタッフは，母のこの「寂しさ」に寄り添い，プログラムでA子と会う母を支えていた。

　このように母の行動の背後にある不安を理解しつつ，子どものアタッチメント欲求についてともに考えていく作業を，その後のプログラムで行った。そのプロセスのなかで母から「自分もA子の安心の基地になりたい」という思いを引き出すことができ，母は落ち着いてA子を見るようになった。すると，A子はB先生の膝を離れ，母とB先生の間を行き来するようになる。これは，A子もB先生を安心の基地にして母に関心を示し，近づけるようになったと考えられる。

　スタッフには，母とB先生が一緒にA子の安心の基地を作っているかに見えた。そしてプログラム期間の終盤になると，母は「A子はB先生がいると安心する。やっぱり，A子と自分だけでの外出は，今はやめたほうがいいと思う。B先生に助けてもらいながら，もう少し施設での面会を続けるわ」と話すようになった。

　親が冷静に自分の限界を認めながら，「子どもにとっての安心の基地」というゴールを考えられるようになるには時間を要する。自らが安心の基地を得てはじめて子どもについて考えられるようになり，「子どもは今どんな状態か」を見ることが可能となる。

この親子の場合，施設の職員も，児童相談所の担当者も，アタッチメントの視点を共有し，不安が高まると無理な要求を口にする母を理解しつつ，A子にとっての安心の基地について焦点を合わせて母と話し合っていた。親が誰かとともに子どもの安心の基地を作るためには，支援者との信頼関係が必要だが，支援者間でも子どもの安心の基地について共通のゴールを持ち，対話を重ねていくことも重要だと私たちは感じている。

2．親子の本当のニーズに近づくことが可能になる

1）親のニーズを探る

ある親は，「これを受ける意味はないと思うけど，児童相談所が出した条件だから来る」と言い，スタッフと視線を合わせようともしない。またある親は，「プログラムに通えるなんて自分はラッキーです。この子のためにいろいろ知りたい。早く引き取りたいです」という言葉とは裏腹に，会話は表面的で思いが見えない。このような態度を前にすると，この人ははたして本当に子どもとやり直したいと思っているのだろうかと，疑心暗鬼になってしまう。

また，親子交流時間で，子どもを目の前にして，「何食べてきたん？　何してたん？　何したいん？」と質問攻めにしたり，「また無視か」と怒ったり，子どもが好き放題してもまったく止めないなどといった親の子どもへの対応を見ると，スタッフは落ち着かず，その行動を早く修正したくなる。

スタッフがアタッチメントの視点を得ることで，このような親に対して「こんな行動をする親の本当のニーズは何なんだろう」と問いを持つことができる。親はなぜ，このような態度をとるのだろうかと，親の内的作業モデルを推測し，行動の奥にある苦痛や不安はどのようなものかと想像すると，「子どもと会うことはじつは怖い。それを助けて横で見ててほしい。支えてほしい」という親の内なる声が聴こえてくる。その声が聴こえてくるとスタッフは親に近づいていくことができ，親もまたスタッフを手がかりにして，子どもに近づいていくことが可能となる。親は子どもと過ごすために伴走者の存在を求めている。親にとって家族再統合のプロセスは，「改めて子どもを見る，自分を見る，振り返る行為」であり，見たくないものを見ていかなければならないことも多い。それは私たちの想像を超える探索であり，チャレンジである。親が一人でこれを行うことはとうてい難しい。

2）親子の感情調整を行う

　プログラムに参加する子どもにとっては，親と会うことは簡単ではない。多くの子どもにとって親は予測不能な存在であり，苦痛な過去とつながる対象でもある。親と会うためには自分の安心の基地を持ち，その基地へ戻れるという安心感が必要である。

　5歳のある子どもは一緒に来た施設職員の車を交流時間の部屋の窓から確認しながら，母と会っていた。また，ある施設職員が親に対して複雑な気持ちを持っていたが，子どもはそれを敏感に感じ取り，「頑張ってね」と送り出そうとする施設職員から離れようとしない。子どもは，自身の安心の基地である施設職員と，親とスタッフが互いに知り合っていく姿を見ていくなかで，安心してプログラムに参加し，親に会うことができる。不安，ドキドキする，なんだか怖いといったネガティヴな感情を施設職員とスタッフに寄り添ってもらい，親と安心して会える。

　このように，先述したような親のニーズを探り，その不安の調整をすることと，今述べたような子どもの感情を調整することの両方について，スタッフ（親担当，子ども担当）は感情調整を行う。そうするとやがて，親子交流時間で，遊びやおやつを食べるなどの快の体験を共有し，子どもが親に「見てて」と，遊びに誘うなどの場面が見られるようになる。「○○ちゃんに『見てて』と言われて嬉しかったね」と，スタッフは少し緩んだ親の表情をキャッチして声をかける。この小さな喜びの体験の共有が欠かせない。これらのプロセスを経て，プログラムに参加する親にとって最も目を向けたくないと思われる自らの虐待行為の内省について，スタッフもようやく取り扱い始めることが可能となる。

3．支援者としての自分の状態に目を向けることができる

　親と関係を作っていくことに困難を感じると，私たち支援者は「難しい親」とラベリングをして距離を置くことがある。また，自信のない親の反応を見ると，励ましたり，一般論のような解説で説得したり，情報提供や助言をしたくなる。もちろん，それが必要な場合もあるが，支援者が落ち着かなくなったり，焦ったりしているがために行う働きかけにより，親のニーズを遠ざけていることがある。

　アタッチメントの視点を活用していると，このような行動の背景は，自らの不安が喚起されているからだと気づく。自身の有用性を示したくなったり，親や子どもの感情に圧倒されそうになるなどの落ち着かない気持ち，不安を自覚し，そ

のような自分の状態を理解していくことができる。

　これは親や子どもに対してだけでなく，一緒に協働するスタッフや施設職員，児童相談所職員との関わりにおいても起こりうる。無意識に相手を遠ざけ，協働が難しくなるときもある。アタッチメントの視点はこの「ざわざわしている自分」の状態に気づかせ，今この親子の支援者としてすべきことに軸を戻してくれる。

　このように，自らの不安な状態について気づくこと，そして安心できる支援者間でそれを共有することで，親子への支援のスタートに立てると感じている。

　家族再統合支援は，長く険しい道のりである。だからこそ，「子どもにとっての安心の基地を」というアタッチメントの視点を，私たち支援者の共通の道しるべとして胸に抱いていたい。

第9章

自閉症を抱える子どもと親の関係支援

● 久保信代 ●

1. 自閉症スペクトラム児と養育者への関係支援の必要性

　不安な心理的状況にあるとき，人にはアタッチメント欲求とそれに随伴した行動が生じる。特に幼い子どもの場合，信頼できる大人（養育者）を見て，接近し，身体接触を求め，不安を取り除いてもらおうとする。適切な対応を得て，不安が取り除かれると，落ち着いていく。そのことが，子どもに安心感という感情を育む（数井, 2012）。

　一般的に自閉症スペクトラム症候群（ASD）の本質的な状態は「自閉的孤立」（Kanner, 1943）にあると見なされていることから，ASD児が対人関係において安心感を得ることはできないとする誤解がある。実際 ASD児は，不安な状況下で耳をふさいで身をすくめる，部屋をやみくもに歩き回るなど，養育者から直接的に安心感を与えてもらうこととは一見無関係な行動を見せることが多い。養育者にも ASD児の行動の背景にある思いを読み取ることは難しく，素早く適切に対応することができない結果，その子どもはいつまでも不安が取り除かれず，周囲に対してますます警戒的になり，刺激に対していっそう過敏に反応するようになる（小林, 2007）。その行動様式から，ASD児はアタッチメントを形成しないと受けとられがちだが，ASD児も，定型発達児より遅れるものの発達に伴ってアタッチメント行動を示し，安定したアタッチメントを形成していくことが可能であることが報告されている（伊藤, 2002）。

　しかし，ASD 児の養育者との安定したアタッチメント関係の形成は，定型発達児とは異なる形成過程を経ることも報告されている。その理由について別府（2007）は，ASD 児が養育者に関する内的作業モデルを形成するうえで，高い認知能力を必要とすることにあると説明している。すなわち，ASD 児は，発達の早期から養育者との社会的交流が乏しく，養育者が無条件に自分を守ってくれるという内的作業モデルが形成されにくいため，自身の行動と養育者の応答行動を一つひとつ記憶し，対応づけることによってしか，養育者から安心感を得た経験を取り出すことができない。そのため，ASD 児が養育者を安心の基地としてとらえられるようになるには，そのような記憶の集積と認知能力の発達を待つ必要があり，ASD 児の関係性発達は定型発達児とは異なる経過を経ることとなる。

　また，養育者にとっては，ASD 児の乳児期からの反応の低さゆえに，子どもとの適切な関わりが強化される機会が十分に得られないという問題がある（Adamson et al., 2001）。さらに，障害告知後の養育者の精神状態は，アタッチメント関係の安定性に影響しうることも報告されている（Oppenheim & Goldsmith, 2007）。加えて，ASD 児をもつ養育者に限らず，どの養育者にも当てはまることとして，人は誰でも成育過程で関係性の傷つき体験をある程度はしており，個人特有の防衛スタイルを身につけている。それを刺激するようなわが子からの特定の欲求には，落ち着いて対応することが困難になるという問題が生じうる（Powell et al., 2007）。ASD 児の養育という厳しい現実に接している状況ゆえに，養育者自身のアタッチメント欲求も最大に活性化している。そのため，その人がそれまでに形成してきたアタッチメントのパターンが誘起されやすいと同時に，防衛的になりやすい。ゆえに，子どものアタッチメント欲求に対して不適切な対応が起こりやすくなる。

　ASD を抱える子ども側にも，養育者側にも，安定したアタッチメント関係を育むうえで困難がありうるのであり，両者に対する支援が必要なのである。

2. 実践

1）背景

　実際の ASD 児に対する介入の方法は言語訓練が最も多く，視覚支援，応用行動分析，感覚統合がそれに続くなど，療育訓練が主流である（Green et al., 2006）。療育訓練の視点では，できることが増えていくことが子どもの順調な発達と見なされる。しかしその視点は，ASD 児に発達の遅れを取り戻すための努力を強いる訓練的発想を，養育者と支援者の両方にもたらしやすく（鯨岡, 2003），子どもを取り巻く対象との関係性への視点が失われやすい。

　子どもの精神発達の視点から，滝川（2004）は，「認識の発達」と「関係の発達」を主軸とする発達論を示し，それらの不整合を自閉症と位置づけた。この視点で考えると，生活適応や社会的スキルの獲得は，認識と関係の発達に立脚した精神発達が基盤にあってこそ可能であり，関係の発達につまずきのある ASD 児では，社会的スキルの獲得のための療育的訓練を先行して行っても，基盤ができていないと獲得されたスキルはなかなか汎化されにくい。

　かつて筆者は，養育者に ASD の特性に合わせた養育テクニックを習得してもらうことが，子どもの発達促進および親子の良好な関係の形成に有効ではないかと考え，行動理論に基づいた親訓練プログラムの開発に取り組み，一定の効果を得てきた（久保・岩坂, 2013）。しかし，一部のケースでは，テクニックの習得による関係改善が長期的に持続せず，良好な変化に結びつかなかった。個別的検討を通して浮かび上がったのは，養育者に無自覚的に生じてしまう，子どもへの不適切な反応であった。そして，その背景にある養育者の防衛を理解し，それに対する支援がさらに必要であると考えるようになった。

　このような経緯から，筆者は，ASD 児と養育者の関係の発達を支援するアプローチについて検討したすえに，アタッチメント理論に基づいた親子関係の支援に注目した。アタッチメントに視点を置いた親子関係の支援として，小林（2007, 2008）は，個別の ASD 児と母親（母子ユニット）を対象

に，ASD を「関係障碍」と位置づけ，ASD 児と養育者の心的課題に着目した関係支援を行っている。一方，筆者は現在，グループ形式での親支援プログラムとして，「安心感の輪」子育てプログラム（Circle of Security Parenting program：COS-P プログラム〈北川，2012a，2012b[*1]〉）を導入し，ASD 児と養育者の関係支援の有効性を検証している。

　本章では，その実践について紹介し，アタッチメントの視点による関係支援の有効性について筆者の考えを述べる。

2）「安心感の輪」子育てプログラムの導入

　COS-P プログラムは，養育者を対象としたグループ形式の構造化された子育てプログラムの一種であり，アタッチメント理論に基づいた心理教育的アプローチと，ファシリテーターとの関係性に基づいた心理療法的アプローチの，二つの側面を持つ。元来 COS-P プログラムは，定型発達児の養育者を対象とし，虐待などのネガティブな関係性への介入を目的としたプログラムであり，養育者が子どものアタッチメント欲求に気づき，適切に対応する能力を高めることに主眼を置いている。

　筆者が ASD 児とその養育者に COS-P プログラムを導入する意図は，第一に，心理教育的アプローチを通じて，アタッチメント欲求は普遍的であり ASD 児にも存在すること，そして安心感に満たされた子どもは自ら外の世界との関わりを拡げていけるようになることを養育者が理解し，適切な関わり方を学ぶ機会を提供することにある。本法では親子関係を，アタッチメント欲求への安心感の充足と，充足後に生じる探索欲求の，両者の繰り返しからなる循環として扱う「安心感の輪」として理解することを特徴とする。第二に，共感的で安全な，セラピューティックな関わりのなかでの心理療法的アプローチを通じて，「安心感の輪」の循環を妨げる養育者の感情を調整し，親子関係の改善のきっかけを提供することにある。

＊1　「安心感の輪」子育てプログラムの詳細については，本書第 7 章を参照されたい。

3）「安心感の輪」子育てプログラムの実践

　ASD 児親子を対象に COS-P プログラムを実践するには，工夫や配慮が必要であった。以下，筆者が取り組んできた実践の概要を紹介する。

A. 構造

　就学前から学齢期の ASD 児とその母親を対象に，4 組の親子を 1 グループとした。この規模とした理由は，多様な状態像を持つ ASD 児の個別性の高さに対応するためであるとともに，母親が語る言葉を可能な限り丁寧に聞き取るためである。参加申し込みは幼児期の ASD 児親子が多く，その年齢層のニーズが高い。実際のセッションでは 4 〜11 歳までと，幅広い年齢層の ASD 児の母親のグループとなったが，少人数の構造により個別的な対応が可能であったため，年齢層の幅広さはプログラム進行における支障にはならなかった

　プログラム実施前に後述のアセスメントを行い，個々の親子に対する支援を検討した。プログラムは90分のセッションを週 1 回，合計 8 回行い，約 2 カ月間で完了した。終了後 1 カ月，6 カ月，1 年にフォローアップセッションを提供した。このフォローアップは，ASD 児の行動や対人関係の改善への長期的な支援の必要性を考慮して，独自に追加したものである。

B. 各セッションの流れ

　各セッションでは，毎回冒頭に，母親らが 1 週間の観察と実践を通しての気づきを報告した。その後，その回のテーマに基づいて DVD 教材によって学習し，感想を語り合った。その際，グループが安全な場として機能するように，プログラム開始前に全員が集団守秘義務の遵守を約束した。セッション後は，母親らはホームワークとして，セッションで得た学びや気づきをわが子との間で実践した。これは，日常に起こる「安心感の輪」，すなわちアタッチメント欲求と探索欲求の循環によって生じる行動を観察，記録し，親子の微細な相互作用を客観的にとらえる練習とした。

C.　ASD 児を対象とするうえでの配慮

　各セッションの内容は，基本的にオリジナルの COS-P プログラムに準じているが，筆者は ASD 児の多様な状態像を考慮し，養育者が具体的に「安心感の輪」を実感できるように，子どもの実態とセッション内容をつなぐ個別的な対応を行った。たとえば，定型発達児の比較的わかりやすいアタッチメント行動とは異なり，ASD 児の場合はアタッチメント行動の様式が多様である。不安時に独り言を言う，あるいは執拗に質問を繰り返して養育者のそばから離れないなどの一見奇異な行動が，じつは不安な気持ちをストレートに表現できない子どもからのアタッチメント欲求の現れでもあることなどを，個々の ASD 児の実態に合わせて具体的にわかりやすく説明した。

4）アセスメントと支援計画

　本来の COS-P プログラムでは，事前アセスメントは必須ではない。しかし，多様な状態像を示す ASD 児が対象であるため，プログラム提供前に親子それぞれのアタッチメントに関する実態と課題を正確に把握することが，より効果的な支援に有効であると考えた。そこで，プログラム開始前に，親子の行動観察および母親へのインタビューを Circle of Security（COS）プログラム（Powell et al., 2013）の方法に従って実施した[*2]。

A.　親子の相互作用の観察

　親子の相互作用の観察には，ストレンジ・シチュエーション法（Strange Situation Procedure：SSP）を用いたが，アタッチメントパターンの評定ではなく，個々の ASD 児に特徴的なアタッチメント行動や養育者の反応について観察し，親子の相互作用におけるアタッチメントに関わる問題点と強みを特定することを目的とした。たとえば，実際の親子の再会場面で子どもが母親に近接行動を示さないことがあるが，その場合でも子どもが母親を視認

＊2　この方法によるアセスメントは，原則として訓練が必要である。

する視線をとらえることで，アタッチメント欲求の微細なサインを感受することができる。そのようなサインに母親が気づかないならば，母親と検討すべき点として記録した。さらに，近接行動を示さない子どもに母親が自ら近づき，子どもの不安を調整する関わりができるかどうか，たとえば「待っていてくれたね，寂しかったね」などの言葉がけの有無も，親子関係の質をとらえる視点とした。すなわち，落ち着いて遊んでいると認識し傍観しているだけ，あるいは母親が子どもに対してむしろ侵入的な行動をとる場合，子どもが安心させてもらえない状態ととらえた。また，子どもが不安の解消に養育者を利用しない傾向や，養育者に近接しても落ち着きを取り戻せない傾向が観察された場合も，アタッチメント形成の問題としてとらえた。一方，母親が子どもの欲求に的確に対応している場面が観察された場合，その母親の潜在的な成長可能性として重視した。

B. 母親へのインタビュー

次に，SSP で観察された問題について，母親の子どもの欲求への応じにくさの背景，すなわち防衛について理解するため，母親に対しインタビューを行った。ここでは，COS インタビュー（Powell et al., 2014）に準じて，現在の親子関係，SSP で観察された親子の相互作用，母親自身の被養育体験への自身の思いについて質問した。

加えて，筆者は Pianta と Marvin の「診断への反応インタビュー」（Oppenheim et al., 2007）を参考に，子どもの行動に違和感を持ったときの状況，診断告知後の感情の変化について質問を行い，障害受容をめぐる現在の心理状態を把握した。このインタビューは，養育者にとっては辛い思いや記憶を呼び起こさせる体験ともなりうるが，同時に障害受容に対するさまざまな思いを語る機会を提供することでもあり，支援者としてその問題を受けとめ，克服を支援する準備があることを伝え，信頼関係を築く機会ともなった。

以上のアセスメントの結果を受けて，親子の適切なアタッチメント関係の形成を妨げる養育者側の要因について検討し，個別に支援計画を立てた。

5）親子の関係支援の実際

　本項では，親子の関係支援としてのセッションの実際について述べる。ASD の状態像の多様性にもかかわらず，COS-P プログラムの過程では，多くの養育者が共通の困難を経験することになった。

A. 最初の難関──アタッチメント欲求の理解

　プログラム進行過程における最初の難関は，ASD 児の行動を，アタッチメント欲求としてとらえられるようになることであった。たとえば，ASD 児にアタッチメント欲求が生じているとき，脈略もなく急に奇声をあげて泣くような行動が出現することがある。養育者にとっては意表を突かれる体験となり，アタッチメントのサインとしてとらえることは困難になる。特に言語発達が未熟な子どもの場合は，なぜ不安定なのかその原因の特定が難しく，その状況が母親の不安をさらに高め，対応は難しくなる。そのような経験を積み重ねてきたため，「障害があるから仕方ない」と壁を作り，子どものアタッチメント欲求の存在に気づくことは難しい。

　セッションでは，子どもの行動や表情を正確に描写することから練習し，「安心感の輪」の図に基づき，子どもの欲求を推測する練習を重ねた。やみくもに奇声をあげているのではなく，本当は不安や不快な気持ちを落ち着かせてほしかったのだ，と気づくようになれば，母親は子どもの行動を新たな視点でとらえられるようになっていく。そして，不安定になっている原因を突き止めることに執着して対応が遅れるよりも，子どもの感情を調整することが優先であることに気づき，安心感に導く対応が可能となる。

B. 第二の難関──養育者の防衛

　次の難関は，子どもの特定のアタッチメント欲求に対して，母親が自身に喚起される感情について内省し，無自覚的にとってしまう不適切な応答パターンに気づくことであった。この問題が生じるメカニズムに母親側の防衛があり，これは ASD 児の養育者に限らず，定型発達児の養育者にも見られ

る。子どもからの特定の欲求が，母親にこれまで避けてきた苦しい思いを呼び起こすため，その状況を回避するための心理的な反応が，子どもの欲求への適切な応答を妨げるのである。

　支援者としては，子どもとの関わりのなかでどのようなときに落ち着かない気持ちになるのか，どんな感情が生じるのかといった内省を促す対話を母親と展開し，そこでの感情に寄り添うことを努めた。それは，母親本人だけにしかわからない感情と支援者側の理解の焦点を合わせていく，緻密な作業でもあった。ここで支援者は即時にわかったつもりにならず，ときには「もう少し詳しくその状況について教えてくださいませんか」などと尋ね，できるだけ具体的に，その状況での母親の心情を理解する姿勢が重要であった。それらの作業を通じ，母親が支援者に対し共感的理解が得られたと感じられたとき，自身が受容され，「抱えられる」体験（Winnicott, 1965）を通じて，子どもへの適切な応答を阻害していた母親の感情の防衛がゆるんでいく。そして，自分の感情と子どもの欲求を区別することが可能になり，自分の感情を統制して子どもの欲求に応じてみることができるようになれば，親子の関係性は変化する。

C.　養育者にとっての安心の基地

　また，上記の難関を一度超えたとしても，わが子への見方や関わり方を変えていくことは，どの母親にも決して容易ではなかった。さまざまな気持ちの揺れのなかで，新たな歩みへの自信が揺らぐ経過があった。たとえば，COS-P の学びを通じてわが子に密に関わるほど，そのような密な関わりを経験してこなかった母親自身の子ども時代の感情が揺さぶられ，葛藤が生じる母親も少なくなかった。母親にも安心感に通じる支えがまさに必要なときであり，支援者が母親の安心の基地として機能することが重要であった。

　セッションでは，養育者にも子どもにも，安心に基づく温かな関係性を育む力があることを，全過程を通して繰り返し伝え，励まし続けた。その際，支援者は，母親の感情に揺さぶられ，対応や支援の姿勢に一貫性を欠くことがあってはならない。母親に全面的に寄り添いつつも，安定してアタッチメ

ントの普遍性を確信し，揺るぎない姿勢を貫いた。その姿勢は，母親の子どもに対する関わり方の変化に結びついていったと思われる。

3. 効果研究のためのアセスメント方法

　プログラムの臨床的有効性を確認するため，筆者は，①個別の事例検討と，②母親に対する質問紙および聞き取りによる事前・事後の調査結果の比較の，二つの方法から効果の検証を試みた。母親がわが子のアタッチメント欲求に，どのように，どの程度着目することができるようになったか，その欲求を満たす関わりがどの程度達成されていったか，について検討するためである。

　事例検討では，COS-P の導入が ASD 児親子のアタッチメント関係の改善をもたらした経緯を，介入前後の比較から個別に検討した。たとえば，子どものアタッチメント欲求に対し回避的な関わりをとっていたある母親については，障害受容に関する傷つきと，自身が子どもの頃，アタッチメント欲求を満たしてもらえなかった被養育体験上の傷つきから起こる自分の気持ちに圧倒されることなく，子どもの欲求を意識できるようになったことで，わが子とのアタッチメント関係を改善していった経緯を，事前アセスメントからの仮説的理解に基づきながら検証した（久保・北川，2016）。

　母親に対する質問紙については，プログラム開始前，終了後1週間以内，6カ月後，1年後に実施し，母親の養育態度の変化，母親の自己効力感の変化，子どもの行動と情緒の変化についての検討を，いくつかの標準化尺度を用いて試みた。また，聞き取り調査はプログラム終了後に，子どもや母親自身の変化，子どもの行動や表情の読み取りについて以前よりも意識していること，子どもとの関わりのなかで以前していたが今はやめるように意識していることなどを確認した。「安心感の輪の視点で子どもを見てみると，子どもは親を必要としていたと思う」「不安なときに『ママ，ギュー』と抱っこを求めるようになった」と，自分がアタッチメントの対象として子どもから必要とされていることを，母親たちが以前にも増して意識できるようになっ

たことが示された。

4. アタッチメント視点の臨床的支援の有効性

　これまでの実践の結果として，参加親子のすべてに関係性の改善が認められた。母親が子どものアタッチメント欲求に敏感に応答できるようになり，子どもからのわかりやすいアタッチメント行動が増えていった。

　母親側の変化は，不安な状態のわが子が自分にアタッチメントを求めていることについて，実感を伴って気づきを得たときに進んだ。また，自身の内面の課題に真摯に内省した母親ほど，特定の場面で生起する感情を自覚できるようになり，子どもの感情を調整することが優先であると気づき，親子のアタッチメント関係は改善していった。

　これまでの経験上，子どもへの適切な応答を難しくする母親側の最大の課題は，障害受容よりもむしろ，母親自身が子ども時代に経験した親子関係の傷つきのほうが大きいと感じられた。ASD児の養育という困難な状況下，子ども時代に形成された母親のアタッチメントパターンに基づく不安反応が，現在のわが子との関係のなかで誘起され，適切な応答ができなくなる悪循環を生じやすい。子どもの障害だけでなく，関係への視点も重要である。

　ここで，ASD児との親子関係の問題を訴える母親に対し，COS-Pプログラムによるアタッチメント視点に基づいた親子関係支援を試みた事例を挙げる。なお，この事例は，複数のケースからエッセンスを抽出した典型事例であり，個人が特定できないかたちで表記した。

1）事例の概要

主訴：子どもの要求がわからない。子どものかんしゃくにイライラする。

事前アセスメント：SSPでの再会場面で，慰めを求めて近づいてきた子どもに対して，最初は優しい言葉をかけていた母親であったが，なかなか落ち着きを取り戻せない子どもに対して，次第に指示的になっていった。インタビューでは，過干渉な母親，支配的な父親のもとで，大人に対して気

遣うことが多かった子ども時代が語られた。子どもの診断のショックも大きかった。

養育者の内的作業モデルについての仮説的理解：人のそばにいるとその人のペースに巻き込まれてしまう子ども時代からの不安があり，その感情に対する防衛として，わが子が接近してくると回避的な反応が起こると考えられた。わが子の障害のショックに対する心的葛藤の影響も大きい。

支援計画：COS-P プログラムによる，アタッチメントに関する心理教育を提供する。また，子どものかんしゃく（アタッチメント欲求）時に引き起こされる不安を母親が克服し，子どもの欲求に応じていけるようになることを目指す。

経過：子どもの欲求のわかりにくさを訴えながらも，親に気持ちを出しにくかった養育者自身の子ども時代を振り返り，わが子との関わりのなかで生じる自身の感情とわが子の欲求を，区別して考えられるようになっていった。「子どもの言葉や行動の意味がわからない」との訴えが，「本当は繋がりを求めていたのかもしれない」と，アタッチメントの視点に変化していった。

効果検証時：「本当はずっと前から私を必要としていたと思う」と，共感的なとらえ方に変化した。子どもの状態を観察するようになり，子どものアタッチメント欲求に適切に応えられているとの手応えが報告された。

2）事例に見るアタッチメント視点の重要性

　この事例では，主訴の「子どものかんしゃく」にある，子どものアタッチメント欲求を重視し，その理解と対応について支援することで，親子のアタッチメント関係の形成の良好な結果に結びついた。もし，支援者側にアタッチメントの視点がなかったら，支援策の検討時に，「要求がわかりにくい」という親側の訴えに比重が置かれ，言語訓練など別のアプローチが検討されたであろう。それも発達支援としては重要ではあるが，親子の関係性への視点は失われかねない。この親子にアタッチメント理論に基づく COS-P プログラムが提供されたことで，母親は子どもの真の欲求を理解し，わが子

のかんしゃくに対してネガティブなとらえ方から，自分に「繋がりを求めていた」という共感的なとらえ方に移行した。それは，実際の親子の相互の関わりの変化にも反映されていったと理解できる。

　さらに，プログラム実施の事前アセスメントに基づく母親の背景理解は，効果に影響を与える重要な要因となった。母親の個別的な事情が，生育歴や障害受容の問題を含めて理解されると，セッションでの母親の語りに対して，支援者はより深い共感を伴って関わることができる。母親にとって，自分だけしか知らなかった感情を支援者やグループに抱えてもらえた体験が，実際の子どもへの共感を伴う関わりに結びつき，日常での適切な対応へと結びついていったのではなかろうか。

3）まとめと展望

　アタッチメントに視点を置いた ASD 児と養育者への臨床的支援の目標は，二点ある。第一に，養育者がいかに子どもに安心感を提供できるか，第二に，子どもの育ちの土台をいかに形成できるか，である。COS-P プログラムを通して，養育者自身のアタッチメントや養育に関する内的作業モデルが修正されると，ASD 児の養育者に対する内的作業モデルも変化（形成，あるいは修正）し，養育者が不安を取り除いてくれる存在であると認識されるようになる。安心感に満たされる経験を積み重ね，子どもは孤立無縁の状態からの出口を見出すことができるようになる。

　その後，親子間での安心感を基盤として，子どもの探索活動が促進される。外界との関与のなかで子どもの体験世界は拡がり，知識や経験の獲得が活発になり，その子どもの発達は促される。ただし，ASD 児の場合，未知の世界への探索が進むとき，一時的に内的な混乱が生じ，不安定状態に陥ることがある。しかし，必要なときに助けてくれる他者の存在の確信があるASD 児は，もはや孤立してはいない。助けを求め，適切な支援を受けて，困難な場面にも立ち向かっていけるだろう。そのときこそ，生活適応や社会的スキルの獲得のための支援の有効性が高まるのである。

　既存の療育的アプローチや養育技術の獲得を目的とした親訓練プログラム

は，アタッチメント視点の支援と組み合わせることで，その効果の安定性，持続性が高まるものと期待できる。

5. おわりに

　ASD 児に対する COS-P プログラムが効果を示したことは，本実践の根本原理であるアタッチメントの普遍性を証明したことでもあり，ASD 児が「自閉的孤立」の要素を有しているにしても，他者との温かな繋がりを共同的に形成することは可能であることを示している。

　繋がりを求めていること自体に障害の有無は関係ない。この願いが受け入れられるという前提がどのような支援にも必要である。さまざまな困難に向き合いながら生き抜いている ASD 児たちにとって，安心感に包まれてこの世界の優しさと美しさに触れる一瞬は尊い。そのことを私たちは忘れてはならない。

　最後に，プログラムに参加してくださった養育者の勇気に敬服し，心から感謝したい。そして，障害とともに生きる子どもたちの幸せな未来を，心から願ってやまない。

【文献】

Adamson, L. B., McArthur, D., Markov, Y., Dunbar, B., & Bakeman, R.（2001）Autism and joint attention: Young children's responses to maternal bids. *Journal of Applied Developmental Psychology*, 22, 439-453.

別府哲（2007）障害を持つ子どもにおけるアタッチメント――視覚障害，聴覚障害，肢体不自由，ダウン症，自閉症　数井みゆき・遠藤利彦編著　アタッチメントと臨床領域　ミネルヴァ書房　pp.59-78.

Green, A. V., Pituch, A. K., Itchon, J., Choi, A., O'Reilly, F. M., & Sigafoos, J.（2006）Internet survey of treatments used by parents of children with autism. *Research in Developmental Disabilities*, 27, 70-84.

伊藤英男（2002）自閉症児のアタッチメントの発達過程　児童青年精神医学とその近接領域，43，1-18.

Kanner, L.（1943）Autistic disturbances of affective contact. *Nervous Child*, 2, 217-250.（十亀史郎・斉藤聡明・岩本憲訳〈1978〉幼児自閉症の研究，1，10-55）

数井みゆき（2012）アタッチメント理論の概要　数井みゆき編著　アタッチメントの実践

と応用——医療・福祉・教育・司法現場からの報告　誠信書房　pp. 1 -22.

北川恵（2012a）養育者支援——サークル・オブ・セキュリティ・プログラムの実践　数井みゆき編著　アタッチメントの実践と応用——医療・福祉・教育・司法現場からの報告　誠信書房　pp.23-43.

北川恵（2012b）親子の関係性に焦点づけた評価と支援を提供するプログラム——The Circle of Security プログラムの特徴と実践　子どもの虐待とネグレクト，14，153-161.

小林隆児（2007）ストレンジ・シチュエーション法から見た幼児期自閉症の対人関係障碍と関係発達支援　数井みゆき・遠藤利彦編著　アタッチメントと臨床領域　ミネルヴァ書房　pp.166-185.

小林隆児（2008）よくわかる自閉症——「関係発達」からのアプローチ　法研

久保信代・岩坂英巳（2013）広汎性発達障害（PDD 児）を対象としたペアレント・トレーニング——PDD の特性に応じたプログラムの改変と効果と影響を与える要因について　児童青年精神医学とその近接領域，54，552-570.

久保信代・北川恵（2016）自閉症スペクトラム児と養育者に対する関係支援——アタッチメントに基づく「安心感の輪」子育てプログラムに参加した 4 歳男児と母親の変化　日本心理臨床学会第35回秋季大会発表論文集，253.

鯨岡峻（2003）子どもの発達を「個」からみること，「関係」からみること　そだちの科学，1，10-16.

Oppenheim, D. & Goldsmith, D. F.（2007）*Attachment theory in clinical work with children: Bridging the gap between research and practice*. New York: Guilford Press.（数井みゆき・北川恵・工藤晋平・青木豊訳〈2011〉アタッチメントを応用した養育者と子どもの臨床　ミネルヴァ書房）

Powell, N., Cooper, G., Hoffman, K. T., & Marvin, B.（2007）The circle of security project: A case study- "It hurts to give you that which you did not receive". In D. Oppenheim & D. F. Goldsmith（Eds.）, *Attachment theory in clinical work with children: Bridging the gap between research and practice*. New York: Guilford Press. pp.172-202.（数井みゆき・北川恵・工藤晋平・青木豊訳〈2011〉アタッチメントを応用した養育者と子どもの臨床　ミネルヴァ書房）

Powell, N., Cooper, G., Hoffman, K. T., & Marvin, B.（2014）*The Circle of Security Intervention: Enhancing attachment in early parent-child relationships*. New York: Guilford Press.

滝川一廣（2004）こころの本質とは何か——統合失調症，自閉症，不登校のふしぎ　筑摩書房

Winnicott, D., W.（1965）*The maturational processes and the facilitating environment*. London: Hogarth Press.

第10章

司法における介入

● 工藤晋平 ●

1. はじめに

　非行・犯罪の領域に関わり始めて10年になろうとしている。その間にこの領域の景色も大きく変化してきた。刑務所内での特定罪種のための教育プログラムの実施，処遇改善のための民間カウンセラーの活用，刑務所出所者の就労支援と住居の支援，障害のある受刑者への特別環境調整，仮釈放を利用した保護観察所での教育プログラムの実施，そして少年鑑別所における一般の子どもと親の支援といったことが，この10年ほどの間に展開してきた。国の取り組みではないものの，取り調べや裁判の過程において，その後の支援も念頭に置いた弁護士，警察，支援機関の協働が行われるようにもなっている。それでも，この領域にはいくつかの壁が存在しており，それが支援の一貫性を難しくしていることも否めない。つまり，司法（家庭裁判所，警察，検察，拘置所【アセスメント】），矯正（少年鑑別所，少年院，刑務所【施設内処遇】），保護（保護観察所【社会内処遇】）という仕組み（以上を司法と呼ぶことにする）によってもたらされる，支援の流れの不連続性である。

　分断を超えて支援に一貫性を持たせるためには，仕組みを変えるか，その仕組みのなかでできることを探すよりほかにない。仕組みを変えるのは国の仕事である。したがって，ここで報告しようと思うのは，それでも支援に一貫性を持たせるための一つの枠組みの提示であり，取り組みのかたちである。私の経験は，刑務所のカウンセラーとしての仕事と，出所者の社会復帰

を支援する NPO 法人における仕事からきているが，とりわけ，本書の目的に添って，アタッチメントのアセスメントが日々の支援のなかでどのように活かされるのか，なぜアタッチメントであるのか，といったことについて論じてみたい。その試みは，非行・犯罪の領域にとどまらず，施設のなかで，あるいは社会のなかで行われるさまざまな支援について考えるときに，何かしらの手がかりを与えるものになるのではないかと期待している。

2. フレームワーク

　非行・犯罪についてアタッチメントの観点から考えるうえで，私が持つ枠組みは，アタッチメントの観点から見た非行・犯罪の発達と発生のモデルである。それは，支援におけるアタッチメントの役割を定位している。

1）いきさつ
　このことを考えるに至ったのには二つのいきさつがある。
　その一つは，大学の仕事で国連機関を回った，数年前の経験に拠っている。さまざまに事情の異なる国々が国境を越えて取り組まなければならない環境問題，巨大災害などに立ち向かううえで，国連各機関は問題解決のためのフレームワークを有し，それに基づいて各国の問題を分析し，その取り組みを評価するとともに対応を検討していた。フレームワークは問題を可視化し，同時に国境による分断を超えるツールであった。国連機関を回る間，私はもしも非行・犯罪の領域にこうしたフレームワークを持ち込むとしたら，どういったものになるだろうかと考えていた。
　もう一つは，非行・犯罪とアタッチメントの関連は，この領域で働く人には広く共有された問題意識であるにもかかわらず，実際にアタッチメントの問題がどのように非行・犯罪に関与し，社会復帰支援に活かされているかという議論になると，十分な理解がないことだった。アタッチメントパターンとの関連（レビューとして平野，2015），そのメカニズムの考察（Kenny et al., 2014参照）などが散見されるものの，アタッチメントの不具合は何も非行・

犯罪に関わるものばかりではない。たとえば精神病理のリスク因子でもあるうえに，非行・犯罪からの社会復帰が現状ではアタッチメントの観点なしにそれなりに成り立っていることを考慮すれば，非行・犯罪の発達と発生を説明し，支援における役割を定位する作業が必要であるように思えた。

2）非行・犯罪の発達・発生のモデル

以下に示すのは，そうして検討された，アタッチメントの観点から見た非行・犯罪の発達と発生のモデルであり，介入のための枠組みである。私はこのモデルを「二重のサークル・モデル」（Dual Circle Model）（図10-1）と呼んでいる（工藤・浅田，印刷中）。

A．アタッチメント過程

生体のアタッチメントシステムを活性化させるのは，危険が増大していることを知らせるサインである。その恐怖（fear）事態は大きく三つあり，一つ目は疲労，空腹，病気，けがなどの「生体の状態」，二つ目は見知らぬ場所，暗闇などの「環境の条件」，最後はアタッチメント対象からの分離，孤立といった「対象の利用不可能性」である。こうしたサインのあるときに，人は恐れ（afraid）と心的苦痛（distress）を経験する。保護を求めてアタッ

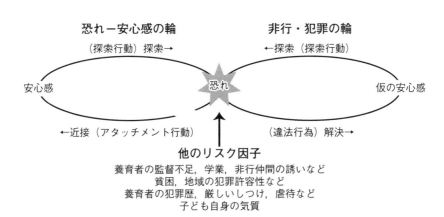

図10-1 二重のサークル・モデル

チメント対象への近接を図り，ここでアタッチメント対象からの敏感な（sensitive）応答を受けられれば安心感（security）を経験する。アタッチメントシステムは停止し，替わりに探索システムが立ち上がる。生体は環境の探索を始め，新しい経験を重ね，学び，知り，世界を広げる。やがてそのなかで再び危険の増大するサインに遭遇すると，上記の過程が繰り返される。それが Bowlby（1969/1982, 1973）と Ainsworth ら（1978）が記述したアタッチメントの過程である。

B．第1段階

　この恐れと安心感という2種の情動を両極に据えたサイクルが，図10-1の左の恐れ−安心感の輪に表されている。非行・犯罪の発達と発生のモデルは，この過程がうまく回らなくなること，つまり恐れから安心感への移行が阻害されることを，その第1段階においている。アタッチメントの過程を阻害する要因には，養育者の敏感性の問題，虐待や不適切処遇，心的外傷の世代間伝達，社会経済的状態や10代での未婚の妊娠といった，これまでアタッチメント理論が提示してきた諸要因が並ぶことになる。

C．第2段階

　しかし，それだけでは非行・犯罪には至らない。乳幼児期のアタッチメントの質と非行・犯罪につながりやすい外在化問題（Groh et al., 2012）や行為障害（DeKlyen & Greenberg, 2016）などとの関連はさまざまな研究で認められているものの，そうした問題から非行・犯罪への進展が直接的に生じるわけではなく，アタッチメントの不安定さが児童期までの諸問題を予測するほどには，青年期の非行・犯罪を予測しないためである（Hoeve et al., 2012）。犯罪領域における長期縦断研究（Farrington, 2000; Moffitt, 1993など）は，さまざまなリスク因子が複層的に関わることを明らかにしており，それらをまとめれば，子ども自身の気質や行動傾向などの「子の個人要因」，養育者自身に犯罪歴があるなどの「養育者の個人要因」，厳しいしつけや虐待，監督不足などの「養育者の養育要因」，貧困や住環境の悪さ，両親の不和といった「家

庭環境要因」，犯罪に対して許容的な文化，風土といった「近隣環境要因」，学業不振や中退などの「学校要因」，そして非行仲間の存在や誘いといった「同輩要因」となるだろう。

　こうした要因に子どもが養育者に持つアタッチメントの質という「子どもの関係要因」が加わるのだが，これらのリスク因子が非行・犯罪の発達的基盤を形成し，青年期になって子どもを非行へと押し出し，あるいは非行・犯罪への閾値を下げている。それがモデルの第2段階である。

D.　第3段階──非行・犯罪過程

　このモデルの最も重要な点は，アタッチメントの過程が阻害されているときに，高まる恐れと心的苦痛の解決を求めて非行・犯罪への経路が開かれるというところにある。本来的にはアタッチメント−養育のサイクルのなかで慰められ，静められたはずの恐れと心的苦痛とが，第1段階においてすでに阻害されているために，生体はその解決に向けて異なる方略を選択しなければならない。加えて，青年期には仲間関係，性的関係，社会的関係についての深化，拡大が始まるために，その解決手段も複雑なものとなっていく。暴力，性，嘘，掠取，放浪，薬物使用といった行為が選択され，それらが社会的規範の範囲を逸脱したときに非行・犯罪が成立する。第3段階はそうして展開する。

　発達的にはそうした経路ができ上がり，発生的にはこうして事件が発生する。このときに重要であるのは，違法行為が，いずれも一時的でかりそめとはいえ安心感を提供するために，生体にとって有用なものになっているという点である。それは生体を日常生活に戻す助けとなっており，そのために，時にこうした行為への嗜癖が生じる。このモデルはしたがって，「常習」と形容される違法行為への嗜癖にも，「遊び型非行」と形容される種類の違法行為にも，恐れと心的苦痛の解決を求める動機を読み取るものである。

　違法行為に向かう主観的な経験は，むしゃくしゃしたから，すっきりしたくて，追いつめられて，かっとなってなど，さまざまであるだろう。それらはいずれも，恐れと心的苦痛の主観的知覚に関わっている。あるいは親に気

づいてほしくて，わかってもらいたくて，といった動機が語られることがあるかもしれない。そのような言葉には，本来的に求めているのが安心感のあるアタッチメントの過程であることが示唆されている。

3）モデルに基づく介入の焦点

すべての非行・犯罪にこのモデルが適用できるわけではないだろう。しかし，性犯罪，暴力犯罪，薬物犯罪，あるいは青年期における一般的な非行の多くは，この観点から理解しうると私は考えている。

いずれにしても，このモデルに基づいて非行・犯罪を理解するなら，その介入は以下の五つに大きく分けられることになる。

(1)　非行・犯罪の輪における違法行為を止めること：直接的に行動を制止することより，時に司法当局の介入を必要とするだろう。

(2)　恐れ−安心感の輪から非行・犯罪の輪への移行を促進する要因を減らすこと：非行仲間からの離脱，養育者やその代理による監督，家庭への福祉的介入，地域の風土の改善，犯罪機会の統制など。

(3)　恐れと心的苦痛を和らげること：必然的に支援者は安心の基地を提供していることになる。

(4)　恐れ−安心感の輪を取り戻すこと：養育者とのアタッチメント関係の安定化，親密で安心感のある関係の構築で，時にこれが支援者との間で生じるかもしれない。

(5)　その全体の見取り図を本人と関係者とで共有すること。

今現在行われている矯正，保護における教育プログラム，あるいは各種の心理療法の多くは，(2)と(4)に関わっていると見なすことができる。しかし，そうした種々の支援と異なるこのモデルの特徴は，これが恐れと心的苦痛とをその中核に据えているところにある。そうして，この低減が，本来的にはアタッチメント関係に委ねられると主張するところにある。

3. 支援の実際

1）半構造化面接によるアセスメント

　このモデル（図10-1参照）に則って個人のアセスメントを行うとすれば，一つは左の輪の阻害されている程度を，もう一つは右の輪への移行しやすさを，明らかにすることになるだろう。前者については AAI が活用可能で，後者のために同様の半構造化面接が開発されている（工藤ら，2016 ; 竹田ら，2016）。非行犯罪面接（Delinquency and Crime Interview: DCI）と名づけられたその面接法は，AAI に倣って語りに表れる事件の記憶への接近可能性から，その表象過程，つまり事件への動機づけが高まったときに，それがどのように組織化されていくかをとらえるものである。

　開発自体は現在進行中のため，詳細を述べられる段階には至っていないが，初犯者には自発的な事件についての語り，不安や後悔の現実性，および自分が事件を起こし被害を生み出したことへの悲哀の感覚があることが注目される。語りがそのような要素を含んで組織化されていることが，恐れと心的苦痛を処理するうえで，その個人には自律的で，現実的で，何よりその結果に対する責任の感覚が備わっていることを予期させる。このことは，恐れと心的苦痛を解決するうえで，非行・犯罪の輪への再移行（つまり再犯）が起こりにくいことを意味しているだろう。

　こうしたアセスメント法を活用することの利点は，エビデンスを重ねながら支援を進めていけることであり，逆に欠点は，これらが誰にでも利用可能なものではなく，また評定のために多くの時間を使うことである。DCI は通常，AAI ほどに長くはならないものだが，その実施，逐語録作成，コーディングのすべてには，1人あたり半日から1日かかり，その作業のみに取り組めるわけではないため，実務水準では1，2週間を要することになるだろう。したがって日常の支援において，とりわけ資源の少ない小規模の施設においては，こうしたアセスメント法の活用は残念ながら現実的な選択肢ではない。

　アタッチメントの観点の利点の一つは，観察可能な行動を通した理解ができるところにあるのだが，そのアセスメントのための体制をどのように整えたらよいか（たとえば，司法，矯正においてアセスメントが行われ，処遇の結果とともに民間含め社会内処遇に引き継がれるのであれば，この問題はある程度解消されるかもしれない）ということとは別に，今ある体制で行えることは何かを考えることも，日常の支援においては必要となる。

2）日常的な支援

　以下に挙げるのは，こうした小規模な施設における日常的な支援のための，アタッチメントの観点からの定式化である。

　非行・犯罪とは，アタッチメント関係において恐れと心的苦痛を慰めることのできない安心感の欠如を背景として獲得され，また惹起された，社会的に逸脱した解決の試みである。したがって，アセスメントにおいては表に現れた行動の背後に潜む「恐れと心的苦痛」にたどり着くことが求められる。介入は，①その恐れと苦痛に「安心感のケア」を届けること，②恐れと心的苦痛から非行・犯罪に至る「解決の試み」について再検討すること，同時に③「安心感のある関係」を他者との間で築けるように支え，励ますこと，に焦点化されるだろう。前節で挙げた五つの介入に照らせば，これらは⑶と⑷を中心とした定式化だといえるだろう。⑴や⑵にあたる介入として，違法行為を防ぐ手立てもここに加わるが，それはむしろ状況をどのように構造化するかにかかっている。

A. 関係の崩れを修復する

　一例を挙げてみよう。私の関わる NPO 法人で支援をする障害者には，ときおり他人の小銭をくすねる行為が観察される。こうした行為はある時期には収まり，ある時期には頻発するが，たいていは他の利用者からの報告があってすぐに発覚する。そうした行為は単にお金が欲しいだけのように見られ，たしかにその側面もあるとはいえ，また障害がからんでいる可能性があるとはいえ，頻発する時期に起きていたことを振り返れば，支援施設や仕事

において叱られ，あるいは仲間にかまってもらえないといった不満や孤独を募らせるときでもある。小銭をくすね，菓子やタバコを買うことは，こうしたときに自らを慰めるアタッチメント対象への近接を置き換えるものとして出現しているようであった。しかし，そのために彼らは施設に顔を出しにくくもなる。それがまた，違法行為を加速させていく。したがって介入は，支援施設における関係性の改善に重きを置くことになる。

　ある事例では，施設長がはじめに，被害に遭った友人に本人を家に入れないように指導した。その結果，本人は行き場なく近所をうろつくことになったが，そうして居場所を失っている本人に来所を促し，もう一度施設でやり直す方策を考える役割を私が取った。施設長は本人に対してやるべきこと（仕事に行く，作業所に通う，被害者の家には立ち入らない）を指導する役割を取り，そのようにして右の輪への移行を防ぎ，左の輪へと押し戻した。重要であったのは，本人がもう一度施設や仲間に受け入れられている感覚を取り戻すことで，そのために私との間で希望と安心感とを得ることだった。違法行為をする機会を奪うように状況が構造化され，アタッチメントの過程を回復するなかで，怒りと孤立を扱うことになる。

B. 危機介入

　前項の例は関係性の改善を見越した取り扱いであったが，次に危機介入として，恐れと心的苦痛のみに焦点化した例を挙げたい。

　施設の元利用者が，あるときふいに相談に訪れた。何かと思って話を聞くと，「今からコンビニの店長を殺しに行く」と言う。穏やかでない雰囲気のなか，その人はポケットから小さなナイフを取り出した。それはとても危険な兆候で，本人の言うところでは，コンビニで買い物をしていたところ知らない男に，「お前はその金をちゃんと払うんか」と言いがかりをつけられて，一触即発の事態になったようである。その状況が私にはよく飲み込めなかったのだが，どうやら本人は，持参したビニール袋に店の商品を入れてレジに持っていこうとしていたようだった。相手の男はそれを咎めたことになるのだが，本人としては「何だお前は」と反発を強め，そこに駆けつけたの

がコンビニの店長だった。店長は二人をなだめようと努力して，結局警察を呼ばざるを得なくなったようだった。

　本人が店長に怒りを抱いたのは，このときに店長が相手の男を警察に突き出さず，事態を解決できなかったからだった。言いがかりをつけた男性を恨むならともかく，そのようなかたちで店長を恨むのは理不尽に思えたが，恨みに凝り固まったその人は，私にナイフを向けながら「お前を殺すとかも何ともないんじゃ」と憤った。それもまた理不尽だと思ったが，事態は緊迫していた。

　本人の話は続き，刑務所から出所して，いかに世間から冷たい扱いを受けてきたかが語られた。だがそれは，今起きている事態の説明にはならなそうだった。むしろ，言いがかりをつけた男によって本人は脅威にさらされ，一方で闘争–逃走反応として攻撃性が高まり，他方でアタッチメントシステムも活性化しているところで，コンビニの店長が，その人を保護することに失敗したアタッチメント対象を表しているのかもしれないと思えた。そこに恨みが発生するのは，元々の養育者との関係を反映していたかもしれなかったが，残念ながらそうした過去を振り返るだけのゆとりはなかった。

　どこにも解決の糸口がないように思えたが，30分ほど経って，私が「でも，店長もどうしてよいか困ったんじゃないでしょうか」と言ってみると，彼は意外にも，「まあそうなんかもしれん」と店長に同情した。それから雑談をして10分ほど経ったところで，またその人は事件を思い出して憤慨し始めたのだが，私は同じように言ってその人を慰めた。

　その後，この人はある幻覚的な体験を語った。それは，この人が刑務所出所後に，自殺をしようとしていたときのことだった。突然女神が現れて，「お前のようなやつは帰れ」と言われたのだと言う。それでその人は引き返し，死ぬことなく今に至っていた。それはずいぶん乱暴なイメージではあるけれども，それでもこの人の内的な保護者を表しているように思えた。

　店長はこの役割に失敗し，私は何とかその人の反応を静め，恐れと苦痛の感覚も和らげることができたようだった。1時間ほど経ってこの人は，「じゃあもう帰ります」と言って帰っていった。

C. 行為による取り扱い

　もう少し共感的な言葉をかけて，恐れと苦痛が和らぐ事例が示せれば，安心感のケアの実像もわかりやすいのだろう。けれども，非行・犯罪の領域において，とりわけその日常的な関わりにおいて，恐れと心的苦痛に直接に言語的に触れることは時に危険である。というのは，そうした言葉かけは，彼らが目を逸らそうとしている恐れと心的苦痛とに直面させるものだからである。とりわけ，危機介入においてはそうである。時間をかけること，なだめすかすことで，アタッチメントシステムの活性化を和らげることもある。

　非行・犯罪とは行為による解決である。それは，心的苦痛に耐えきれないことを意味している。恐れと苦痛に直接に触れる介入は，むしろそれ自体が脅威として知覚され，そのために支援は破壊的に作用する（その一例は工藤〈2012〉に挙げた）。むしろ，こうして恐れと心的苦痛を取り扱うときでも，言語的にはその周辺に触れるだけのことが多くあり，それでも行動の背後に恐れと心的苦痛を読み取り，その高まりの低減を図ることには変わりがない。このときに，恐れと心的苦痛を引き出しやすい状況が，生体の状態，環境の条件，そしてアタッチメント対象の利用不可能性であることを念頭に置けば，起きていることの見通しが良くなるだろう（工藤，2017）。

　こうした作業の一つひとつが，その積み重ねが，支援関係を安心の基地へと変えていく。非行・犯罪の支援の実際とは，とりわけ日常生活における小規模な施設での支援は，そのようなものであると私は考えている。

4. おわりに

　本章では，アタッチメントの問題を非行・犯罪の発達と発生に結びつけ，支援において定位する枠組みを提示し，その実際の例を二つ紹介した。そこに示されていたように，生活において遭遇する種々の出来事が，個人に恐れと心的苦痛を喚起する。アタッチメントの問題はその処理の困難をもたらす点において，非行・犯罪の基盤の成立を説明し，安心感ある関係は慰めと安

心感をもたらすことで，非行・犯罪からの離脱を可能とする。何より支援関係が，そうした安心の基地となる可能性を帯びている。それゆえに，数あるリスク因子のなかで，アタッチメントが注目されるのである。

　もしも支援の流れに隔たりがなく，アタッチメントのアセスメントと非行・犯罪の組織化についてのアセスメントが引き継がれていたら，どれだけ支援に奥行きと見通しが出るだろう，と想像する。それは，アセスメントと介入の連続性と一貫性を保証する。なにより，分断は分離と喪失の感覚をもたらすために，それ自体が潜在的に恐れと心的苦痛とを喚起するものなのである。

　この不連続性に橋を架けることが，これからの非行・犯罪支援の体制に不可欠な要素であるし，ここに提示した二重のサークル・モデルは，そうした境界線を超える共有されたフレームワークに向けた一歩である。そのようにしてまた一つ，非行・犯罪領域の景色が変化していくとよいと思う。

【文献】

Ainsworth, M. D. S., Blehar, M. C., Waters, E., & Wall, S.（1978）*Patterns of attachment: A psychological study of the Strange Situation*. Hillsdale: Lawrence Erlbaum Associates.

Bowlby, J.（1969/1982）*Attachment and Loss. Vol. 1. Attachment*. London: Hogarth Press.

Bowlby, J.（1973）*Attachment and Loss. Vol. 2. Separation, anxiety and anger*. London: Hogarth Press.

DeKlyen, M. & Greenberg, M. T.（2016）Attachment and psychopathology in childhood. In J. Cassidy & P. R. Shaver（Eds.）, *Handbook of attachment : Theory, research, and clinical applications*. 3rd ed. New York: The Guilford Press. pp.639-666.

Farrington, D. P.（2000）Explaining and preventing crime: The globalization of knowledge. *Criminology*, **38**, 1-24.

Groh, A. M., Roisman, G. I., van IJzendoorn, M. H., Bakermans-Kranenburg, M. J., & Fearon, R. P.（2012）The significance of insecure and disorganized attachment for children's internalizing symptoms: A meta-analytic study. *Child Development*, **83**, 591-610.

平野慎太郎（2015）アタッチメントと反社会性――その理解と支援　甲南大學紀要　文学編，**165**，211-225.

Hoeve, M., Stams, G. J. J. M., van der Put, C. E., Dubas, J. S., van der Laan, P. H., & Gerris, J. R. M.（2012）. A meta-analysis of attachment to parents and delinquency. *Journal of Abnormal Child Psychology*, **40**, 771-785.

Kenny, D. T., Bkacker, S., & Allerton, M.（2014）Reculer pour mieux sauter: A review of attachment and other developmental processes inherent in identified risk factors for juvenile delinquency and juvenile offending. *Laws*, 3, 439-468.

工藤晋平（2012）元受刑者の社会復帰支援におけるアタッチメントの病理と理解　数井みゆき編著　アタッチメントの実践と応用——医療・福祉・教育・司法現場からの報告　誠信書房　pp.192-209.

工藤晋平（2017）自立準備ホームにおける社会復帰支援——不安や恐れに安心感のケアを届ける　行政，**128**，16-25.

工藤晋平・浅田慎太郎（印刷中）アタッチメントの観点から非行・犯罪をモデル化する　心理学評論，**60**.

工藤晋平・竹田収・西岡潔子・工藤光恭・高村一葉（2016）非行犯罪面接（仮称）の開発に関する研究（1）　犯罪心理学研究，**54**，22-23.

Moffitt, T. E.（1993）Adolescence-limited and life-course-persistent antisocial behavior: A developmental taxonomy. *Psychological Review*, **100**, 674-701.

竹田収・工藤晋平・西岡潔子・工藤光恭・高村一葉（2016）非行犯罪面接（仮称）の開発に関する研究（2）　犯罪心理学研究，**54**，24-25.

第11章

アタッチメントの観点から見た DVとアルコール・薬物依存症

● 森田展彰 ●

1. はじめに

　本章では，ドメスティック・バイオレンス（DV）や，アルコール・薬物依存症を取り上げる。どちらの問題についても家族との情緒的関係性の問題があることが指摘されており，その心理や回復について，本来的な関係性であるアタッチメントの視点から検討することができる。以下に，両問題における当事者の心理，家族や援助者との関係，介入・援助について，アタッチメントを用いたアプローチを示す。

2. ドメスティック・バイオレンス（DV）

1）アタッチメントの視点からの DV の理解

A. 加害者の心理

　DV とは，身体的暴力や性的暴力以外にも，言葉で相手をおとしめる，脅迫・威圧，孤立させるなどの心理的な虐待や，経済的な暴力などがある。その本質は，叩いたか否かということよりも，支配的な関係性の持ち方にあるとされる（Pence & Paymar, 1993）。つまり，パートナーや交際相手に対して，一方的に相手の基本的な権利や自由を奪い，支配し，心身にダメージを与えているかどうかが問題である。加害的な行動を行っている側は，「自分の言

うことに従うべきだ」という偏った認知を持っている場合が多く，その場合には，相手にダメージを与えている自覚に乏しく，相手の苦しさを見ても合理化や矮小化している場合が少なくない。

　DV が繰り返される主要な要因としては，認知（考え方）の歪みが注目されている。認知の歪みの要因としては，以下の二つが主要なものと考えられる。

(1)　男女関係に関する社会・文化的な認知の歪み：男性・家長は，女性やその他の家族に対して，自分の意見や欲求を優先させる権利があるとする考え方。

(2)　生育家庭の影響：虐待や DV のある家庭で育つことが，デート DVや DV につながるということが示唆されている。そのなかには，暴力による対処法を見て学んでしまうという直接的な学習があるが，アタッチメントの安定性の不足やトラウマ体験のために，内在された認知‐情動‐行動の問題（情動制御や対人関係における調節障害）が暴力につながるという機序が考えられている。たとえば，Dutton（2007）は，加害者の中核には境界性人格構造（BPO）があるとしており，その背景には生育家庭における虐待などの被害体験によるトラウマ症状，情緒不安定，爆発的な怒り，嫉妬心などがあるとしている。縦断研究でも，子ども時代に DV や虐待を受けたことが，DV 加害行為を行うリスク要因であることが確かめられている（Ehrensaft et al., 2003;White & Widom, 2003）。

　DV 加害者のアタッチメントの研究では，その多くが不安定なアタッチメント型を持つ場合が多いことが報告されている。Dutton（2007）は，RQ（Relationship Questionnaire）を用いた調査を行い，加害者では対照群より，安定型の得点が低く，恐れ型の得点およびとらわれ型の得点が有意に高かったこと，特に恐れ型の得点が怒りや暴力の尺度の得点と高い相関を示したことを報告している。Godbout ら（2009）は，子ども時代に親から受けた暴力体験が，成人期のアタッチメントスタイル（アタッチメント不安やアタッチメ

ント回避）を通じて，現在のDVに影響していることを示した。見捨てられ不安があることが，交際相手への加害に影響していることが指摘されている。

　DV加害者の中核群は，一般の人間関係では暴力的ではないが，パートナーなどの近しい関係性のなかで生じる。その心性は，パートナーに自分の気持ちに合わせたケアをしてもらえない怒りや，してもらうことへの執着ともいえる行動である。近しい関係におけるケア欲求ということでは，生育期のアタッチメント体験が関係している場合が多いと考えられている。

　筆者が関わっているDV加害者プログラムにやってくる7割以上の男性が，児童虐待やDVの問題のある家庭で育ったことを語っているが，こうした暴力や虐待を行う養育者に育てられる場合，本来は安心の基地であるべき存在が乳児を不安や恐怖で縛る結果，無秩序・無方向型（Disorganized/disoriented：D型）のアタッチメントに陥ってしまう。このD型アタッチメントの事例では，不安や困った場面でそれに対し素直にSOSを示すことができず，フリーズしたり，混乱した行動を生じるようになる。そうした事例は，その後幼児期から学童期において，子が親に対して統制的な行動（そのなかには，養育者を命令や懲罰で支配する統制・懲罰型と，養育者を世話するかたちで支配する統制・養育型がある）を示すとされる。

　筆者はこの学童期の統制的な行動がDV行動の起源の一つであると考えているが，学童期における統制はあくまで，不安を強める養育者の関わりを最小限にしようとする妥協的な行動であり，その時点では成人期のDV加害者の行っている意図的・反復的なものとはいえない。筆者が接した加害男性の一人は，「必死に抵抗する気持ちで暴言や暴力をし始めたが，そのうち養育者を殴って言うことを聞かせることが心地良くなった」と述べていたが，学童期に，養育者を統制して不安の増大を防いでいるうちに，相手を暴力などで統制できる効果を感じるようになり，より意図的，反復的に暴力を用いるパターンが定着していくと考えられる。こうした統制的態度の対象が，養育者からパートナーへ移っていくと考えられる。

　このことについては，加害者プログラムに参加した男性に「父親の暴力に

困っていたのに，どうしてパートナーに同じようなことしてしまうのか」と問いかけたところ，「親父がケアしてくれることはあきらめていたが，母は自分を守ってくれるべきだと不満を感じていた。そうした気持ちが今のパートナーに出てしまうのかも」と述べていた。加害者の心理の理解において，満たされないアタッチメント欲求がその根底にある一方で，そうしたケア欲求の不充足を，別の相手に対する暴力というかたちに転化してきたというプロセスが加わっているために，その内省や修正が難しくなっているという点も確認しておく必要がある。

B.　被害者の心理

被害を受けることについても，アタッチメントの問題が関係していることが指摘されている。安定したアタッチメント体験を持てた青少年は，自己価値感を発達させることができ，それにより虐待的な関係性に巻き込まれる可能性を減らすことができるとされる（Cleveland et al., 2003）。逆にいえば，児童虐待などの不適切な養育を体験している場合には，デート DV の被害を受けるリスクを高める可能性がある。

また，交際相手間でのアタッチメントスタイルの組み合わせが，DV に影響することが指摘されている。Doumas ら（2008）は，一般のカップル70組について関係尺度（RQ：Relationship Questionnaire）（Bartholomew & Horowitz, 1991）を用いて調査を行い，女性においてアタッチメント不安の尺度得点が高いことと，男性においてアタッチメント回避の得点が高いことが重複していることが，男性の DV に関係していることを示した。これは，男女間で適度だと感じる距離が異なることにより，葛藤が生じやすいためであると考察している。

高畠（2007）は，DV 被害者のアタッチメントと，暴力被害の長期・短期の違いが関係していると考え，長期の暴力被害のタイプでは親との関係もアタッチメントが組織化されておらず，自分の心身の安全を得る方法がわからず，DV からの避難が難しいとしている。短期の暴力被害のタイプでは，アタッチメントは組織化されており，DV から避難して援助者に助けを求める

行動をある程度とれると考えられ，こうしたアタッチメント型の違いをもとに支援を行うことが有効であるとしている。

C.　DV家庭の子どもへの影響

　DVが子どもに与える影響について，その目撃の衝撃のみが取り上げられる場合が多いが，実際には図11-1に示すように，多くの経路で母子に影響を与える。特に深刻なのは，主なアタッチメント対象としての母の機能を低下させてしまうことにある。加害男性は女性に対して，まるで一番年上の困った子どものような態度で自分のケアを優先させ，勝手な生活上の規則を強制し，女性の助けになる友人や親せきなどの関係を遮断するなどして，女性が子どもに関わる余裕を奪ってしまう。女性は常に男性を怒らせないことにばかり気を配るようになり，PTSDやうつなどの精神健康の問題も重なり，子のケア欲求への適切な応答ができなくなる。

　そうしたなかで女性は母としての自分を責めるようになるが，男性から子どもの前で侮辱される場合は，さらに自信を失う。子どもは暴力場面の脅威を与えられるだけでなく，そこで生じた不安を解消する安心の基地が奪われ

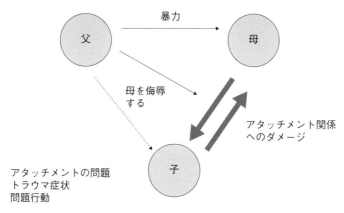

図11-1　DVが母子に与えるダメージ

る（＝母にも頼れない）という状況にさらされる結果，家の中で放置されていると感じる場合も多い。このような状況下に置かれた子どもは，アタッチメントやトラウマの問題を持つようになることが多い。

2）アタッチメントの視点からの評価に基づく援助・介入

A．加害者に対する予防・介入

DV 加害者は，幼少期に虐待的な親子関係にさらされることで，不安定なアタッチメントの内的作業モデルが生じ，それが成人期のパートナー関係において，見捨てられ不安や親密性への恐怖につながり，それを打ち消すためにパートナーにケアを求める統制的行動をとっていると考えられる。

Godbout ら（2009）は，DV 行動のパターンが世代間で連鎖することを防ぐためには，虐待や DV を生じた親の子ども時代に解決されなかったトラウマ体験について整理して，適切な葛藤解決の方法を教えることが有用であるとした。もし，そうした対応がとられないと，内的な攻撃性がエスカレートして DV 行為につながってしまう。Sonkin と Dutton（2003）は，臨床家はクライエントの関係性に関する内的な体験についてもっと注意を払い，アタッチメントに関連する不安への対処や，破たんしたアタッチメント関係を超えて，自分と他者の肯定的なモデルの再構築を援助する必要があるとしている。

一方，深刻な暴力がすでに生じている DV 加害者に対しては，カップルセラピーはかえって危険につながる可能性があり，被害者から切り離したかたちでの教育プログラムが，裁判所命令などのかたちで多くの国で行われている。日本では裁判所命令で行う加害者プログラムはなく，NPO などの民間団体による任意のプログラムが，先駆的に行われている状況である。著者は NPO 法人で10年以上，DV 加害者に対するクローズドグループのプログラムを継続しているが（森田，2007），その内容は以下のようなものである。

(1)　援助関係の構築と行動変容の動機づけを行う。

(2)　加害者が持つ暴力を肯定する場面-考え方-感情のパターンの変容を行う。加害者のジェンダーバイアスを受けた考えを変えるフェミニスト心理教育や，認知行動療法の方法を用いる。相手との関係で暴力が生じる場面で，感じている感情やそれに関係する認知を同定し，適応的なものに変える。また，これをもとにした再発防止計画を立てる。

(3)　コミュニケーションスキルへの介入。攻撃的な方法から離れ，相手を尊重しながら自分の気持ちを伝える，アサーティブな方法を学ぶ。

　以上のプログラム内容について，アタッチメントの観点での評価や働きかけを以下に述べる。

a）援助関係の開始における動機づけ

　加害男性に，暴力という問題に取り組む責任を認めさせながらも，一緒にそれを変える作業を行ううえで，治療的な関係を結ぶことが必要になる。拒絶型の加害者は，援助者に対して感情的なつながりを持つことを恐れ，自分の感情的な問題を内省できず，被害者の訴えやその解決を理詰めに行おうとする態度が多い。とらわれ型では，見捨てられることを不安に感じ，援助者の顔色をうかがうような態度をとりがちである。こうした援助者への態度から，各事例の持つ内的作業モデルを検討しながら，接近や見捨てられの不安に振り回されず，むしろそうした不安を共有できる関係を築いていく。

b）認知の歪みへの働きかけ

　暴力肯定的な認知の修正を行うことになるが，アタッチメントの内的作業モデルの問題が含まれている。関係を失うことへの不安や，親しい関係性に対する恥や恐怖があり，それを防衛するために，相手に対する過度な完璧主義や被害的な認知につながりやすい。そうしたバランスの悪い認知を持っていることを内省させ，適応的な認知に修正することを検討させる。

c）感情調節や対人スキルへの働きかけ

　自分が相手に対して抱いている感情を，怒りや攻撃というかたちでなく，相手に受けとめてもらえるようなアサーティブな表現をすることが目標になる。とらわれ型の加害者の場合，パートナーや援助者に対して，見捨てられ

不安を批判や怒りで表現しがちである。怒りは防衛的意味があるので，丁寧に共感的に受けとめていくと，自分の生い立ちを含めて豊かな感情表現をしてくる傾向がある。相手と意見が異なるなどの場面で，自分が見捨てられるかもしれないと不安になったときに，その不安を相手にぶつけるのではなく，アイ（Ⅰ）メッセージ（自分を主語にして，「私は○○が心配だ」と表現する方法）で伝えることを提案する。または，無理に相手の気持ちを求めると，かえって相手との関係を失ってしまうことを思い出させ，いったんその場の会話を中止（タイムアウト）する提案する。相手にすべてを求めなくても，自分の気持ちを自分でなだめることができることを確認する。

　一方，拒絶型では，小さいときに反応してもらえなかったために関係を求める自分の感情を認識できにくく，相手の気持ちも受けとめない態度をとりがちであり，加害者プログラムにやってきても，一見理詰めに自分は正しい主張をしているのに，相手に被害的に受けとめられて責められるという話になりやすい。このタイプの加害者には，喜怒哀楽などの感情語を使えるように指導して，暴言や暴力につながる「怒り」の裏に，不安や恥などのさまざまな感情があることを検討させたり，相手の気持ちを言葉にして受けとめる練習をさせることが役立つ。

B. 被害女性や子どもへの支援

a) 被害女性への支援

　被害女性に対して，援助者がアタッチメント対象として機能する必要があり，高畠（2007）が指摘するように，被害女性の内的作業モデルを念頭に置きながら対応を考えることが重要である。

　長期の暴力被害を受けてトラウマ症状が重篤な場合（特に DV 被害だけでなく，児童期の虐待を重ねて持つような場合）には，援助者を前にしてもフリーズしてしまったり，自分の体験や求める支援などについてまとまった話ができない場合が見られる。こうした場合には，内的作業モデルが組織化されていない可能性が高いため，援助者が不用意に近づくと，来所しなくなる可能性がある。相手との距離感を保ちながら，物理的にも心理的にも安心

感・安全感を保障することが優先である。

　援助者に対して，自分の感情的な体験や，求めるニーズを順序立てて話せていれば，ある程度内的作業モデルが組織化されていると考えられる。組織化されていても拒絶型の傾向が強いと，否定的な情動に触れないような淡々とした話し方をして，情緒的な支援は必要ないとする場合も多い。この場合，具体的な生活上の支援などを中心にしながら，困っている気持ちが出てきたらそれに共感的に応答していくことで，否定的な感情も共有できるようになる。とらわれ型では，感情的な支援を求めてくるので，感情の整理を手伝う作業に入りやすい。しかし，近すぎる距離感になると見捨てられ不安が強く出る場合もあり，複数の援助者であたるとか，患者なりのセルフケアの努力に目を向けさせるなど，過度に依存的な関係にならない工夫が有用である。

b）子どもへの支援

　表11-1に，DV被害後に母が子どもとどのように関わるかのポイントを示した。子どもの支援については，母親の安心の基地の機能が暴力により，どのように影響されてきたか，そしてそれが子どもの感情や行動にどのような影響を与えているかを検討し，その回復を助けることが重要である。DV加害者からの分離により，安全な環境にすることが重要であるが，むしろ分離後に，子どもの問題行動や症状が顕在化することが多い。そうした変化は，抑制されていた子どものケア欲求の表現として，回復過程で起きてくることを母に理解してもらうことが必要な場合が多い。しかし，DVの影響以外の発達障害などが重複している場合もあるので，事例に応じて精神科などへの紹介が必要な場合もある。子どもの難しい反応に対して理想的な関わりができなくても，自分を責めず，周りの助けを借りてやっていくこと，安心の基地として機能するためにも，まずは母自身の心身の回復をすることが大事であることを，繰り返し伝える必要がある。

　治療者に対して怒りをぶつけるなど不安定な関係が続く場合や，子どもに対して怯えたり脅したりする行動が目立つ場合は，母が持つ内的作業モデルが組織化されていない場合が多い。その場合は，母子の双方に個別的な支援

表11-1　DV 被害後に母親が子どもと関わるポイント

1)　子どもに安心を与える言葉をかけること	母がこれからも子どもの世話をし，守っていくこと。これから何があっても決して見捨てないことを保証する。
2)　暴力や別離は子どもの責任ではないことを示すこと	子どもは自責的になっている可能性があり，これまでに起きたことは何ひとつ子どもの責任ではないことを保証する。
3)　暴力やそれに伴う感情について話すことを恐れず，むしろ子どもに表現させることで回復を助けること	親としては思い出したくない気持ちもあるだろうが，むしろ過去を母子で話し合えるようになることが互いの回復につながる。子どもが望めばいつでも話に応じるつもりであることを子どもに知らせておく。また話が出たときには，どんな気持ちになったかを尋ね，ありのままに受けとめること。
4)　自分を傷つけない，前向きな対処ができるよう子どもを励ますこと	子どもが建設的で前向きな方法でストレスに対処できるよう，子どもを援助すること。暴力，自傷，過度のゲームへののめり込みなど，不適切な対処から離れやすくする。
5)　母自身がすばらしい自分になること	母自身が生き生きと新しい人生を歩み始めることが，子どもの良い見本となる。
6)　しないほうがいいこと	・親が心の悩みを子どもに打ち明けたり，精神的な支えにするために，子どもを利用してはいけない。誰かに話したい必要があれば，励ましてくれる大人を探す。 ・子どもがまだ知らない過去のいやな出来事については無理に知らせない。 ・子どもの愛情をめぐって元配偶者と張り合わない。 ・子どもを加害男性に似ているなどと責めること。

（Baker & Cunningham, 2004）

（カウンセリングなど）を行うことが望ましい。

3. アルコール・薬物依存症

1）アルコール・薬物依存症の心理の理解

A. 生育家庭およびアタッチメント型からの理解

アルコール・薬物の乱用や依存におちいる者が，養育者との情緒的な関係

が不安定であったり，深刻な場合，児童虐待の被害体験を持つことが報告されている。たとえば，Kang ら（1999）によれば，薬物乱用の治療を受けている女性の24％に性的虐待，45％に身体的虐待の被害体験があることを報告している。日本の研究としては，全国ダルクの薬物乱用者の調査で，男性の7割，女性の8割が，中学時までに虐待を受けた体験を持つことが確かめられている（梅野ら，2009）。

　アルコール・薬物依存症者のアタッチメント型の研究について述べる。成人アタッチメント面接（Adult Attachment Interview : AAI）による青年期の精神科患者の調査では，ハードドラッグの使用がアタッチメント軽視型と相関していたという（Allen et al., 1996）。Fonagy ら（1996）は成人の精神科患者の調査で，物質使用のある者はない者に比べ，未解決型ととらわれ型が多かったことを報告している。Hazan と Shaver（1987）の自記式質問票の研究では，非臨床サンプルにおいて，飲酒する男性はしない男性に比べて回避型が多かったことが報告されている（Senchak & Leonard, 1992）。Bartholomew のモデル（Bartholomew & Horowitz, 1991）をもとにした自記式質問紙（RQ）や面接による調査から，大学生では，自己に関する否定的モデル（恐れ型ととらわれ型）とアルコール乱用に関係のあることが見出された（McNally et al., 2003）。また，薬物依存症者では，安定型が少なく，恐れ型のアタッチメントを示す者が多かったという（Schindler et al., 2005）。

　以上のように，依存症者のアタッチメント型は，評価方式や対象により一貫していないが，不安定型が多く安定型が少ないといえる。アルコール・薬物依存症者は，虐待などの逆境的な生育環境で育ち，養育者から十分なケアをされないために，不安定なアタッチメント型を持ちやすくなるのだろう。依存症とは，逆境的な環境において生じた否定的感情を，アルコールや薬物の効果により，束の間の安心を得ることで補償している病態であると考えられる。

B.　アルコール・薬物の乱用や依存を生じてからの家族の関わり

　乱用や依存症を生じてからの家族の干渉や過保護な関わりが，薬物やアル

コール問題の継続や増悪につながることが，共依存やイネーブリング（en-abling＊1）という概念でとらえられてきた。森田ら（Morita et al., 2011）による薬物依存症の家族の調査によれば，薬物依存症者の家族は薬物使用が続いている場合に比べ，断薬できている場合では家族は当事者に対して心配や脅えを示すことが少なく，安心感を与えるような落ちついた関わりが多いことが示された。

C. アルコール・薬物依存症者の子育て

依存症のある親では，感受性や応答性の低い養育をする結果，子どもに不安定型のアタッチメントを生じる可能性が高くなることが示されている（Burns et al. 1997; Rodning et al, 1991; Swanson, 1998; Eiden et al., 2011）。たとえば，コカイン乱用を行っている女性の子どもは，49％が無秩序・無方向型アタッチメントであった（Espinosa et al., 2001）。他の薬物やアルコールについても乱用を行っている女性が育てている子どもでは，標準の集団と比較して無秩序・無方向型アタッチメントの割合が高いという報告がされている（Swanson, 1998; Rodning et al., 1991）。

依存症が養育を難しくする機序としては，アルコール・薬物の摂取衝動や，薬理効果による衝動性の昂進，中毒症状・離脱症状が，養育行動を難しくするということがある。Eiden ら（2011）は，コカインを使用している女性と使用していない女性について，2 カ月時の乳児に対する哺乳時の母子の交流をビデオにとって，その関係について調べた。その結果，コカイン使用女性ではアルコール使用も合併している場合が多く，これらの使用があるために，哺乳において母子間の双方向性のやりとりができず，葛藤を生じている場合が多いことを示した。

ほかにも，薬物乱用の女性は新生児期の子どもに対して無関心で，積極的

＊1　イネーブリング（enabling）とは，家族が物質依存症者の起こしたトラブルを尻ぬぐいしたり，これにかかるお金を援助するなどして，結果的に物質使用の継続が「できるように（＝ enable）」してしまうという状況や，そうした家族の不適切な関わり方を指す。

な関わりが少ないこと（Gottwald & Thurman, 1994），乳児期後期における応答性の低下，2〜3歳の子どもに対して感情的な関わりやほめることが少なく，身体的なしつけで脅すことが多いこと（Molitor et al., 2003），3歳時の教育場面で攻撃的な方法を用いること（Johnson et al., 2002）などが報告されている。

2）アタッチメントの視点からの評価・援助

アタッチメントの視点から，依存症からの回復を考えると，自分の心身の安定化についてアルコールや薬物の効果に頼ることをやめて，援助者やその他の信頼できる人間との間に安定的なアタッチメント関係を構築する必要がある。また，内的な回復としては，自分自身のなかに「安心の基地」を確立していくことが重要である。

治療の要素について，アタッチメントの視点から以下に論じる。

A．治療関係の構築

アルコール・薬物依存症者は不安定なアタッチメント型を持つ場合が多く，新しい関係を作ることに対して親密性への恐れ（Fear of Intimacy）（Hofler & Kooyman, 1996）が生じやすく，これが治療関係を作ることを難しくしている（Flores, 2004）。

ダルク女性ハウス施設長の上岡は，依存症者は虐待などの緊張を強いられるような不安定な家庭環境のなかで自分を守る「境界線」を壊されてしまう経験を積んでしまうために，健康な対人関係に対しても警戒心が強くなって援助を求められなかったり，逆に境界のない一体感のある関係を求めてしまうという（上岡・大嶋，2010）。そのため，援助者との関係が不安定になることが多いと指摘している。援助者にすべてを理解して受けとめてくれるように期待がふくらむために，「より大きな問題もわかってくれること」を試すように自傷や薬物摂取などの行動をとり，これに援助者がついていけなかった場合には，裏切られたと思ってしまう。これらはまさに，わざと危険な行動をとってケアを求めるという，阻害されたアタッチメントのような行動といえる。

　援助者は，依存症者がそうした混乱したアタッチメント欲求を出すことを想定して，安定したアタッチメント関係を築いていく工夫が必要となる。上岡はその工夫として，「身体の手当をすること」や，「距離をとるのではなく，チームでつきあうこと」を提案している。

B. 自助グループ・治療的な共同体の利用について

　物質使用障害の治療では，AA（Aloholics Anonymous）や NA（Narcotics Anonymous），断酒会などの自助グループや，ダルクなどの共同体活動が，長期的な回復の主役になっている[*2]。こうしたグループでは，アルコールや薬物をやめることや，それに関連する不安や苦しさや痛みを述べて，それを責められることなく受けとめてもらうことができる，否定されず受け入れてくれる「安心の基地」として機能している。

C. 心理療法プログラム

　依存症の再発を防ぐ認知行動療法では，使用欲求に関連する感情の調節障害や対人関係の問題，トラウマ体験を取り上げているが，このなかにアタッチメントのテーマが含まれている。たとえば，再発の鍵になりやすい感情として Hungry（身体的な空腹感のみでなく感情的な空腹感も含む），Angry（怒り），Loneliness（孤独感），Tired（疲労感）を取り上げ，これらの感情をどのようなときに感じるかを話し合い，これに対する危険な対応（薬物使用など）と，適切な対応（グループ参加，誰か信頼できる人に話す，安心で

＊2　自助グループとは，同じ障害を持つ個人が，相互に感情を分かちあったり，実際に
　　助け合うことを通じて，障害からの回復や人間的成長を目指す自主的な集団を指す。
　　AA（Alcoholics Anomymous: 匿名のアルコール症者の会）はアルコール依存症に対
　　して世界的に用いられている自助グループであり，これを日本人用に改訂したものが
　　断酒会である。また，NA（Narcotics Anonymous : 匿名の薬物依存症者の会）は AA
　　を薬物依存症用に変えたものである。これらは定期的なミーティング活動を中心とす
　　るが，ミーティングのみでなく共同生活による社会復帰活動を加えたものがダルク
　　（Drug Addiction Rehabilitation Center : DARC）やマック（Maryknoll Alcohol Cen-
　　ter : MAC）である。

きる人や場所のイメージを思い出すなど）について検討するワークが行われる。特に，否定的な感情を内省し，他人との間で話し合えるようになることが重視されているが，これは安定したアタッチメントの内的作業モデルを持てるようになることにつながる（Main, 1995）。

　自分や他者の行為について，背景にある感情，思考，信念，欲望などという心的状態との関連で内省できる能力を，心理化（mentalization*3）と呼んでいる（Fonagy et al., 2002）が，依存症者の心理療法では，自分の否定的感情を物質使用という行動化で回避するのではなく，心理化できるようになることが目標になる。

D.　依存症者の家族に対する援助

　家族関係は，アルコール・薬物依存症の開始・悪化の要因となっており，家族への働きかけが必要になる。家族がD型アタッチメントを生じるような「怯え／怯えさせる」関わり（Main & Solomon, 1990）を続けていると，薬物問題を助長してしまうだろう。イネーブリングや共依存（Beattie, 1992）をやめて，距離を取ることを勧める場合が多い。

　しかし，アタッチメントの観点では，単純に距離を取るということでなく，家族を安定的なアタッチメント対象と感じさせられるような関わり方を家族に教える心理教育（森田ら，2011）や，家族会や断酒会など，家族の安心の基地の機能を果たしてくれる資源につなぐことが役立つ。

E.　依存症のある親の養育に対する援助

　依存症のある親の養育に対して，依存症の治療をしながら，子どもへの安定したアタッチメントにつながる関わり方を教える援助プログラムが試行されている（Black & Nair, 1994; Suchman et al., 2011）。

＊3　心理化（メンタライゼーション：mentalization）とは，精神分析家 Fonagy, P. によって提唱された概念。自己や他者の行動を，その背景に思考・感情・動機などを持ったものとして理解すること，その能力，あるいはそれに関わる心的機制。

日本では専門家による援助の報告は少ないが，ダルク女性ハウス施設長の上岡は，依存症を持つ母と子どもに対する支援プログラムという先駆的な試みを報告している（オフィスサーブ，2009）。具体的には，①「ママミーティング」（依存症の母のみのグループ），②「母子プログラム」（母子が一緒に参加する会），③「親子キャンプ」（毎年行うキャンプ），④24時間のメール・電話相談，を行っている。こうした働きかけは，母自身がケアを受ける体験を積みながら，子どもに対してケアを与える余裕やスキルを得る機会になっている。

4. おわりに

　以上見てきたように，DVやアルコール・薬物依存症のある事例では，生育期に安定したアタッチメント体験を持てず，その影響で生じた感情調節や対人関係における問題を乗り越えるために，配偶者や子どもに対する統制的な行動や，アルコール・薬物使用を反復的に行っている場合が多い。こうした問題のある人が子どもを持った場合に，安定したアタッチメントを提供できず，子どもに同様の問題を生じる場合がまれでない。こうした「世代間連鎖」を防ぐためには，当事者の問題行動や家族関係の裏にあるアタッチメントの問題を評価し，これを安定化する支援を提供することが有用である。

【文献】

Allen, J. P., Hauser, S. T., & Borman-Spurell, E.（1996）Attachment theory as a framework for understanding sequelae of severe adolescent psychopathology: An 11-year follow-up study. *Journal of Consulting and Clinical Psychology*, **64**, 254-263.

Baker, L. L. & Cunningham, A. J.（2004）*Helping children thrive : Supporting woman abuse survivors as mothers.* London: Center for Children & Families in the Justice System.

Bartholomew, K. & Horowitz, L. M.（1991）Attachment styles among young adults: A test of a four-category model. *Journal of Personality and Social Psychology*, **61**, 226-244.

Beattie, M.（1992）*Codependents' guide to the Twelve Steps.* New York: Touchstone.

Bernardi, E., Jones, M., & Tennand, C.（1989）Quality of parenting in alcoholics and narcotic addicts. *British Journal of Psychiatry*, **154**, 677-82.

Black, M. M. & Nair, P.（1994）Parenting and early development among children of drug-abusing women: Effects of home intervention. *Pediatrics*, **94**, 440-448.

Burns, K. A., Chethik, L., Burns.,W. J., & Clark, R.（1997）The early relationship of drug abusing mothers and their infants: An assessment at eight to twelve months of age. *Journal of Clinical Psychology*, **53**, 279-287.

Cleveland, H. H., Herrera, V. M., & Stuewig, J.（2003）Abusive males and abused females in adolescent relationships: Risk factor similarity and dissimilarity and the role of relationship seriousness. *Journal of Family Violence*, **18**, 325-339.

Doumas, D. M., Pearson, C. L., Elgin, J. E., & McKinley, L. L.（2008）Adult attachment as a risk factor for intimate partner violence: The "mispairing" of partners' attachment styles. *Journal of Interpersonal Violence*, **23**（5）, 616-634.

Dutton, D. B.（2007）. *The abusive personality: Violence and control in intimate relationships*. 2nd ed. New York: The Guilford Press.（中村正監訳〈2011〉虐待的パーソナリティー――親密な関係性における暴力とコントロールについての心理学　明石書店）

Dutton, D. G. & Hart, S. D.（1992）Evidence for longterm, specific effects of childhood abuse and neglect on criminal behavior in men. *International Journal of Offender Therapy and Comparative Criminology*, **36**,129-137.

Dutton, D. G., Saunders, K., Starzomski, A. J., & Bartholomew, K.（1994）Intimacy-anger and insecure attachment as precursors of abuse in intimate relationships. *Journal of Applied Social Psychology*, **24**, 1367-1386.

Ehrensaft, M. K., Cohen, P., Brown, J., Smailes, E., Chen, H., & Johnson, J. G.（2003）Intergenerational transmission of partner violence: A 20-year prospective study. *Journal of Consulting and Clinical Psychology*, **71**, 741-753.

Eiden, R. D.（2001）Maternal substance use and mother–infant feeding interactions. *Infant Mental Health Journal*, **22**（4）, 497-511.

Eiden, R. D., Schuetze, P., & Coles, C. D.（2011）Maternal cocaine use and mother-infant interactions: Direct and moderated associations, *Neurotoxicology and Teratology*, **33**, 120-128.

Espinosa, M., Beckwith, L., Howard, J., Tyler, R., & Swanson, K.（2001）Maternal psychopathology and attachment in toddlers of heavy cocaine-using mothers. *Infant Mental Health Journal*, **22**（3）, 316-333.

Flores, P. J.（2004）*Addiction as an attachment disorder*. Lanham: Jason Aronson.

Fonagy, P., Gergely, G., Jurist, E. L., & Target, M.（2002）*Affect regulation, mentalization, and the development of self*. New York: Other Press.

Fonagy, P., Leigh, T., Steele, M., Steele, H., Kennedy, R., Mattoon, G., Target, M., & Gerber A.（1996）The relation of attachment status, psychiatric classification and response to psychotherapy. *Journal of Consulting and Clinical Psychology*, **64**, 22-31.

Godbout, N., Dutton, D. G., Lussier, Y., & Sabourin, S.（2009）Early exposure to violence, domestic violence, attachment representations, and marital adjustment. *Personal Relationships*, **16**（3）, 365-384.

Gottwald, S. R. & Thurman, S. K.（1994）The effects of prenatal cocaine exposure on mother-infant interaction and infant arousal in the newborn period. *Topics in Early Childhood Special Education*, 14, 217-231.

Hazan, C. & Shaver, P. (1987) Conceptualizing romantic love as an attachment process. *Journal of Personality and Social Psychology*, 52, 511-524.

Hofler, D. Z. & Kooyman, M. (1996) Attachment transition, addiction and therapeutic bonding; An integrative approach. *Journal of Substance Abuse Treatment*, 13, 511-519.

Johnson, A. L., Morrow, C., Accornero, V. H., Xue, L., Anthony, J. C., & Bandstra, E. S. (2002) Maternal cocaine use: Estimated effects on mother-child play interactions in the preschool period. *Journal of Developmental and Behavioral Pediatrics*, 23, 191-202.

上岡陽江・大嶋栄子（2010）その後の不自由――「嵐」のあとを生きる人たち 医学書院

Kang, S., Magura, S., Laudit, A., & Whitney, S. (1999) Adverse effect of child abuse victimization among substance-using women in treatment. *Journal of Interpersonal Violence*, 14, 657-670.

Kurtz, E. (1979) *Not-God: A history of Alcoholics Anonymous*. Center City: Hazelden.

Main, M. (1995) Recent studies in attachment: Overview with selected implications for clinical social work. In S. Goldberg, R. Muir & J. Kerr (Eds.), *Attachment theory: Social, developmental, and clinical perspectives*. Hillsdale: The Analytic Press. pp.407-474.

Main, M. & Solomon, J. (1990). Procedures for identifying infants as disorganised/disoriented during the Ainsworth Strange Situation. In M. T. Greenberg, D. Cicchetti & E. M. Cummings (Eds.), *Attachment in the preschool years*. Chicago: University of Chicago Press. pp.121-160.

McNally, A. M., Palfai, T. P., Levine, R. V., & Moore, B. M. (2003) Attachment dimensions and drinking-related problems among young adults: The mediational role of coping motives. *Addictive Behaviors*, 28, 1115-1127.

Molitor, A., Mayes, L. C., & Ward, A. (2003) Emotion regulation behavior during a separation procedure in 18-month-old children of mothers using cocaine and other drugs. *Development and Psychopathology*, 15, 39-54.

森田展彰（2007）ドメスティック・バイオレンス加害者プログラム 精神療法, 33, 58-60.

森田展彰（2010）ドメスティック・バイオレンスと児童虐待――被害を受けた母子と加害男性に対する包括的介入 臨床精神医学, 39（3）, 327-337.

Morita, N., Naruse, N., Yoshioka, S., Nishikawa, K., & Tsujimoto, T. (2011) Mental health and emotional relationships of family members whose relatives have drug problems. *Japanese Journal of Alcohol and Drug Dependence*, 46, 525-541.

森田展彰・岡坂昌子・谷部陽子・近藤あゆみ・高橋郁絵・岩井喜代仁・栗坪千明・オーバーヘイム・ポール・福島ショーン・鈴木文一・小松未知（2011）薬物問題を持つ人の家族に対する心理教育プログラムの研究――長期的な再発防止・回復にむけた家族のスキルトレーニング 日本アルコール問題関連学会雑誌, 13, 149-158.

オフィスサーブ（2009）親になるって，どういうこと――シラフで子どもと向き合うため

に　NPO法人ダルク女性ハウス

Pence, E. & Paymar, M（1993）*Education groups for men who batter; The Duluth Model*. New York: Springer.（波田あい子監訳／堀田碧・寺島恵美子訳〈2004〉暴力男性の教育プログラム──ドゥルース・モデル　誠信書房）

Rodning, C., Beckwith, L., & Howard, J.（1991）Quality of attachment and home environments in children prenatally exposed to PCP and cocaine. *Development and Psychopathology*, **3**, 351-366.

Schindler, A., Thomasius, R., Sack, P. M., Gemeinhardt, B., Küstner,U., & Eckert, J.（2005）Attachment and substance use disorders: A review of the literature and a study in drug dependent adolescents. *Attachment and Human Development*, **17**, 207-228.

Senchak, M. & Leonard, K.E.（1992）Attachment styles and marital adjustment among newlywed couples. *Journal of Social and Personal Relationships*, **9**, 61-64.

Sonkin, D. J. & Dutton, D.（2003）Treating assaultive men from an attachment perspective. *Journal of Aggression, Maltreatment and Trauma*, **7**, 103-133.

Suchman, N. E., Decoste, C., Mcmahon, T. J., Rounsaville, B., & Mayes. L.（2011）The mothers and toddlers program, an attachment-based parenting intervention for substance-using women: Results at 6-week follow-up in a randomized clinical pilot. *Infant Mental Health Journal*, **32**, 427-449.

Swanson, K.（1998）Intrusive caregiving and security of attachment in prenatally drug-exposed toddlers and their primary caregivers. Unpublished doctoral dissertation, Graduate School of Psychology, Fuller Theological Seminary.

高畠克子（2007）ドメスティック・バイオレンス被害者へのアタッチメント理論によるサポート　数井みゆき・遠藤利彦編著　アタッチメントと臨床領域　ミネルヴァ書房 pp.234-262.

梅野充・森田展彰・池田朋広・幸田実・阿部幸枝・遠藤恵子・谷部陽子・平井秀幸・高橋康二・合川勇三・妹尾栄一・中谷陽二（2009）薬物依存症回復支援施設利用者からみた薬物乱用と心的外傷との関連　日本アルコール・薬物医学会雑誌，**44**，623-635.

White, H. R. & Widom, C. S.（2003）Intimate partner violence among abused and neglected children in young adulthood: The mediating effects of early aggression, antisocial personality, hostility and alcohol problems. *Aggressive Behavior*, **29**, 332-345.

おわりに

　初めての編集作業を終えられて，ほっとしている。ここまで導いていただいた，数井先生，北川先生，そして編集担当の中澤様にお礼を申し上げたい。執筆者の皆さんにも，慣れない編集の作業のために，ご迷惑をおかけしたかもしれない。お詫びとともにお礼を申し上げたい。ここまでお読みいただいている，読者の皆様にも（もしかすると先に「おわりに」を読まれている方もいるかもしれないが），もちろんお礼を申し上げたい。書き手には読み手が必要であり，臨床心理学者には知見を伝える現場の人，学ぶ人が必要である。私たちは有形無形の対話のなかでしか，理解を深め，経験を蓄積していくことができない。

　何より，本書に登場する，あるいは登場しなくとも私たちと仕事を共にしてくれた，調査協力者，そして被支援者に感謝したい。本書に記されていることは，研究し，経験するなかで深められたそれぞれの著者の見識である。それを育み，豊かにしてくれたのは，ほかならぬこうした人たちだからである。日々の研究や支援のなかでは，うまくいくこともうまくいかないこともある。いつでも最善の結果を残せるわけではなく，それによって望ましくない結果を残すこともある。せめて，本書が社会により良い一歩を示す知見を還元できるものとなるよう，努力をしたつもりである。それが実現されていれば，何より嬉しい。

　アタッチメント理論と研究の歴史とは，観察することであったと思う。Bowlby が新しい精神分析の新しいモデルとしてアタッチメント理論を提唱した当初，掲げた方針の一つが乳児の行動の直接観察であった。なぜ子どもは養育者からの分離にそれほど痛手を受けるのか？　その問いに答えるものがアタッチメントの着想であった。Bowlby が理論化し，Ainsworth が具体化した。この「観察すること」，そして支援における「介入すること」につ

いて振り返って、「おわりに」としたい。

　Bowlby がアタッチメントの研究を始める前、精神分析の創始者 Freud の娘、Anna Freud が、ロンドンでハムステッド保育園を開設した。それはイギリスがドイツとの戦争に参戦した後で、ロンドンがドイツ軍の空襲を受けた直後のことであった。彼女は親を亡くし、あるいは家庭で育てられない子どもたちを引き受けてケアをしたのである。Anna Freud は施設の職員に、子どもたちのことで気がついたことは何でもメモに残すことを要請した。それを1週間に一度レビューして、子どもたちの様子を把握した。

　その保育園に Robertson 夫妻がいた。夫の James Robertson はこの保育園のボイラー係であったが、Anna Freud の課したメモを取ることに長けていた。やがて彼は、同じロンドン市内の病院にいた Bolwby の研究グループに加わることになる。二人は協力して「A two-year old goes to hospital」というフィルムを撮るのだが、それはまた別の話（これもまた「観察」のエピソードとして興味深いのだが）。

　Robertson が研究グループに加わった後で、Ainsworth がロンドンにやって来る。彼女もまた、Bowlby の研究グループに加わるのだった。そのときに Ainswroth は、Robertson が付けていたハムステッド保育園での観察記録を目にすることになり、その記録の素晴らしさに驚かされる（Bretherton, 1992）。その方法を取り入れて行われたのが、ウガンダにおける母子の観察であり、また、ボルチモアにおける母子の観察であった。観察にあたって Ainswroth は、母子の相互作用を記録した。それはチェックリストによって行動の有無を記録するものではなく、子どもの行動が母親の行動を引き起こし、母親の応答が子ども反応を引き起こす、という相互的な二者の間で意味づけられた行動の連鎖の記録であった。したがって、記録はすでにひとつの物語になっていた。Ainsworth はこの方法を「ナラティブな記録」（narrative record）と呼んでいる（Bretherton, 2003）。

　やがて Ainsworth は、この記録から母親の敏感さ（sensitivity）を定義する。同時にストレンジ・シチュエーション法を開発し、その設定における観察に基づいて、子どものアタッチメント行動のパターンの個人差を定義す

おわりに　*231*

る。こうしてアタッチメント理論を構成する子どもの行動と養育者の行動と
その相互作用が，直接観察の対象として確立された。それは親子の結びつき
が科学の対象となったことを意味している。後に続くアタッチメント研究の
隆盛と，それに基づく養育者と子どもの支援は，すべてここに基盤を置いて
いるといって過言ではない。

　その後，Ainsworth の教え子には，アタッチメント研究を支える人材が数
多く排出された。その一人に Inge Bretherton がいる。彼女は，Bowlby が
アタッチメント相互作用の内在化された心的構造として提唱した（それは精
神分析の内的対象関係を置き換えるものでもあった），内的作業モデルに関
心を持ち，行動の観察から表象水準の観察へと，アタッチメント研究が歩み
を進めるきっかけを作る人物であった。同じ Ainsworth の教え子にアタッ
チメント Q ソートの開発者である Evarett Waters がいるが，二人の編纂し
たモノグラフに *Growing Points of Attachment Theory and Research* という出
版物がある。この執筆陣に名前を連ねたのが，同じ Ainworth の教え子であ
る Mary Main であった。

　彼女の元々の関心は言語学にあり，子どもの発達にはなかった（Main et
al., 2005）。しかし，Ainsworth に誘われて彼女の元で研究を重ね，比較行動
学，精神分析学に接するなかで，行動の観察ではなく，言語表現による内的
状態の理解という，彼女独自のパラダイムを確立する。そうして開発された
のものの一つが，親たちの過去のアタッチメント経験についての語りからア
タッチメントの表象過程をとらえる，成人アタッチメント面接であった。彼
女の方法も語り（narrative）の分析であるのだが，こちらは録音し，逐語録
を作成するという観察の方法を通して得られた，文字どおりの語りによって
アタッチメントの個人差を定義するものであった。その研究は養育者と子ど
ものアタッチメントの世代間伝達，後に乳幼児期から成人期までのアタッチ
メントの質の連続性を実証するものとなる（彼女にはもう一つ重要な貢献と
して，前就学期の再会場面の行動による子どものアタッチメントパターンの
分類法の確立があり，それは行動の直接観察である）。

　この短い描写のなかだけでも明らかなように，アタッチメント研究者たち

は，子どものアタッチメントを研究し，それを安定したものとする養育者の要因を研究し，あるいは養育者自身のアタッチメントを研究するために，さまざまな観察法を導入するのである。アタッチメント理論・研究の歴史とは，そのように，観察に基づくものであり，その観察から重要な要素を抽出し，定式化する，アセスメントに基づくものであった。本書に収められているのは，こうした Bowlby が理論化し，Ainsworth が具体化した，「観察すること」について現時点でまとめられた，先人の歩みである。

　支援の始まりは，この「観察すること」に求められる。しかし，本書に記録されているのはそれだけではない。冒頭で述べたように，研究と支援の前線において，それぞれが工夫をこらして取り組んだ経験もまた収められている。とりわけ，支援の現場においては「介入すること」が求められていて，その方法は，それぞれの研究者が具体化していったものである。

　とはいえ，この「介入すること」は「観察すること」から大きく離れたものではなく，また，アタッチメント理論に包摂されたものでもある。それらは大きくいって敏感さ（個人的には，私は感受性という訳のほうが好きである）に関わっている，と私は思う。というのも，子どもの安心感あるアタッチメントの発達を支える養育者の敏感性になぞらえて，子どもと養育者を支える支援者の能力を考えることができるためである。

　話はやはり，Ainswroth に戻っていく。彼女は敏感さを，こう定義した。「子どものシグナルに気づき，意味あるものとして，正確に，そして適切なやり方で，そのシグナルを評価し，応答する」能力（Ainsrworth et al., 1974）。別のところでこうも書いている。「子どものシグナルを知覚すべく注意を怠らず，そのシグナルを正確に解釈し，適切に，そして素早く応答する」（Ainsworth et al., 1978）。しばしば引用されるのは後者の定義であるが，これを支援の文脈に則して言い換えれば，次のようにいえるだろう。つまり，支援における敏感性とは，さまざまに示される行動や問題をシグナルとして知覚し，その意味やニードを理解し，適切に，そして素早くこれに介入することである，と。そのような視点で本書を読み返してみれば，どの介入も，支援の場に合わせ，あるいは対象者に合わせて，同じ枠組みを異なる形で活か

していることが読み取れるように思える。

　さらに，注目されるのは，敏感性の低さについて Ainsworth が次のように述べるところである。「母親が，ほぼ母親自身の状態，願望，活動に噛み合うように介入を行うとき，［感受性得点として最低点の］1 点が付けられる。彼女は赤ちゃんが送っているメッセージを歪めやすく，それを自分自身の欲求や防衛に照らして解釈し，あるいはそのシグナルに一切応答しない」(Ainsworth et al., 1974)。ここには，養育者自身の感情調整の難しさが敏感性を低める要因となることが述べられている。本書を読まれた方にはおわかりのように，アタッチメントのニードを有するのは何も小さな子どもばかりではない。大人にもそれはあり，養育者も，そしてまた支援者も，自らのアタッチメントのニードにまつわる感情の調整に苦慮している。養育者の敏感性は，養育者の防衛過程によって阻害され，私たちの敏感性もまた，私たち自身の防衛過程によって歪められている。

　どのようにして私たちは，私たち自身の欲求や防衛によって被支援者のメッセージを誤読することなく，支援者として十全に機能できるのだろうか。どのようにして私たちは，養育者自身の欲求や防衛によって子どものメッセージを誤読することなく，養育者として十全に機能できるように，養育者を支えられるのだろうか。支援の方法論が提示しているのは，これへの解答である。自分自身の感情調整を行い，それとともに大変な局面を切り抜け，どうにか敏感性を高い状態に維持しようとする，それぞれの方策である。これについての研究者たちの苦闘の跡が本書には収められている。それは，Ainsworth が理論化し，後に続く人たちが具体化したものである。

　このようにして，アタッチメント理論とその研究は，支援の現場に観察することの方法論と介入することの理論とを持ち込んだ。それは「関与しながらの観察」(Sullivan, 1953) に新しい息吹をもたらすものだ，といえるのかもしれない。人生早期の関係性が，その後も何度も立ち現れるように，治療と支援の古い発想も，必要とあれば何度も姿を変えて表れることになるだろう。今それが，アタッチメントの理論と研究によって新しい局面を迎えている。本書がこれを手に取った人たちのこれからの役に立ち，それを通して社

会へのより良い還元に結びついていけば幸せなことである。

改めて，この書籍の発行に関わっていただいた人たちに，深く感謝申し上げたい。

2017年10月

編著者　工藤晋平

【文献】

Ainsworth, M. D. S., Bell, S. M., & Stayton, D. J.（1974）Infant-mother attachment and social development: "Socialisation" as a product of reciprocal responsiveness to signals. In M. P. M. Richards（Ed.）, *The Integration of A Child into A Social World*. London: Cambridge University Press.

Ainsworth, M. D. S., Blehar, M. C., Waters, E., & Wall, S.（1978）*Patterns of Attachment: A Psychological Study of the Strange Situation*. Hillsdale: Lawrence Earlbaum Associates.

Bretherton, I.（1992）The origins of attachment theory: John Bowlby and Mary Ainsworth. *Developmental Psychology*, **28**, 759-775.

Bretherton, I.（2003）Mary Ainsworth: Insightful observer and courageous theoretician. *Portraits of Pioneers in Psychology*, **5**, 317-331.

Main, M., Hesse, E., & Kaplan, N.（2005）Predictability of attachment behavior and representational processes at 1, 6, and 19 years of age: The Barkley Longitudinal Study. In K. E. Grossman, K. Grossman & E. Waters,（Eds.）, *Attachment from Infancy to Adulthood: The Major Longitudinal Studies*. New York: The Guilford Press. pp.245-304.

Sullivan, H.S.（1953）*The Conceptions of modern psychiatry*. W.W. Norton & Company Inc.（中井久夫・山口隆訳〈1976〉現代精神医学の概念　みすず書房）

■編著者紹介

北川　恵（きたがわ　めぐみ）
1998年　京都大学大学院教育学研究科博士課程単位取得満期退学
現　在　甲南大学文学部教授，京都大学博士（教育学）
主著訳書　『誠信心理学辞典［新版］』（分担執筆）誠信書房 2013年，『アタッチメントの
　　　　　実践と応用——医療・福祉・教育・司法現場からの報告』（分担執筆）誠信書
　　　　　房 2012年，『心理臨床学事典』（分担執筆）丸善 2011年，『アタッチメントを
　　　　　応用した養育者と子どもの臨床』（共訳）ミネルヴァ書房 2011年，『アタッチ
　　　　　メント障害とその治療——理論から実践へ』（共監訳）誠信書房 2008年

工藤晋平（くどう　しんぺい）
2003年　九州大学大学院人間環境学府人間共生システム専攻博士後期課程単位取得退学
現　在　名古屋大学心の発達支援研究実践センター／学生支援本部准教授，博士（心理
　　　　　学）
主著訳書　『ポスト・クライン派の精神分析——クライン，ビオン，メルツァーにおける真
　　　　　実と美の問題』（分担訳）みすず書房 2013年，『アタッチメントの実践と応用
　　　　　——医療・福祉・教育・司法現場からの報告』（分担執筆）誠信書房 2012年，
　　　　　『アタッチメントを応用した養育者と子どもの臨床』（共訳）ミネルヴァ書房
　　　　　2011年

■執筆者紹介（執筆順）

［はじめに，第5章，第7章］
北川　恵（きたがわ　めぐみ）
　〈編著者紹介参照〉

［第1章］
遠藤利彦（えんどう　としひこ）
　1992年　東京大学大学院教育学研究科博士課程単位取得退学
　現　在　東京大学大学院教育学研究科教授，博士（心理学）

［第2章 Part 1］
本島優子（もとしま　ゆうこ）
　2010年　京都大学大学院教育学研究科博士課程単位取得退学
　現　在　山形大学地域教育文化学部准教授

[第2章 Part 2]
篠原郁子（しのはら　いくこ）
2008年　京都大学大学院教育学研究科博士後期課程単位取得退学
現　在　立命館大学産業社会学部教授，博士（教育学）

[第3章，第6章]
中尾達馬（なかお　たつま）
2004年　九州大学大学院人間環境学府博士後期課程単位取得退学
現　在　琉球大学教育学部准教授，博士（心理学）

[コラム1，第10章]
工藤晋平（くどう　しんぺい）
〈編著者紹介参照〉

[第4章 Part 1]
梅村比丘（うめむら　ともたか）
2012年　University of Texas at Austin, Department of Human Development and Family
Sciences
現　在　広島大学大学院人間社会科学研究科教授，Ph.D.

[第4章 Part 2]
数井みゆき（かずい　みゆき）
1991年　メリーランド大学大学院応用発達心理学専攻修了
現　在　茨城大学名誉教授，Ph.D.

[第5章]
上野永子（うえの　のりこ）
2011年　関西学院大学大学院文学研究科博士課程後期課程修了
現　在　静岡福祉大学子ども学部准教授，教育心理学博士

[コラム2]
福田佳織（ふくだ　かおり）
東京学芸大学大学院博士課程修了
現　在　東洋学園大学人間科学部教授，博士（教育学）

[コラム3]
安藤智子（あんどう　さとこ）
お茶の水女子大学大学院人間科学研究科博士課程単位取得退学
現　在　筑波大学人間系教授，博士（人文科学）

[第8章]

徳山美知代（とくやま みちよ）

　2009年　筑波大学大学院博士課程人間総合科学研究科修了

　　　元　静岡福祉大学社会福祉学部教授，博士（学術）

[コラム4]

久保樹里（くぼ じゅり）

　2016年　日本女子大学大学院人間社会研究科博士課程後期単位取得退学

　　現　在　日本福祉大学社会福祉学部准教授

[コラム5]

宮口智恵（みやぐち ともえ）

　2007年　神戸大学大学院総合人間科学研究科前期博士課程修了

　　現　在　認定NPO法人 チャイルド・リソース・センター代表理事

[コラム5]

河合克子（かわい かつこ）

　1985年　大阪市立大学生活科学部卒業

　　現　在　認定NPO法人 チャイルド・リソース・センター 理事

[第9章]

久保信代（くぼ のぶよ）

　2022年　奈良県立医科大学大学院医学研究科修了

　　現　在　関西福祉科学大学心理科学部准教授，博士（医学）

[第11章]

森田展彰（もりた のぶあき）

　1993年　筑波大学大学院博士課程医学研究科修了

　　現　在　筑波大学医学医療系准教授，医学博士

アタッチメントに基づく評価と支援

2017年11月20日　第1刷発行
2025年2月5日　第4刷発行

編著者　北　川　　　恵
　　　　工　藤　晋　平
発行者　柴　田　敏　樹
印刷者　藤　森　英　夫

発行所　株式会社　誠信書房
　〒112-0012　東京都文京区大塚3-20-6
　　　　　　　電話 03(3946)5666
　　　　　　　https://www.seishinshobo.co.jp/

印刷所／製本所　亜細亜印刷㈱